Les régimes matrimoniaux en droit camerounais

Vincelline AKOMNDJA AVOM

Les régimes matrimoniaux en droit camerounais

Préface d'Adolphe MINKOA SHE

L'Harmattan
Cameroun

5-7, rue de l'Ecole-Polytechnique - 75005 Paris
http://www.editions-harmattan.fr
ISBN : 978-2-336-55715-1
EAN : 9782336557151

DÉDICACE

À mes parents de regretté mémoire,
Feu Mbga Bekon Thérèse (Cécile) ;
Feu Avom Angoula Grégoire ;

À tous mes frères et sœurs aînés, oncles, tantes, en y associant ceux de regretté mémoire ;

À ma fille ;

À toi Maitre, pour la sérénité et la paix...

REMERCIEMENTS

Mes plus profonds remerciements,

À la professeure André Sylvie FERRÉ-ANDRÉ, qui, depuis le DEA, a semé en moi la graine qui m'a toujours donné envie de questionner la nature et la valeur des droits régissant les intérêts économiques et patrimoniaux des époux dans l'ordre des systèmes juridiques concurrents et distincts en vigueur au Cameroun, dans la perspective de clarification, de sécurisation juridique et de développement durable.

Au professeur Adolphe MINKOA SHE, cher maitre, pour la confiance placée dans ma personne en me confiant l'enseignement du droit des régimes matrimoniaux.

À la professeure Claire BOUGLE-LE-ROUX, pour l'accueil chaleureux dans votre laboratoire DANTE de l'Université Versailles Saint-Quentin en qualité d'enseignant-chercheur invitée, ainsi que pour la mise à ma disposition des ressources de la bibliothèque.

Au professeur, Alain Franklin ONDOUA, Doyen de la FSJP Université de Yaoundé II, pour l'écoute et la flexibilité des missions d'enseignement.

Au professeur Etienne KENFACK pour l'encadrement constant sein du département de théorie du droit, épistémologie et pluralisme juridique, FSJP, UY2 ;

À MES ÉTUDIANTS DE MAITRISE ET DE MASTER I depuis le système LMD, vos questions et interpellations en cours et en dehors à toute heure sont la base de l'évolution de ce travail.

Au professeur Alain Georges BESSALA, pour tous les conseils, la relecture, la motivation et les coups de pression lors des passages à vide. Reçois ma profonde reconnaissance.

Au professeur Jacques FAME NDONGO, MINETAT, MINESUP, chancelier des Ordres académiques, qui m'a ouvert la porte de l'enseignement supérieur et auprès de qui je suis restée et continue de m'édifier.

Au professeur Benjamin NTONO TSIMI, directeur de recherche, qui m'a redonné goût à la recherche et qui m'a accompagnée au quotidien ; vos exigences et attentes constituent des motifs de renouvèlement scientifique et d'élévation continue.

LISTES DES PRINCIPALES ABRÉVIATIONS

A.CA.FE.J. : Association Camerounaise des femmes juristes

ALD : Actualité legislative Dalloz

al. : Alinéa

art. : Article

Ass. Plén. : Cour de Cassation, Assemblée plénière

BOI : Bulletin official des impôts

Bull. Civ. : Bulletin des arrêts de la Cour de cassation, chambres civiles

C.A. : Cour d'Appel

C.E.D.E.F. : Convention sur l'élimination de toutes les formes de discrimination à l'égard des femmes

C.Cass. : Cour de cassation Francaise

C. civ. 1956 : Code civil mis à jour au 1er mai 1956 en vigueur Cammeroun

C. civ. fr. : Code civil Francais

C. fam. : Code la famille et de l'aide sociale

C. P.cam. : Code pénal Camerounais

C.P.f. : Code pénal Francais

C.S. : Cour Suprême du Cameroun

Chron. : Chronique

Civ. : Civil

CSCOR : Cour Suprême du Cameroun oriental devenue depuis le 20 mai 1972 la Cour suprême du Cameroun

D. : Dalloz

D.P. : Dalloz périodique

Doctr. : Doctrine

Dr. fam. : Droit de la famille

F.N.U.A.P. : Fond des nations unies pour l'alimentation et la population

J.A.F. : Juge aux affaires familiales

J.C.P. : Jurisclasseur périodique

J.C.P. éd. G. : Jurisclasseur périodique édition générale

J.C.P. éd. Not. : Jurisclasseur périodique édition notariale

J.D.I. : Journal de Droit International,

J.O.R.C. : Journal Officiel de la République du Cameroun

L.G.D.J. : Librairie générale de droit et de jurisprudence

Ord. : Ordonnance

P.U.F. : Presses Universitaires de France

R.C.D. : Revue Camerounaise de droit

R.D.C. : Revue trimestrielle de droit civil

Rev. crit. : Revue critique

T. : Tome

T.C. : Tribunal coutumier

T.G.I. : Tribunal de grande d'instance

T.P.D. : Tribunal de premier degré

T.P.I. : Tribunal de première instance

SOMMAIRE

PRÉFACE

La consolidation de l'État de droit ne serait qu'une vaine entreprise sans l'encadrement adéquat par les pouvoirs publics, de l'institution séculaire qu'est la famille, des rapports entre les membres de la famille, et en particulier, des rapports entre les époux pour tout ce qui concerne leurs biens.

En effet, considérée comme la cellule de base de toute société, la famille constitue une composante essentielle de l'État de droit. L'institution du mariage confère une légitimité à cette pratique sociale. Cependant, elle demeure au cœur de divers enjeux, qu'ils soient juridiques ou sociaux, en tenant compte des formes modernes de mariage. Elle est à la fois l'objet et le sujet du droit. Elle offre une perspective juridique, économique et sociologique en fournissant à l'État la main-d'œuvre essentielle à son fonctionnement et à son développement. Elle représente également la cible principale des politiques publiques de l'État. Et le Cameroun n'échappe pas à cette réalité.

Dans un contexte de libéralisation à outrance traversé par des influences diverses liées à la mondialisation, la famille fondée sur le mariage est de plus en plus en mal de repères. Le taux croissant de divorce et de séparation des époux au cours des deux à cinq premières années de mariage, ou avant la dixième année, témoigne probablement de la fragilité, voire de la crise, dans laquelle se trouve l'institution du mariage. Cependant, ce phénomène reflète également un décalage et un déficit d'information et d'accès à la culture juridique du mariage et de ses effets au sein de la communauté des époux, ainsi que des valeurs morales et patrimoniales qui en découlent et qui trouvent leurs racines dans les sources mémorielles, qui ont évolué au fil du temps en fonction des valeurs et principes inspirés des systèmes étrangers, tels que le Code civil de Napoléon ou la Common Law anglaise. En pratique, les rapports patrimoniaux et extrapatrimoniaux entre les époux et envers les tiers pendant le régime matrimonial et le règlement de sa dissolution sont souvent l'objet de manipulations qui ne correspondent pas aux objectifs du droit sur les régimes matrimoniaux. Ces manœuvres altèrent l'interprétation et l'application de ce droit, et compromettent durablement l'idéal de sécurité juridique et de progrès. Dans un contexte d'annihilation des efforts que les régimes matrimoniaux déploient sur les plans moral, social et économique, il est pertinent d'aborder la question de la qualité du droit régissant cette institution, qui constitue la charpente du mariage et de la famille. Au-delà, on pourrait s'interroger sur les dynamiques de maturation en amont et de conciliation de l'engagement à mariage comme liberté fondamentale et véritable projet de vie sociale solidaire, levier indispensable à la construction d'un État de droit au service de tous. Les régimes matrimoniaux au Cameroun sont les parents pauvres de l'activité législative et des politiques publiques nationales. Piégés dans un contexte anthropologique, culturel et juridique originellement pluriel, et souvent imprégnés de valeurs contradictoires et d'interprétations disparates et confuses, dénuées de toute autorité ou d'impérium juridiquement établi, ils sont souvent ignorés. Pourtant, sa fondamentalité est révélatrice des dynamiques de mutations et des transformations importantes de l'État de droit ces dernières décennies. Il est par conséquent temps de rompre le silence, de parler exclusivement des régimes matrimoniaux au Cameroun comme d'une discipline scientifique consacrée par la Constitution et les conventions internationales, et reconnue par les lois et les traditions. Cette discipline touche potentiellement l'ensemble de la population des époux et des tiers, et dont les règles et techniques demeurent peu accessibles entre le droit du mariage et le droit des successions.

C'est en droite ligne de ce qui précède que se situe l'ouvrage de Madame AKOMNDJA AVOM Vincelline, consacré aux régimes matrimoniaux en droit camerounais. Ce livre, issu de vingt ans d'enseignement du droit des régimes matrimoniaux à l'Université de Yaoundé II, retrace de manière diachronique et synchronique l'histoire, le cadre juridique et les aspects sociologiques de cette discipline. Il met en évidence l'évolution de ce droit, hérité de la colonisation, entre tradition, modernité et tradition persistante. Dès les premières lignes, son auteure parvient à opiner avec force que le succès d'un État de droit repose fondamentalement sur la stabilité des régimes matrimoniaux et sa mise en œuvre efficace dans un État.

Malgré les décennies écoulées depuis l'indépendance du Cameroun et l'abandon du droit des régimes matrimoniaux français par le législateur français, le législateur camerounais a choisi de maintenir l'application d'un droit médiéval devenu obsolète dans son système juridique d'origine. Ce choix semble en décalage avec l'évolution mondiale des mentalités et des comportements liés aux aspirations sociales actuelles.

Cette application timorée d'une législation d'emprunt en déphasage avec les réalités sociologiques camerounaises et les attentes a comme conséquence, sur le plan juridique, une complexité du cadre normatif des régimes matrimoniaux de plus en plus inapplicable. Cette complexité ainsi révélée pourrait se justifier d'une part, par le choc entre le fondement patriarcal du droit des régimes matrimoniaux et l'emprise des considérations économiques, et d'autre part, par l'évolution des droits, de la capacité et des aspirations de la femme au sein des sociétés patriarcales à l'aune des enjeux mondiaux, et son empreinte déterminante en particulier dans la sphère du développement économique. L'évolution de la capacité et du pouvoir de décision de la femme au sein des sociétés modernes a sérieusement impacté la conception des effets mariage. D'une logique de stabilité du mariage sous l'égide de l'institution du « pater familias », qui consacre l'inégalité de pouvoir ou de capacité, le vent de démocratisation et de libéralisation de la vie sociale qui a soufflé autour des années 1990 au Cameroun a consisté en une ouverture des prétoires et en un décloisonnement des verrous qui, jusqu'ici, embrigadaient la procédure de divorce. Confronté aux profondes évolutions et à l'accélération de l'État et de la société, le droit matrimonial classique a cédé le pas devant la nouvelle tendance sous-tendue par la promotion de l'égalité entre les hommes et les femmes dans le mariage et par la prise en compte du rôle primordial de la femme dans le système économique et sa capacité à contribuer significativement aux charges du ménage, et plus généralement au développement de la société.

La question des régimes matrimoniaux demeure discutée, évasive et controversée, marquée d'incertitudes juridique et même judiciaire. Un tel discrédit en la défaveur du cadre normatif des régimes matrimoniaux au Cameroun, dans sa réalisation, pourrait relever d'un défaut méthodologique historique, et d'un déficit d'initiative courageuse.

En effet l'application d'un droit matrimonial français transposé au jeune État du Cameroun, a été perçue comme une entorse en raison de l'inadaptation de ce droit matrimonial à la perception holistique des réalités patrimoniales structurant l'organisation communautaire et endogène des familles dans l'univers cosmogonique de la société camerounaise profonde.

Ensuite, la pénétration de ces normes dans le système juridique camerounais a entrainé au sein de l'ordre juridique, la coexistence de deux ordres normatifs et judiciaires distincts applicables aux régimes matrimoniaux, à savoir, le droit traditionnel ou les coutumes diverses et orales d'une part, et le droit moderne écrit d'inspiration étrangère, d'autre part.

La coexistence entre le droit civil hérité de la colonisation et le droit traditionnel appliqué et pratiqué en Afrique et au Cameroun avant la colonisation a créé sur le plan juridique une hybridation des régimes matrimoniaux au Cameroun.

L'application simultanée de deux ordres normatifs aux régimes matrimoniaux n'a pas pleinement joué en la faveur de l'éclosion d'un droit des régimes matrimoniaux original et approprié aux aspirations contextualisées au Cameroun.

Cette sévérité, parfois exprimée dans le droit moderne, crée des tensions qui affectent de manière fondamentale les réalités et les mœurs des sociétés africaines. Elle entrave la libération du potentiel personnel et communautaire ancré dans les valeurs locales, valeurs pourtant essentielles au développement harmonieux de ces sociétés.

À titre d'exemple, le législateur du Code civil ignore le mariage polygamique ; or, la législation africaine et camerounaise magnifie les valeurs attachées au système polygamique de la famille fondée sur la pluralité des mariages simultanés et distincts d'un homme avec plusieurs femmes.

Bien plus, dans un autre registre, la polygamie signifie pour le législateur français le fait pour une personne, homme ou femme, d'avoir pris au long de son existence, ou, dans son cycle de vie, plusieurs époux (ses), plusieurs femmes. Il en est de même de la dot qui ne recouvre pas la même signification en droit français (Code civil) qu'en droit traditionnel africain et camerounais (Ord. 1981).

Ces deux exemples illustrent les effets pervers d'un système juridique d'emprunt, incompatible et contradictoire aux réalités anthropologiques, socioculturelles et aux valeurs patrimoniales africaines.

Le malaise induit par l'ambigüité des solutions jurisprudentielles dont l'autorité demeure incertaine et des règles de droit inadaptées et insolubles, caractérisant le système juridique matrimonial camerounais, a conduit l'auteure, dans une première articulation, à présenter de manière exhaustive, les principes généraux et impératifs régissant des régimes matrimoniaux au Cameroun, indépendamment du système polygamique ou monogamique du mariage.

Et, dans une seconde articulation, à proposer des solutions et règles particulières adaptées aux régimes de communauté et de séparation ainsi que les mécanismes présidant aux techniques matérielles de liquidation équitable et de partage à la dissolution.

Ces solutions suffisamment lumineuses, au cas où elles étaient suivies par les autorités camerounaises, pourraient révolutionner la compréhension harmonisée des régimes matrimoniaux et faire avancer la réflexion collective pour la codification éventuelle du droit des régimes matrimoniaux au Cameroun, en tenant compte du système polygamique ou monogamique du mariage, ainsi que des situations matrimoniales de fait.

L'auteure a su mettre en évidence la relation de cause à effet entre plusieurs éléments. D'abord, elle a souligné l'impact du régime matrimonial sur le statut personnel de l'époux, la primauté de l'intérêt du ménage et de la famille, la fonction de réceptacle des vicissitudes de la vie des époux par les régimes matrimoniaux et la liquidation sincère et équitable en cas de dissolution. Elle a également souligné la corrélation entre le développement exponentiel des questions économiques liées à l'implication tardive des époux dans les relations d'affaires et les activités commerciales, la détermination du régime matrimonial, le système polygamique et la préservation du crédit du ménage à l'égard des tiers créanciers et l'intérêt de la famille.

Ce livre, par la qualité de sa thématique qui intéresse à la fois les époux actuels et les futurs mariés, invite l'auteure à approfondir ces questionnements à l'avenir et à populariser les régimes matrimoniaux au Cameroun.

L'auteure passe au crible les préoccupations liées à la liquidation du régime matrimonial contenant une entreprise commerciale pour cause de dissolution par décès, en présence des enfants de plusieurs lits, ou plusieurs épouses, à la gestion des biens des époux durant le mariage, au sort des biens à la fin du régime matrimonial, etc.

Le double mérite de cet ouvrage est qu'il traite du droit matrimonial, qui est encore appliqué par le législateur bien que le Code civil français de 1804 soit devenu caduc en France. L'auteure a su adapter cette question à la réalité économique, sociologique et politique d'un État moderne en construction.

Il ne reste qu'à espérer que les solutions porteuses que propose l'auteure trouvent un écho favorable auprès des professionnels, des auxiliaires de justice, des praticiens du droit, et qu'elles soient suivies par les pouvoirs publics dans un contexte où il urge d'adopter un code des régimes matrimoniaux cohérent et originalement camerounais.

Pr. Adolphe MINKOA SHE

Agrégé des Facultés de Droit,
Professeur à l'Université de Yaoundé II

AVANT-PROPOS

La famille est au cœur des enjeux sociojuridiques et économiques d'importance stratégique pour le développement de la société. À ces derniers s'ajoutent l'épineuse problématique de l'inefficacité de la règlementation applicable aux rapports patrimoniaux entre les époux dans un ordre juridique pluriel. L'opportunité que saisit le Dr AKOMNDJA AVOM Vincelline, que j'ai eu le plaisir de diriger lors de la rédaction de son mémoire de DEA et de sa thèse de doctorat, en engageant la présente réflexion, ouvre un grand débat sur le droit de la famille et sur la famille en général. À l'heure actuelle, l'Afrique cherche une législation capable de saisir les aspirations de ses citoyens et de garantir la sécurité juridique, la paix et la stabilité. Elle considère également la famille, « base naturelle de toute société humaine », comme un gage du développement et du progrès.

Le mariage, qui constitue le fondement classique de la famille et vecteur des valeurs affectives et communautaires, est mis à l'épreuve et pris en otage par l'opposition dans le domaine des régimes matrimoniaux, des valeurs individualistes inspirées du modèle des sociétés capitalistes d'une part, et, des principes de solidarité communautaire propres aux systèmes patrimoniaux africains d'autre part. Sur le plan empirique, les répercussions se révèlent souvent avec fracas et désolation pour les orphelins et les conjoints survivants, dépassant tout entendement, notamment à la fin du mariage et du régime, notamment pour cause de décès, en présence d'une justice. Depuis plus de soixante ans, le droit civil français est mis à l'épreuve du temps. Face à l'émergence de nouvelles formes de relations conjugales et familiales, telles que la cohabitation, le mariage de facto, le mariage traditionnel, l'union libre, les mariages collectifs (loi de 2024), la recomposition des familles, la migration de la monogamie vers la polygamie, la polygamie volontaire, le divorce par consentement mutuel déguisé, les séparations de fait et de corps consensuelles, etc., cet ouvrage propose une réflexion sur les régimes matrimoniaux adaptés aux défis sociaux et politiques actuels. Au Cameroun et dans de nombreux pays africains au sud du Sahara, le droit des régimes matrimoniaux n'a pas beaucoup évolué par rapport au droit français d'où il tire ses origines en droit positif. Certains systèmes ont purement et simplement adopté le droit français des régimes matrimoniaux de la grande réforme de 1965, créant de nouvelles formes d'insécurité juridique (Côte d'Ivoire). D'autres se sont inspirés des systèmes en vigueur dans les systèmes fondés sur le droit musulman (Sénégal).

Pourtant, l'on peut noter que, dans un contexte marqué par l'évolution des mœurs et des comportements résultant de la forte influence du capitalisme dans un espace globalisé, et avec cette dernière, la pauvreté ambiante, les intérêts économiques supplantent de plus en plus le caractère sacré et fondamental du mariage. Il en résulte une instrumentalisation économique du mariage en vue de profiter des avantages économiques de la dissolution et de la liquidation du régime matrimonial. Les raisons invoquées peuvent être aussi bien fallacieuses qu'inconsistantes. On peut donc facilement établir la pléthore des procédures de divorce et leur durée, d'une part, et le développement exponentiel des contentieux de la liquidation des régimes matrimoniaux et du partage des biens entre ex-époux, mais aussi, des successions. Ces facteurs contribuent à l'aggravation des crises, des violences intrafamiliales, de la désagrégation des familles et de l'exclusion, d'autre part.

Dans ces batailles économiques, les femmes représentant plus 51 % de la population et les enfants sont les plus lésés. Pourtant, sur le plan des politiques publiques, la Stratégie nationale de Développement 2020-2030 pose le principe du respect du genre *« réduire les inégalités de genre et promouvoir l'éducation des filles ; améliorer le système de protection sociale* ».

Soulignons que, sur le plan de la codification camerounaise, le droit des régimes matrimoniaux, mal connu, peine à connaitre une véritable appropriation formelle, encore moins à une réforme. Pourtant, le présent ouvrage a le mérite de montrer que, dès l'origine, l'esprit du droit et les dynamiques sociologiques visent pleinement la mutation du droit des régimes matrimoniaux pour répondre aux aspirations contemporaines. En l'occurrence, l'ancienne incapacité de la femme mariée s'est effacée devant la promotion de l'indépendance professionnelle (ordonnance de 1981), en même temps que la protection de l'intérêt conjugal ou de la famille, l'égalité du genre et celui des droits de l'enfant sans distinction, ni de sexe ni d'origine. Ainsi, avec l'internationalisation des droits des femmes (convention pour l'élimination de toutes les formes de discriminations à l'égard des femmes), « *les acteurs des régimes matrimoniaux ne sont plus seulement les époux, mais les enfants.* »

Les règles qui régissent les rapports patrimoniaux sont principalement contenues dans le Code civil français de 1804, applicable au Cameroun, et la common law, héritage du droit colonial britannique. L'ordonnance n° 81/02 du 29 juin 1981 portant organisation de l'état civil et diverses dispositions relatives à l'état des personnes physiques, modifiée et complétée par la loi n° 2011/011 du 6 mai 2011 n'a pas apporté de changement. À ce dispositif du droit positif, il faut ajouter les règles de droit traditionnelles reconnues, mais également les rituels et pratiques coutumières établis par des inventaires patrimoniaux publics et variables d'une communauté à l'autre. Ces règles ont été éprouvées par le développement d'une jurisprudence issue d'une organisation judiciaire elle-même duale et en déficit d'autorité.

Dans ce genre de labyrinthe juridique, l'auteur a parfaitement conscience de la complexité des régimes matrimoniaux en raison de la dissociation entre les « sources coutumières : spécificité du système juridique camerounais » et « les sources modernes » du droit de la famille. Son application est tout aussi partagée entre les juridictions traditionnelles et les juridictions de droit écrit.

À l'observation, il en résulte de plus en plus que c'est par opportunisme économique que les couples se forment et se disloquent au détriment de l'intérêt de la famille formée et des enfants, dans l'indifférence des régimes matrimoniaux. Or, dans ce théâtre de lutte pour la distraction des intérêts moraux ou matériels, les femmes et les enfants sont souvent marginalisés. Il est par exemple établi que la majorité des époux se marient au Cameroun, sous le régime matrimonial de la communauté légale des articles 1400 du Code civil en vigueur. L'évocation par un époux de la liberté de choix du régime matrimonial avant la célébration du mariage relève du tabou. Pourtant, cette liberté est reconnue aux futurs époux avant le mariage, sans distinction de sexe, et indépendamment du mariage monogamique ou polygynique, ou encore du classement matrimonial.

Dans ces propos liminaires, il convient de reconnaitre la quintessence du travail exceptionnel de recherche et des solutions tirées des évolutions de l'internalisation et de la mise en œuvre du droit français avant 1960 dans le contexte pluriel camerounais. Cela se fait à travers une opération dialectique qui interpelle la société, incarnée par le législateur en faveur de la sécurité juridique, et les époux, principaux acteurs des régimes matrimoniaux. Ce travail se fonde au besoin sur la « promotion du genre et de l'équité » et sur l'idée de préservation du patrimoine et des valeurs mémorielles des communautés locales.

Il est temps de laisser la curiosité du lecteur découvrir l'originalité des problématiques abordées par le Dr AKOMNDJA AVOM Vincelline. Ces problématiques, au-delà de leur aspect juridique, structurent nos rapports économiques et sociaux, et ce, dans une perspective de « la naissance d'une famille moderne » qui prend davantage en compte l'émancipation économique de la femme et sa capacité juridique.

Nous notons avec intérêt que ce travail est le fruit de près de vingt (20) ans d'expérience pratique de l'enseignement universitaire du droit des régimes matrimoniaux et, pour une part, de la consultation notariale de l'auteure.

Sylvie FERRE ANDRE,

Professeure, Faculté de Droit,
Université Jean Moulin Lyon 3

INTRODUCTION GÉNÉRALE

Le contact des sociétés africaines et camerounaises, en particulier avec la société occidentale par l'entremise du phénomène de la colonisation, a eu pour effet de bouleverser l'organisation des rapports dans la famille, cellule de base de la société. L'extension dans les colonies d'Afrique subsaharienne et dans les territoires sous protectorat, dont le Cameroun, des législations étrangères, en vigueur dans les contextes distincts des pays colonisateurs, a entraîné l'institution de rapports de tension et de concurrence normative dans de nombreux domaines du droit des personnes, des biens et de la famille en Afrique et au Cameroun. Les institutions des régimes matrimoniaux en vigueur au Cameroun n'ont pas échappé à cette réalité.

Les systèmes d'administration inspirés par les accords de mandat de 1922 de la Société des Nations et les accords de tutelle de l'Organisation des Nations unies en 1944, confiés à la France et à l'Angleterre, pays alliés, vainqueurs de l'Allemagne à la fin des deux conflits mondiaux, vont définitivement changer et déconstruire pour l'avenir le sort et le statut des règles coutumières habituellement applicables.

Avant 1935[1], le mariage et le régime des biens dans la famille étaient traditionnellement régis suivant la vision et les valeurs transmises par les coutumes ancestrales expérimentées dans leur vécu historique et durablement établies. On peut affirmer que ces coutumes régissaient le statut matrimonial des époux au sein des groupes sociaux, bien avant la colonisation au XVIIe siècle. En remontant bien avant l'histoire de l'humanité, on peut observer que ces coutumes ont survécu aux invasions des expéditions diverses, aux activités commerciales des comptoirs des esclavagistes, et à divers mouvements des populations qui migraient de lieu en lieu, en quête de survie. Formant un corps varié de règles et valeurs uniques dans leur genre, les coutumes consacraient des pratiques, des rituels ou des symboles hérités du passé patrimonial ; aujourd'hui, elles constituent des éléments de la diversité des identités culturelles qui caractérisent également le droit de la famille au Cameroun[2]. Elles sont reconnues dans la Constitution : selon le

---

[1] L'arrêté du 16 mars 1935 portant organisation de l'état civil indigène. Cet arrêté impose l'application du Code civil et l'obligation d'enregistrer le mariage coutumier.

[2] Préambules des constitutions successives du Cameroun depuis 1960, dont celle en cours depuis 1996.

préambule, le peuple camerounais est caractérisé par la richesse et la diversité de sa culture, qui constituent également le ciment de son unité.

Ensuite, les textes et les documents de politique publique régissant le secteur de la culture et du patrimoine au Cameroun[3] regroupent les cultures en raison de leur affinité géographique autour de quatre aires culturelles. Ainsi, le Cameroun identifie quatre aires culturelles que sont : les *Sawa* dans le Littoral, désigne la communauté des peuples dont les traditions ont un lien avec l'eau ; le bien culturel *Ngondo*, représentatif de cette culture, a été inscrit sur la liste du patrimoine culturel immatériel de l'humanité à l'UNESCO en 2024[4]. L'aire culturelle des Grassfields se caractérise par la culture des peuples des montagnes, ancrée dans l'art de production des masques et l'organisation du pouvoir autour des chefferies structurées ou des royaumes. Le Nguon, rituel de gouvernance et des expressions associées dans la communauté bamoun, est un des éléments symboliques de cette aire géographique et culturelle inscrit en 2023 sur la liste représentative du patrimoine culturel immatériel de l'UNESCO. Il met un accent particulier sur l'importance du pouvoir originel de décision appartenant à la communauté dans les rapports de gouvernance à l'égard du monarque.

L'aire culturelle des seigneurs de la forêt regroupe les peuples autochtones dits « Ekang » ; il se dit que ce sont les premiers occupants de la forêt. La culture soudano-sahélienne s'étend quant à elle dans la partie septentrionale du pays ; la vie sociale y est fortement influencée par la cohabitation entre la région et les traditions ; les activités socioéconomiques des familles sont structurées autour des échanges commerciaux y compris transfrontaliers, l'élevage entraînant le phénomène de nomadisme ; l'artisanat et la confection d'objets et des biens culturels ; sans exclure l'agriculture.

Il est intéressant de noter qu'il y a probablement un lien entre l'environnement naturel des régions géographiques, l'univers cosmogonique et la création des patrimoines culturels durables, des modes de vie et d'action qui forgent les coutumes ou les traditions dans leur diversité. Sous toute réserve, le mariage et l'institution des régimes matrimoniaux ne sauraient se dépouiller de ces rapports d'expérience hérités et établis dans le vécu passé par l'usage. Plusieurs opinions s'accordent d'ailleurs à penser qu'en dépit de la nature orale de la coutume, celle-ci est symboliquement représentée par des expressions culturelles diverses, qui régissent les institutions sociales à l'instar

---

[3]Recueil des textes juridiques du ministère des arts et de la culture du Cameroun, 2016, Avant-propos, Narcisse MOUELLE KOMBI.

[4] Décision19.COM 7.b.28, *Ngondo*, culte des oracles de l'eau et traditions culturelles associées chez les *Sawa*, n°02140 Liste représentative du patrimoine culturel immatériel de l'humanité, UNESCO. Le prêtre et la prêtresse « Mangon » sont des personnages importants dans cette tradition dotée chacun d'un rôle, une fonction séparée au sein de la communauté ; cette attribution est composée de deux facettes, un droit et une obligation.

du mariage, de la dot, de la succession et donc des régimes matrimoniaux. Ces coutumes sont reconnues en tant que sources juridiques mémorielles du patrimoine culturel ethnographique ; elles constituent les éléments de l'identité de ces communautés, participent à la cohésion sociale, et forment en définitive les sources du droit[5].

Pendant la période de colonisation, qui a commencé en 1884, le célèbre traité signé par Douala Manga Bell, le décret du 31 juillet 1927 dans la partie orientale et le *received nigerian* et *english law* dans la partie occidentale du Cameroun ont établi un droit commun du mariage applicable seulement aux autochtones. À partir de cette initiative, la colonisation créait corrélativement la distinction entre les statuts des individus, impliquant un désintérêt *a priori* à l'égard des coutumes. Cette réalité coloniale va articuler le droit de la famille et le statut matrimonial des époux au fil des évolutions législatives postcoloniales. C'est dans ce contexte juridique de pluralité profondément éprouvé, que se situe la présente étude des régimes matrimoniaux en Afrique à travers l'expérience du Cameroun.

Dès lors, cette introduction s'articulera autour de trois points essentiels ci-après : les généralités **(I)**, les sources **(II)** et la complexité du droit des régimes matrimoniaux au Cameroun **(III)**.

I- GÉNÉRALITÉS

1- Les fonctions du régime matrimonial

En l'état de notre société, de ses mœurs et de son droit, le régime matrimonial est une institution juridique encore peu ou mal connue. Pourtant, il est un effet direct du mariage contracté, qui ne dépend, ni de la volonté des époux ni de celle de l'officiant, encore moins de celle des tiers. Il découle directement de la loi régissant les effets du mariage et est garanti par la Constitution (article 26, alinéa 2- b] -1, Constitution 1996)[6]. Cette vérité implique deux déductions conséquentes : d'une part, le principe est que le régime matrimonial n'existe qu'entre les gens mariés. Il est impossible d'établir un régime matrimonial en dehors d'une relation conjugale. Et deuxièmement, on ne peut pas parler de régime matrimonial entre concubins ou partenaires de vie libre, quelle que soit la durée de leur union, leur cohabitation ou leur bonne ou mauvaise foi.

---

[5] V. E. BOKALI, *Les Coutumes, sources de droit au Cameroun*, Revue générale de Droit, 1997, 28, pp.37-60.

[6] D'après l'article 26, alinéa 2- b) -1 de la Constitution, *« Sont du domaine de la loi,...le statut des personnes et le régime des biens : 1-la nationalité, l'état et la capacité des personnes, les régimes matrimoniaux, les successions et libertés »*.

Le régime matrimonial apparaît donc comme une institution nécessaire, destinée à servir comme réceptacle des vicissitudes traversées par le foyer conjugal ou la famille légitime, indépendamment de la forme ou du système polygénique ou monogamique. Il a vocation à mobiliser les biens des époux, indépendamment de leurs statuts et de l'origine, dans le seul but de répondre aux besoins essentiels et fondamentaux en intégrant les aspirations de chacun des époux formant le foyer conjugal. Et il a pour objet, la satisfaction des besoins courants liés à la vie de la famille et de ses membres, peu importe, l'existence ou non d'une fortune, de la faiblesse ou de l'insuffisance des ressources ou de leur importance. En retour, la famille conjugale ou les époux y trouvent, un cadre d'interaction, de cohésion, spécialement face aux charges du ménage et de la vie.

Cette considération concerne les époux appelés à s'entraider et à vivre ensemble. Elle concerne aussi les enfants, du moins tant que dure à leur égard l'obligation d'éducation et d'entretien pesant sur les pères et mères. Ainsi, « *chacun des époux à pouvoir pour passer seul les contrats qui ont pour objet l'entretien du ménage ou l'éducation des enfants : toute dette ainsi contractée par l'un oblige l'autre solidairement* » (article 220, alinéa 1 du Code civil camerounais).

La prise en considération de l'intérêt des enfants se manifeste aussi, par le régime matrimonial, au moment de la dissolution du mariage pour cause de décès ou prédécès d'un des époux. Ses enfants, héritiers, viennent à la succession, ils ont vocation à recueillir, le cas échéant, sa part dans la communauté, s'ils étaient mariés sous un régime de communauté (article 1491 du Code civil camerounais), la reprise de ses biens propres dans la séparation des biens, sa créance de participation aux acquêts, s'ils étaient mariés sous un régime de communauté réduite aux acquêts (article 1498 du Code civil camerounais) ou de participation aux acquêts (article 1569, alinéa 2 du Code civil français). Il est possible qu'un conflit d'intérêts latent émerge entre les bénéficiaires et le conjoint survivant, en particulier lorsque celui-ci bénéficie de « avantages matrimoniaux » ou de l'usufruit en raison du régime matrimonial. Un tel conflit est souvent exacerbé dans les relations du conjoint survivant et des enfants d'autres lits de l'époux décédé.

Le régime matrimonial a un impact sur les tiers qui sont susceptibles d'interagir avec les époux. Le crédit qu'ils peuvent accorder au ménage ne doit pas être négligé lors de l'élaboration des accords financiers entre époux, qu'ils soient réglementés par la loi ou négociés entre les parties. À cet égard, il est important de rappeler un vieil adage qui souligne que les époux ne sont pas des cocontractants ordinaires ou des créanciers l'un envers l'autre[7].

---

[7] Ph. MALAURIE et L. AYNÈS, *Les Régimes matrimoniaux*, éd. CUJAS, Paris, 1997.

2- La nature juridique du régime matrimonial

L'aménagement légal ou conventionnel des relations pécuniaires entre époux, ainsi qu'entre ceux-ci et les tiers, appelle tout naturellement une comparaison entre la cellule familiale qu'ils constituent et une société, de fait et même de droit. La notion de société conjugale, aisément perçue du côté de la sociologie, porte l'esprit à penser qu'il s'agit là d'une sorte de société civile, si originale qu'elle puisse paraître. On ne saurait renoncer à ce rapprochement par le seul fait que la famille est une entité dépourvue de la personnalité. Car la société en participation dont les associés conviennent de ne pas l'immatriculer n'en est pas moins une société[8]. Plus troublant est le caractère intéressé de toute société (article 1832 du Code civil camerounais) ; ce qui s'accorde mal avec l'esprit de la société conjugale. Disons alors que celle-ci constitue un groupement innomé dont le régime atteste l'originalité.

L'éventuelle conclusion d'un contrat de mariage appelle d'ailleurs une comparaison avec les statuts des groupements, intéressés ou désintéressés. Mais, la liberté des conventions matrimoniales n'est pas une simple illustration de la liberté contractuelle. En effet, même si, ce qui est le plus souvent le cas, les futurs époux ne concluent pas de contrat de mariage, ils sont nécessairement soumis à un régime matrimonial : le régime légal. Il y a bien, dans tout régime matrimonial, un effet de la loi.

3- La structure du régime matrimonial

Le régime matrimonial a une structure polymorphe, car il comprend deux corps de règles :

D'une part, les règles du statut patrimonial de base des époux qui constituent le cadre juridique impératif établi par la loi pour régir les relations pécuniaires des époux dès l'entrée en mariage et en les obligeant, afin d'assurer la gestion et le fonctionnement quotidien du ménage. Il s'agit des droits et devoirs respectifs des époux prévus par les articles 212-226 du Code civil en vigueur et des articles 74-76 de l'Ordonnance n° 81/002 du 29 juin 1981 portant organisation de l'état civil et certaines dispositions relatives à l'état des personnes physiques. Le statut patrimonial de base règlemente aussi bien les relations entre époux que celles des époux à l'égard des tiers, des enfants et des fournisseurs. Ces mécanismes s'appliquent indépendamment de la nature monogame ou polygamique du mariage, qui semble d'ailleurs inopérante, ou du mode de vie rural ou urbain des époux. L'unique but est la satisfaction et la protection de l'intérêt du ménage. Selon une certaine doctrine, il existe indépendamment de la situation patrimoniale des époux.

---

[8] Livre 1er Acte Uniforme OHADA relatif aux sociétés commerciales et groupement d'intérêt économique ; voir aussi article 1871 du Code civile camerounais.

C'est pourquoi on le qualifie de « *régime matrimonial primaire* »[9], parce qu'il est un effet direct et élémentaire que produit tout mariage.

Le régime matrimonial comprend d'autre part, le régime matrimonial proprement dit. Ce dernier comprend des composantes variées (communautés des biens, séparations de biens). Il s'agit des relations des conjoints avec le monde extérieur, c'est-à-dire les tiers, en raison de son caractère matériel, qui se concentre sur certains biens spécifiques, en particulier leur gestion par les époux à travers des actes juridiques (s'engager, disposer, administrer, etc.). L'intérêt de protéger les tiers correspond alors à la nécessité de préserver la réputation du couple. Pendant son fonctionnement, le régime matrimonial peut faire l'objet des mutations (métamorphoses) selon les circonstances qui n'affectent pas nécessairement l'union des personnes, telles que la maladie, l'absence, ou le changement d'activité professionnelle. C'est la possibilité qui est donnée en droit comparé français de changement de régime matrimonial.

Il est à noter qu'en droit camerounais, l'immutabilité du régime matrimonial est un principe d'ordre public. Le régime matrimonial proprement dit s'extériorise davantage qu'il ne concerne pas que l'intimité. Il peut être organisé par les époux, ou par la loi en l'absence de toute convention.

4- Les défis contemporains du droit des régimes matrimoniaux

Les phénomènes récurrents de concubinage, d'union libre, de relâchement durable du mariage ou de divorce de fait, d'abandon de foyer ou de répudiation, de polygynie, de remariage ou de mariage coutumier sont de plus en plus observés dans la société camerounaise contemporaine. Ces phénomènes s'expliquent par la reconnaissance de la liberté individuelle des personnes physiques. Les femmes sont de plus en plus émancipées. L'éducation et l'autonomie professionnelle sont des principaux facteurs de résilience qui influencent le pouvoir de décision personnel. Cela permet d'établir les priorités par rapport au mariage.

En vérité, les changements émergents, issus de l'avènement des droits fondamentaux pour les êtres humains en tant qu'individus, s'écartent du domaine juridique des unions conjugales. Entre concubins, pacsés, personnes en union libre, fiancés, etc., on ne parle pas de régime matrimonial ; c'est-à-dire, il n'existe pas de régime matrimonial dans une famille naturelle. C'est une question réservée aux personnes ayant contracté mariage.

Et lorsque survient une crise ou de mésentente ou de prédécès, les concubins se retrouvent dans une sorte d'impasse. Le règlement des intérêts pécuniaires des concubins, des personnes en union de fait ou du Pacte de solidarité sociale est assuré grâce à certaines substitutions prétoriennes, soit les théories élaborées par la jurisprudence constante et la pratique notariale,

---

[9] Voir en droit comparé français.

dont la finalité est la justice sociale. Il s'agit par exemple du testament, particulièrement en cas de prédécès. Pendant la vie des partenaires ou des conjoints de fait, la pratique juridique peut s'appuyer sur des principes tels que l'enrichissement sans cause, l'indivision ou la répétition de l'indu pour régler les conséquences matérielles de la vie commune. Ces solutions forcées et malaisées se fondent sur la théorie de l'apparence ou de la possession d'état, inspirée du droit des biens.

C'est donc pour combler ce vide juridique que le législateur français a imaginé et créé l'institution du PACS, qui recherche l'équilibre entre le mariage et la liberté individuelle, le PACS étant la reconnaissance des conventions entre concubins. Seul le PACS a reçu un encadrement de la part du législateur en droit comparé français, le but étant de permettre aux personnes pacsées de créer une communauté de vie pour leur couple du reste non marié, qui fait ce choix (aide mutuelle et matérielle). Il s'agit cependant d'une simple convention, d'un contrat conclu entre deux personnes et enregistré chez un notaire, devant le greffe d'un tribunal d'instance (avant 1997) ou à la mairie de nos jours. À la différence du PACS, le mariage, qui est, certes, un contrat, est en plus une institution rigoureusement règlementée. Le partenaire Pacsé a le choix entre la séparation des biens ou l'indivision. Il n'est pas héritier sur la base du PACS, sauf uniquement, par testament. Cependant, le pacsé peut avoir droit temporairement au logement (cotitulaire du droit de bail), et peut bénéficier de l'exonération des droits de succession.

En droit camerounais, le concubinage demeure une situation de fait qui n'exige aucune condition préalable pour sa formation en dehors de la volonté des concubins. Il intéresse notoirement toutes les catégories sociales, jeunes, célibataires, ou fiancés, et se trouve même amplifié par l'implication des gens mariés, polygames ou monogames, dans un contexte social muet et visiblement consenti. La preuve est possible par tout moyen en vertu du principe de la liberté de la preuve, y compris par la preuve de la possession d'état, lorsqu'il s'agit d'une union de fait caractérisée, le versement de la dot, par la vie commune notoire, stable et continue (article 515-8 du Code civil). Cependant, il n'existe pas de régime matrimonial, le survivant demeurant un tiers, qui ne peut hériter que par testament. Et chaque époux est fiscalement imposé séparément.

Il convient de relever que, face à la recrudescence de ce phénomène de concubinage aux formes variées, le traitement extrajudiciaire ou judiciaire réservé à la situation des concubins, notamment, lorsqu'il s'agit de la concubine, est profondément préoccupant, notamment dans l'hypothèse du prédécès du concubin. Les solutions prétoriennes ci-dessus évoquées demeurent fragiles et incertaines pour protéger les droits du concubin survivant. L'absence de disposition légale protectrice ou le déficit d'encadrement de l'activité judiciaire à travers des réquisitions fortes est une porte ouverte à la violence sous toutes les formes, à l'insécurité juridique et l'injustice. Cette situation mérite d'être corrigée en profondeur à la lumière des instruments internationaux ratifiés par le Cameroun et de l'équité.

5- Définition et caractères du droit des régimes matrimoniaux

À la différence des successions qui sont un phénomène familier, souvent objet de faits divers, et dont les enjeux, notamment lors du partage des biens, sont souvent l'objet de disputes et sources de scandales au sein des familles, les régimes matrimoniaux semblent ne pas bénéficier d'une visibilité certaine. On peut ironiser que, même lorsqu'ils se marient, les futurs époux n'ont guère conscience de la dimension patrimoniale de l'acte qu'ils signent, c'est-à-dire de l'engagement qu'ils prennent dans le mariage.

Même lorsque, la femme déclare à son mari : « *Ton argent c'est mon argent ; mon argent, c'est pour moi et ma famille* », elle n'a guère idée de ce que représente le régime matrimonial. Dans ce contexte socioculturel et plurijuridique particulier, la notion de régime matrimonial lui paraît évasive, dans la vague, éloignée des préoccupations du moment. Son évocation peut être source de déplaisir ou de dédain.

En réalité, ce qui se passe en Afrique en général et au Cameroun en particulier, c'est que l'établissement de liens matrimoniaux semble échapper à la juridiction du droit coutumier. Ce dernier n'a pas réussi à définir et à reconnaître un cadre de référence comparable. En outre, la tradition se concentre sur l'attribution ou la démarcation des fonctions ou des responsabilités entre les époux, sans définir clairement les biens. En revanche, les systèmes juridiques des droits étrangers français et anglais se sont imposés par leur rigueur et leur clarté, même si, à l'époque, ils n'étaient pas aussi évolués que maintenant. Nombreux sont ceux qui ont rapidement affirmé que le droit coutumier ignorait cette institution.

D'ailleurs, les époux camerounais se marient sans contrat de mariage. L'idée étant que, selon les coutumes patrimoniales, c'est le mari qui dispose du pouvoir d'épouser, c'est pourquoi il peut épouser une ou plusieurs femmes ; par conséquent, les biens d'un ménage appartiennent au mari et sont gérés exclusivement par ce dernier[10]. Et c'est généralement devant l'officier d'état civil qu'il apprend qu'en l'absence de contrat de mariage, ils seront soumis à un régime matrimonial légal qui s'imposera à eux pendant toute la durée du mariage.

Or, on entend, par régime matrimonial, l'ensemble des règles qui gouvernent les rapports pécuniaires des époux entre eux et à l'égard des tiers. À ce propos, Serge Guinchard donne une définition plus complète comme étant « *le statut qui gouverne les intérêts pécuniaires des époux, dans leurs*

[10] www.google.com, site consulté le 25 janvier 2025 à 22 heures

rapports entre eux et dans leurs rapports avec les tiers dont l'objet est de régler le sort des biens actifs et passifs des époux pendant le mariage et à la dissolution »[11].

Il en résulte que, de manière générale, le mariage affecte profondément la situation patrimoniale des époux, par rapport à celle des célibataires, des concubins ou des pacsés. D'après la doctrine majoritaire, le mariage crée, dans leurs rapports personnels d'époux, des effets patrimoniaux sur la tête de chacun des époux en raison de la communauté de vie à laquelle ils sont astreints. Les conséquences matrimoniales sont considérées comme des responsabilités légales, pouvant être perçues comme des obligations ou des dettes d'une part, et des privilèges, des droits ou des prérogatives d'autre part, que les conjoints doivent accepter et surmonter.

Le mariage impacte aussi les relations patrimoniales des époux envers les tiers. Ainsi, à l'égard des tiers, les époux ne sont pas des contractants ordinaires, puis qu'ils forment une entité unique (la famille), qui vient brouiller les règles ordinaires de capacité, qui sont les exigences en droit commun des contrats. Par exemple, pour conclure un contrat, le principe posé en droit commun des contrats est qu'il faut être capable, c'est-à-dire être majeur, âgé de 21 ans, en majorité civile. En cas d'incapacité, l'on recourt à la représentation et l'administration légale ou sous contrôle judiciaire. Or, le mariage du mineur, bien que précoce, est une cause d'émancipation en droit, aussi bien pour le garçon à partir de 18 ans, que pour la jeune fille (avant 2016, cet âge était à partir de 15 ans)[12].

Aussi, par rapport aux règles de pouvoirs, la femme en communauté de biens, est certes majeure, mais elle n'a pas toujours la capacité de contracter seule sans l'autorisation de son mari (le mariage consacre son incapacité juridique, l'inégalité de pouvoirs entre époux dans la gestion des biens communs, par exemple/compte commun). Car, d'après la loi, le mari peut s'opposer et dénoncer, en tout temps, l'absence d'autorisation et donc de capacité juridique de la femme mariée. Cette situation fragilise la femme et suscite la méfiance de la part des tiers (fournisseurs, etc.),

Il est nécessaire de souligner avec force que cet état de notre droit interne doit désormais être considéré comme contraire à l'ordre public, modifié depuis la ratification de la CEDEF, qui dispose en son article 15, alinéas 1 et 2 : « *Les États parties reconnaissent à la femme l'égalité avec l'homme devant la loi* ». Les États parties doivent prendre des mesures qui reconnaissent à la

---

[11] S. GUINCHARD, *Lexique des termes juridiques*, Dalloz, 2012, p.734 ; Code civil article 1387 et s.

[12] Article 52 (1) de l'ordonnance n° 81/02 du 29 juin 1981 modifiée et complétée par la loi n° 211/011 du mai 2011 portant organisation de l'état civil et diverses dispositions relatives à l'état des personnes physiques. Toutefois, le Code pénal 2016 a harmonisé cet âge à 18 ans pour le garçon et la jeune fille.

femme, en matière civile, une capacité juridique identique à celle de l'homme et les mêmes possibilités pour exercer cette capacité. Celles qui lui reconnaissent en particulier des droits égaux dans la conclusion de contrats et d'administration des biens et leur accordent le même traitement à tous les stades de la procédure judiciaire ». Le Cameroun ayant ratifié la Convention sur l'élimination de toutes formes de discrimination à l'égard des femmes de 1979, le 23 août 1994.

Enfin, en cas de dissolution du mariage, les biens des époux, activement et passivement, doivent être répartis entre les époux, ou, le cas échéant, entre leurs ayants droit en cas de dissolution du mariage par le décès.

La doctrine conclut sur ce point que le régime matrimonial est une institution qui se situe au carrefour du statut personnel des époux et du statut patrimonial de la famille dont il n'est qu'un aspect, les autres aspects étant le droit des successions, les libéralités, le divorce, etc. Pour la doctrine majoritaire[13], le droit des régimes matrimoniaux appartient à la fois au droit du patrimoine et au droit du mariage.

Le droit des régimes matrimoniaux étudie l'ensemble des règles qui organisent le « statut des biens des époux », c'est-à-dire le régime juridique applicable aux biens que les époux affectent à la satisfaction des besoins du mariage. Il prend en compte les conséquences des rapports réciproques ou mutuels d'ordre pécuniaire qui résultent pour eux du mariage, mais également les rapports avec les tiers, notamment les créanciers et les fournisseurs[3].

Le régime matrimonial concerne l'ensemble des biens qui constituent le patrimoine des époux et qui en forment l'assiette, ainsi que les pouvoirs dont chacun de ceux-ci dispose sur ces biens. Techniquement, le régime matrimonial peut être envisagé sous un double angle : au plan matériel et au point de vue de sa structure juridique qui détermine la relation juridique entre les biens et la personne des époux[14].

Ainsi, sur le plan matériel, le régime matrimonial englobe, d'une part, tous les biens que les époux possèdent au moment de leur mariage (la date de la célébration devant l'officier d'état civil) et, d'autre part, ceux qu'ils acquièrent

---

[13] G. CORNU, *Les Régimes matrimoniaux,* p.24

[3]J. FLOUR et G. CHAMPENOIS, *Les Régimes matrimoniaux*, p. 5.

[4] R. CABRILLAC, *Droit des régimes matrimoniaux,* Montchrestien, 8e éd. 2013 ; A. COLOMER, A. KARM et R. LE GUIDEC, *Les Régimes matrimoniaux,* Litec, 2015. J. N. DABIRE, *Droit de la famille*, PADEG. S. DAVID et A. JAULT, *Liquidation des régimes matrimoniaux*, Dalloz Référence, 2e éd. 2013/2014. I. DAURIAC, *Les régimes matrimoniaux et le PACS*, LGDJ, coll. Manuels,3e éd.2012. M. GAUDEMARIS, *Régime matrimonial légal et entreprise, Contribution à l'étude du choix législatif d'un régime matrimonial légal au regard des intérêts des époux notamment entrepreneurs*, thèse dactyl. Grenoble, 1986

[14]S. FERRE-ANDRE, *Les Régimes matrimoniaux*, cours de droit civil, Master I, Université de Lomé, 2008-2009.

pendant le mariage, quel que soit le mode d'acquisition, à titre onéreux ou gratuit, ensemble ou séparément.

Mais, le régime matrimonial appréhende ces biens de plusieurs façons, soit par masse ou ensemble d'éléments différents, mais constituant une entité unique par leur affectation ou rattachement à la personne, sujet de droit, en latin « *Ut Universi* », soit par unité, singulière, c'est-à-dire individuellement, en latin « *Ut singuli* »[15]. Lorsqu'il les saisit par masse, *Ut Universi*, c'est-à-dire par bloc de patrimoine, le régime matrimonial réglemente et organise les rapports entre les universalités. Ainsi, dans le régime de la séparation de biens, par exemple, il existe deux principales masses de biens, les biens du mari et ceux de la femme. Le régime matrimonial crée donc des rapports uniquement entre ces deux masses de biens. Il en est de même pour ce qui est du régime de la communauté des biens qui comprend plutôt, trois masses de biens, la masse des biens propres à chacun des époux et la masse des biens communs. Et à l'intérieur de chaque masse, on peut distinguer des sous-catégories d'universalité, c'est-à-dire les ensembles formés du passif ou de l'actif de chacune des masses de biens de chacun des époux dans le cadre du régime de la séparation des biens, ou de la communauté (régimes communautaires).

L'intérêt est que, sous ce rapport, le régime matrimonial tire certaines de ses règles de la théorie générale du patrimoine chaque fois qu'il s'agit de déterminer, dans son entier, le statut de telle ou telle masse de biens, au sortir du régime, pendant les opérations de liquidation. C'est le principe de la corrélation entre l'actif et le passif en vertu duquel, on ne peut ressortir les éléments de l'actif net d'une masse de biens qu'après déduction des dettes qui le grèvent, en est une illustration.

Il se matérialise par l'inventaire du patrimoine concerné. Cette règle s'applique particulièrement au moment de la liquidation des biens du régime matrimonial en vue du partage ; c'est le cas à la liquidation des successions ou en matière de procédures collectives pour les sociétés.

On peut également citer le principe de la subrogation réelle, qui en droit des biens permet à une masse de biens de renouveler sa consistance, en intégrant juridiquement et à titre de remplacement les biens nouveaux acquis ou leur valeur, résultant de l'aliénation des biens anciens. Le principe de la corrélation entre le passif et l'actif est aussi pris en compte lors de la liquidation du régime grâce à l'établissement de l'inventaire de l'actif et du passif. Cette démarche vise à garantir l'équilibre entre les patrimoines et donc la justice (rapport, récompense, rapport de créance ou de dette, etc.). En revanche, lorsque le régime matrimonial saisit les éléments de l'assiette par unité *(Ut singuli),* c'est-à-dire par catégorie plus restreinte ou par individualité, il prend en considération la nature du bien, son

5 Pour la distinction « *Ut Universi* » et *Ut singuli* » comme critère de classification des biens, consulter les ouvrages ou traités sur « le Droit civil des biens ».

origine, sa destination particulière, son utilité ou sa valeur économique, pour en régler le sort.

Sous ce rapport, le droit des régimes matrimoniaux emprunte aussi au droit des biens, les règles relatives à la détermination de la propriété et à ses démembrements, la nature des droits réels ou personnels, en fonction de la nature ou structure de la chose, nature mobilière ou immobilière, etc. Certains auteurs à l'instar de Gérard Cornu disent que le droit des régimes matrimoniaux s'apparente en réalité à un droit spécial des biens. En l'occurrence, les biens des époux peuvent être pris en compte individuellement par rapport à leur nature pendant le fonctionnement du régime (règles de pouvoir ou de gestion), à la dissolution du régime, et au moment du partage des éléments de l'actif net (meubles, immeubles, etc.).

En conclusion, les régimes matrimoniaux mobilisent tous les biens affectés directement ou indirectement à la satisfaction des besoins des époux ou du ménage. Au-delà de la dimension matérielle, les régimes matrimoniaux peuvent être saisis sur le plan juridique.

Juridiquement, le régime matrimonial se définit aussi par sa structure juridique. Cela signifie que le régime matrimonial regroupe l'ensemble des règles qui déterminent l'étendue des pouvoirs des époux sur les éléments du patrimoine conjugal d'une part, et celles qui fixent le sort des biens des époux quant à la propriété,

Les premières sont les règles de répartition des pouvoirs entre époux ou de gestion des patrimoines par eux. Ces dispositions ont pour objet de définir l'étendue et la nature des pouvoirs attribués à chacun des époux sur certaines masses ou certains types de biens, et par conséquent les actes juridiques qu'ils peuvent poser, séparément ou conjointement, selon les divers modes de gestion (simple, conjointe, concentrée avec délégation, combinée ou avec représentation mutuelle) qu'ils ont choisis, ainsi que selon la nature du régime matrimonial.

Et les secondes, ce sont des règles qui établissent une répartition ou une ventilation des biens entre les différents patrimoines, ou encore qui composent ces derniers. En conséquence, elles déterminent l'état de propriété des biens des époux au moment de leur entrée en mariage, pendant le mariage et lors de la dissolution du régime. Elles indiquent finalement si le bien est propre ou commun. La répartition des biens concerne aussi bien l'actif que le passif.

La combinaison permanente et complexe entre les règles de répartition des biens et de répartition de pouvoirs forme un tout qui est le régime matrimonial, un corps de règles cohérentes en étroite corrélation (influences mutuelles) entraînant des répercussions sur le sort final des patrimoines des époux, au moyen des règles de preuve, ou de présomptions (présomptions de pouvoirs, présomptions d'acquêts ou de communauté).

6- Les caractéristiques des régimes matrimoniaux

Les régimes matrimoniaux revêtent un double caractère, patrimonial (***a***) et matrimonial (***b***), à la fois.

a- Le droit des régimes matrimoniaux est patrimonial

Dire que le régime matrimonial est patrimonial implique qu'il concerne tous les biens des époux. Le régime matrimonial est un pan du droit patrimonial de la famille ; il a pour objet d'organiser et de protéger le patrimoine familial, fut-il celui des époux. Son organisation et son fonctionnement restent distincts et ne se confondent pas nécessairement avec l'union des personnes[16].

Le régime matrimonial régit les aspects économiques du ménage, qui dépendent du système économique en place (communautaire, séparatiste ou de participation, entre autres) et de la nature des biens (meubles, immeubles, fonds de commerce, sociétés, droits d'auteur, etc.) ou de leur origine (acquis à titre onéreux ou gratuit).

Enfin, le régime matrimonial fait peu de place à l'intimité (requise par l'union des personnes). Il concerne davantage les rapports des époux envers les tiers, c'est-à-dire les créanciers, les acquéreurs ou les débiteurs avec qui ils contractent.

Le but du régime matrimonial est de sécuriser les intérêts des tiers tout en sauvegardant le crédit du ménage. Lorsque ces tiers sont les enfants, le régime matrimonial régit la situation des enfants communs ou ceux nés d'une précédente union, à condition que ces enfants soient présents et résident dans le foyer familial. En droit, les enfants sont considérés comme des créanciers d'aliments. Ce droit découle de l'obligation d'entretien (éducation, santé) et constitue une charge fondamentale du ménage.

Mais, lorsque ces tiers sont des héritiers, les enfants héritiers entrent dans la succession des époux, soit directement, soit par représentation de leur auteur pour prendre leur part dans le partage de la communauté ou dans les intérêts de participation en concours avec le conjoint survivant. Les héritiers, les légataires, les bénéficiaires d'un legs, les donataires peuvent aussi prendre part à la succession, ce qui fait que le droit des régimes matrimoniaux entre en contact avec les libéralités et les successions.

b- Le droit des régimes matrimoniaux est matrimonial ou familial

Il implique que le régime matrimonial dépend à un double titre de l'union matrimoniale des époux, c'est-à-dire du mariage d'une part, et du degré

---

[16] S. FERRE-ANDRE, *Les Régimes matrimoniaux*, cours de droit civil, Master I, Université de Lomé, 2008-2009.

d'entente entre les époux, d'autre part. Dans son existence, le régime matrimonial ne prend corps qu'avec la formation du mariage, c'est-à-dire la naissance du lien conjugal, fondement de la famille (famille légitime). On ne peut parler de régime matrimonial en l'absence de mariage, il ne s'établit qu'entre les gens qui sont mariés, et disparaît aussi avec la disparition du mariage. Ce raisonnement s'applique autant aux époux en droit camerounais, et africain en général.

Ainsi, dès la formation du mariage, le régime matrimonial entre automatiquement en application par l'effet de la loi, qu'il s'agisse du régime légal ou d'un régime conventionnel ou contractuel[17]. Le régime matrimonial est un véritable effet direct du mariage.

Dans son fonctionnement, le régime dépendant du degré d'entente conjugale existant entre les époux. Sa marche reflète alors la vie du ménage. Ainsi, entre les époux unis, les règles de répartition des pouvoirs s'entremêlent avec celles de mandats exprès ou tacites, de représentation entraînant la confusion des biens, et les immixtions de pouvoirs. Et le climat d'entente et de confiance permet de régler plus facilement les dysfonctionnements possibles.

En revanche, dans la mésentente, le régime matrimonial peut être confronté aux revendications de chacun des époux sur ses biens, et à la revendication des pouvoirs, recourant la plupart du temps à l'intervention judiciaire, aux mesures de blocages (oppositions) ou aux autorisations judiciaires.

Le régime matrimonial prend fin avec la cessation ou la dissolution du mariage, et ne lui survit pas. En cas de dissolution du mariage, quelle qu'en soit la raison (divorce, décès, annulation, abandon, séparation de corps, séparation des biens), le régime matrimonial prend fin entre les anciens époux, tout comme entre le conjoint survivant et les héritiers.

En cas de dissolution anticipée du régime matrimonial par la séparation du corps ou la séparation de biens, judiciairement contrôlée, l'ancien régime matrimonial est aussitôt relayé par le nouveau régime.

Même en cas de reprise de la vie commune, dans l'hypothèse de la communauté des biens, la communauté cède la place à la séparation des biens.

Il est à faire remarquer que toutes les vicissitudes qui menacent ou affectent le lien de mariage, la stabilité ou l'instabilité des liens conjugaux influencent le fonctionnement du régime matrimonial dans son existence (caractère matrimonial). Il est matrimonial, car il est dépendant de l'existence du mariage, et constitue en même temps un statut familial : c'est celui des gens mariés uniquement. « *Il n'est pas d'époux sans statut matrimonial, et il n'est*

[17] Code civil article 1395. S. FERRE-ANDRE, *Les Régimes matrimoniaux*, cours de droit civil, Master I, Université de Lomé, 2008-2009.

de régime matrimonial sans époux. »[18]. Autrement dit, peu importe le système dans lequel on se trouve, le mariage et les régimes matrimoniaux entretiennent des relations d'interdépendance.

Ce caractère matrimonial ou familial des régimes matrimoniaux permet de battre en brèche l'acception selon laquelle les coutumes dans les systèmes juridiques africains ignorent les régimes matrimoniaux. Qu'elles soient orales ou non structurées, les coutumes en droit africain contiennent probablement des données informationnelles sur les biens de la femme mariée par rapport au mari[19]. Le défi consiste à promouvoir et à développer la recherche sur les contours des régimes matrimoniaux au Cameroun. Il s'agit de le faire à partir des ressources portées par les quatre aires culturelles que compte le pays, afin d'aboutir à des modalités et à des modèles innovants qui peuvent inspirer des solutions nouvelles adaptées aux besoins endogènes. Ces résultats serviront à la fabrication du droit des régimes matrimoniaux intégrant aussi les dynamiques des manières de faire des communautés locales adaptées à la modernité.

En dépit de cette double dépendance au statut personnel des époux, le régime matrimonial reste une entité bien distincte de l'union des personnes. Le principe est que l'économie du régime ne se confond pas avec l'unité du ménage ou des personnes. Il se distingue de l'union personnelle en raison de son autonomie, son organisation et son fonctionnement[20].

7- Les rapports entre le droit des régimes matrimoniaux et les autres disciplines scientifiques

Au-delà de son autonomie structurelle, le régime matrimonial se situe à divers carrefours.

Tout d'abord, dans une approche intrinsèque, le régime matrimonial est au carrefour du sentiment et de l'argent ; cette promiscuité source de confusion explique parfois des réticences dans certaines traditions ; on y voit aussi, dans certains autres pays, la cause d'un très faible attrait pour les contrats de mariage. Toutefois, il peut en être différemment ailleurs, ce qui explique la place accordée au droit des régimes matrimoniaux, dans notre système juridique profondément métissé par des systèmes juridiques d'inspiration étrangère. Les régimes matrimoniaux exercent une sorte d'influence autoritaire et diffuse à l'égard des autres domaines scientifiques qui intéressent directement ou indirectement la vie et, donc, le statut des époux en

---

[18] S. FERRE-ANDRE, *Les Régimes matrimoniaux*, cours de droit civil, Master I, Université de Lomé, 2008-2009.

[19] T. OWALE ELIAS, *La Nature du Droit coutumier africain*, Présence africaine.

[20] S. FERRE-ANDRE, *Les Régimes matrimoniaux*, cours de droit civil, Master I, Université de Lomé, 2008-2009.

général. Ils interfèrent dans les autres disciplines en faisant prévaloir au nom sur la protection de l'intérêt de la famille.

- **Droit des régimes matrimoniaux et droit du mariage**

À divers titres et depuis fort longtemps s'est manifestée une corrélation entre ces deux droits, qui demeure aujourd'hui prédominante malgré les avancées de l'union libre, singeant ou non le mariage. Il se peut, tout d'abord, qu'au moment de leur mariage, les deux époux soient déjà propriétaires de divers biens. De toute façon, ils sont appelés à en acquérir pendant le mariage. D'où la nécessité de savoir dans quelle mesure ces biens vont être confondus dans une masse commune ou être la propriété de chacun d'eux.

Un choix s'impose alors entre plusieurs solutions. Entre deux extrêmes, tout est possible : mettre tout en commun, ne rien mettre en commun, diverses combinaisons s'offrent à l'esprit. On peut notamment concevoir la coexistence d'une masse de biens communs et de deux masses propres, l'une au mari, l'autre à la femme. En ce sens, le mariage entraîne même des effets personnels, comme l'entraide, la communauté de vie… Il appelle des réponses relatives à la composition des patrimoines pendant l'union conjugale, ce qui n'est évidemment pas sans incidence sur le sort des biens à la dissolution. Ces réponses pourront relever, soit d'un esprit communautaire fondant l'existence d'une masse de biens communs plus ou moins étendue, soit d'un esprit séparatiste opérant une répartition bipartite des éléments actifs, ainsi que passifs, composant les patrimoines respectifs des époux.

Le régime matrimonial ne concerne pas seulement la composition des patrimoines ou des masses de biens. Il fixe aussi les pouvoirs respectifs des époux sur ces biens. Longtemps, leur détermination s'est située, dans le cadre d'un système plaçant la femme mariée dans la catégorie des incapables, ce qui aboutissait à reconnaître au mari la suprématie. Cette situation a pris fin en 1938. Mais la question de la répartition des pouvoirs n'a pas disparu. On peut encore imaginer un système de concentration des pouvoirs entre les mains d'un des époux, spécialement du mari. On peut aussi aménager une répartition des pouvoirs en reconnaissant la place nécessaire à l'indépendance des époux, mais en assurant leur égalité, de diverses manières. Ainsi peut-on soit subordonner l'accomplissement de certains actes au consentement des deux époux, soit reconnaître à l'un et à l'autre le pouvoir d'agir seul pour le compte du couple.

Les choix opérés en ce qui concerne la composition des masses de biens et les pouvoirs reconnus à l'un et à l'autre époux n'entraînent pas seulement d'importantes conséquences durant le mariage. C'est surtout à sa dissolution que leurs effets se produiront, car il faut bien à ce moment-là opérer le partage des biens subsistants et procéder à la liquidation du régime matrimonial.

Le régime matrimonial est, de la sorte, au carrefour du droit de la famille et du droit des biens, actifs ou passifs, meubles ou immeubles, corporels ou incorporels.

Droit des régimes matrimoniaux et droit des successions : La relation entre ces deux corps de règles se manifeste d'une double manière, inhérente à toute réflexion sur l'héritage : celui qu'on recueille, celui qu'on laisse.

Tandis que le mariage suit son cours, il est naturel que les époux succèdent à leurs parents, soit par l'effet d'une succession ab intestat lorsque ceux-ci n'ont pas rédigé de testament, soit par l'effet d'une succession testamentaire, s'ils en ont fait. Quel va être le sort des biens recueillis de la sorte ? Vont-ils demeurer la propriété du seul époux qui les recueille ? Vont-ils tomber dans une masse de biens communs ? Va-t-on se prononcer à ce sujet de la même manière selon qu'il s'agit des meubles ou des immeubles ? D'un côté, l'existence d'un couple peut fonder la primauté de celui-ci. De l'autre, dans l'axe vertical et la perspective diachronique de la conversation des biens dans les familles, on peut vouloir protéger davantage les enfants et, pour cela, laisser les biens recueillis au pouvoir exclusif du seul époux héritier.

Plus typique est l'articulation nécessaire du droit des régimes matrimoniaux et du droit des successions à la dissolution du mariage, au moment où, celui-ci étant dissous par le décès de l'un des époux, s'ouvre une succession. Alors se manifeste l'incidence du régime matrimonial.

Au-delà des clivages existant entre les divers corps de règles, une considération primordiale se manifeste : il s'agit d'assurer au conjoint survivant le maintien de son train de vie. Cette préoccupation inspire, du côté du droit dès successions, la situation juridique du conjoint survivant, qu'il s'agisse de la dévolution ou du règlement successoral : octroi d'une part successorale, bénéficie de l'attribution préférentielle dans le partage. Mais le régime matrimonial peut contribuer lui aussi à satisfaire l'exigence évoquée : s'il est communautaire, le partage de la masse commune au décès de l'un des époux et l'attribution de la moitié de celle-ci au survivant peuvent tendre à assurer au profil du survivant, la persistance de sa situation.

Une observation comparative, dans le temps et dans l'espace, montre comment le régime successoral et le régime matrimonial se complètent et se répondent. Elle montre aussi comment, lorsque l'exigence évoquée n'est pas satisfaite par la technique successorale, il est possible, par l'effet d'une « loi de substitution », de recourir à d'autres techniques du droit, spécialement à celles du régime matrimonial. Ainsi, à l'époque du Code civil, la situation inférieure du conjoint sur le terrain du droit successoral fut-elle compensée par l'existence du régime matrimonial de la communauté de meubles et acquêts. C'est dire à quel point il faut se garder d'envisager isolément les divers corps de règles composant le droit en général, et plus particulièrement le droit civil.

Droit des régimes matrimoniaux et droit des contrats : Il existe des interférences entre le droit des obligations et le droit des régimes matrimoniaux[21]. Cet état de choses se manifeste à la faveur des contrats que des époux sont amenés à conclure soit avec des tiers, soit entre eux.

Les contrats que les époux, ou l'un d'eux passent avec des tiers, produisent très souvent des conséquences particulières, du fait même du mariage. Les tiers peuvent être appelés à se prévaloir de cette situation, notamment s'ils peuvent poursuivre les deux époux du fait de dettes contractées à leur égard par un seul.

Plus symptomatique encore est l'incidence des contrats conclus par les époux sur leur régime matrimonial. La situation conjugale tempère nécessairement certaines formes du droit commun. Ainsi suspend-elle la prescription extinctive qui « *ne court point entre époux* »[22]. Au sujet des contrats, la loi aménage l'emploi du mécanisme contractuel, car celui-ci peut exercer sur le régime matrimonial une influence plus ou moins subversive. Cette perspective a pendant longtemps expliqué son refoulement. L'évolution du droit positif a marqué un recul de cette attitude négative.

Certains contrats affectent, dans leur existence même, présente ou passée, le régime matrimonial : S'il est vrai que la conclusion de pactes de séparations amiables entre époux demeure interdite[23] (il est cependant possible aux époux d'obtenir, dans certaines conditions, un changement de régime. Ils peuvent aussi, en bornant davantage leurs ambitions, aménager, notamment par l'effet d'un mandat[24] l'exercice des pouvoirs que la loi leur reconnaît. Les époux peuvent encore, pendant une instance en divorce, passer toutes conventions pour la liquidation et le partage de leur régime matrimonial[25].

D'autres contrats n'affectent pas aussi directement le régime matrimonial : Deux considérations ont jusqu'à une époque assez récente expliqué la méfiance manifestée par le droit à leur sujet : l'immutabilité du régime matrimonial, qu'ils peuvent permettre de couronner ; la crainte d'un abus d'influence d'un époux sur l'autre, qu'ils peuvent concrétiser. Le recul des restrictions traditionnelles s'explique par le refoulement du principe

---

[21] H. LECUYER, *La Théorie générale des obligations dans le droit patrimonial de la famille*, Thèse ronéot, Paris II, 1993 ; Voir aussi G. THOMAS, *Les Interférence du droit des obligations et le droit matrimonial*, Thèse Nancy, éd. 1974.

[22] Code civil, article 2253.

[23] Art. 1443, al. 2, C. civ.),

[24] (Art. 218, C. civ. ; rappr. les art. 1431 et 1539.

[25] Art. 265-2, al. 1er, C. civ. ; art. 1450, C. civ.

d'immutabilité et par le progrès escompté de la maturité conjugale et l'émancipation de la femme mariée. Il atteste aussi la contractualisation grandissante du droit de la parité.

Contrats entre époux : À leur sujet, le progrès de la liberté contractuelle entre époux est certain, ce qui s'inscrit dans un fort courant de contractualisation de la famille. Des contrats dont la validité était soit exclue, soit douteuse sont aujourd'hui permis. Des réformes successives ont fini par aboutir à la consécration sans réserve de la validité des sociétés entre époux : « même s'ils n'emploient que des biens de communauté pour les apports à une société ou pour l'acquisition de parts sociales, deux époux seuls ou avec d'autres personnes peuvent être associés dans une même société et participer ensemble ou non à la gestion sociale. Les avantages et libéralités résultant d'un contrat de société entre époux ne peuvent être annulés parce qu'ils constitueraient des donations déguisées, lorsque les conditions en ont été réglées par un acte authentique[26].

La validité du contrat de travail entre époux a été douteuse pendant longtemps, la subordination qu'il implique ayant paru incompatible avec l'état d'époux, surtout quand on envisageait le cas du mari salarié de sa femme.

L'évolution des idées et des mœurs a pourtant fait, à juste titre, prévaloir une solution libérale, car la subordination professionnelle n'altère pas l'égalité qui inspire aujourd'hui le droit des rapports conjugaux.

II- LES SOURCES DU DROIT DES RÉGIMES MATRIMONIAUX

Les sources du droit des régimes matrimoniaux sont très diversifiées et leur classification est complexe. Nous avons pour l'essentiel : les sources internationales (***A***), les sources nationales (***B***), les sources conventionnelles et les sources jurisprudentielles, les coutumes et les usages (***C***).

1- Les sources internationales

Il s'agit notamment des traités et conventions internationaux (***1***) d'une part, et de la place du droit communautaire OHADA (***2***).

a- Les traités et les conventions internationaux

Il s'agit là des fondements juridiques modernes et universels au régime de protection de la famille et de ses intérêts. Bien que le Cameroun n'ait jamais adhéré à la convention spécifique de La Haye sur la loi applicable aux régimes matrimoniaux, les instruments onusiens demeurent des sources supra légales importantes du droit des régimes matrimoniaux au Cameroun et avec pour vocation l'amélioration de ce régime de protection des droits de la famille.

---

[26] Art. 1832-1, Code civil.

À ce titre, nous pouvons citer la convention pour l'élimination de toutes les formes de discrimination à l'égard des femmes « CEDEF » comme exemple type, en ce qu'elle comprend des dispositions qui pourraient modifier profondément le droit interne au regard de la place et de l'autorité supra légale reconnues aux conventions internationales. Mais la difficulté demeure : le législateur tarde à prendre les mesures nécessaires pour faciliter une intégration et une mise en œuvre directe et intégrale de la CEDEF. Cela est d'autant plus vrai si la CEDEF répond aux aspirations légitimes en matière de protection des droits de la femme et de la famille. Mais, la question doit encore être approfondie.

La convention sur les droits de l'enfant de 1989, la convention de 1966 sur les droits économiques, sociaux et culturels, les conventions en matière patrimoniale de 1972, 1970,   2001, 2003, 2005

Ce sont des sources internationales constituées par l'ensemble des instruments normatifs adoptés par l'Assemblée générale des Nations unies pour encadrer, promouvoir et protéger au plan mondial les droits humains, notamment ceux des catégories sociales fragiles que sont les femmes et les enfants. Ces sources ont une valeur juridique supérieure à la loi, on parle de source supra légale. Et dans le cadre de l'étude du droit des régimes matrimoniaux, la Convention internationale relative à l'élimination de toutes les formes de discriminations à l'égard des femmes (CDEF) occupe une place de choix. Sa mise en œuvre est assurée au niveau des États grâce à la plate-forme et au plan d'action adoptés à Beijing. À celles-ci s'ajoutent les instruments régionaux de promotion et de protection des droits de la personne adoptés au sein de l'Union africaine, soit la Charte africaine des droits de l'homme et des peuples, de 1981, que le Cameroun a ratifiée. Toutefois, leur mise en œuvre manque encore de réelle visibilité. Mais il demeure que l'avant-projet de code des personnes et de la famille en cours d'élaboration semble de s'en inspirer en grande partie.

b- La place du droit communautaire OHADA dans l'évolution du droit des régimes matrimoniaux

Pour compléter les conventions internationales, on peut souligner la place du droit d'intégration communautaire des affaires OHADA dans la construction du droit des régimes matrimoniaux. Cela concerne notamment l'Acte uniforme OHADA portant sur le droit commercial général du 15 décembre 2010, l'Acte uniforme OHADA relatif au droit des sociétés commerciales et aux GIE de janvier 2014, les Actes uniformes relatifs aux procédures collectives et aux sûretés.

L'étude du droit des régimes matrimoniaux ne peut se passer du droit de l'Organisation pour l'Harmonisation du Droit des Affaires en Afrique (OHADA) avec lequel les droits nationaux entrent parfois en conflit, au travers des dispositions de certains de ces actes uniformes. C'est le cas de l'Acte uniforme sur le droit commercial, le droit des sociétés et du GIE, le droit des sûretés, les procédures collectives ou l'acte uniforme relatif aux voies d'exécution qui ont une incidence sur la personne de l'époux commerçant ou de son conjoint dans les rapports patrimoniaux.

2- Les sources nationales

Celles-ci sont constituées des sources légales : Constitution et les autres textes (*1*) et la jurisprudence, les coutumes, les usages et les pratiques nationales (*2*) et les sources conventionnelles (*3*).

a- Les sources légales : La constitution et les autres textes

La Constitution du Cameroun, entrée en vigueur en 1996, accorde une grande importance au droit des régimes matrimoniaux. Le Code civil version 1956, l'ordonnance de 1981, et la Matrimonial Causes Act 1978 sont les principales sources légales.

Le principe est que les régimes matrimoniaux ont une base légale, aussi bien, quant à leur mode d'établissement que dans la détermination des règles de son contenu. Cette loi tire sa légitimité de la Constitution qu'elle vise à mettre en œuvre. L'article 2 de la Constitution 1996 peut être souligné en gras ici, car il prévoit clairement que « *le statut des personnes et le régime des biens relèvent du domaine de la loi, et, précisément, les aspects intéressants la nationalité, l'état et la capacité des personnes, les régimes matrimoniaux, les successions et libéralités, le régime des obligations civiles et commerciales, le régime de la propriété mobilière et immobilière* ». Autrement dit, la Constitution est claire : c'est seulement la loi, acte voté par le parlement, qui constitue la principale source de droit en ce qui a trait aux régimes matrimoniaux.

Cette affirmation de la loi comme principale source de droit ici n'est bien évidemment pas contraire au mécanisme de ratification qui permet d'intégrer directement ou indirectement, dans l'ordre juridique interne, les instruments internationaux intéressant la famille. Dans le cas d'espèce, c'est notamment la Convention sur les Droits de l'Enfant (CDE) et la convention relative à l'élimination de toutes les formes de discriminations à l'égard de femmes (CDEF).

Dès lors, le régime matrimonial apparaît comme une institution dont le cadre est défini par la loi. Et le Code civil version 1956 demeure la référence légale en vigueur, complété par les dispositions de l'ordonnance du 29 Juin 1981.

L'article 1394 Code civil en vigueur précise les règles de formations de contrat de mariage. « Toutes conventions matrimoniales seront rédigées, avant le mariage par acte devant notaire. Le notaire donnera lecture aux parties du dernier alinéa de l'art 1391. Mention de cette lecture… ».

Mais, en théorie du droit, la loi n'intervient pas toujours au même titre ; les dispositions légales applicables aux régimes matrimoniaux n'ont pas toutes la même valeur ni les mêmes effets. Certaines sont impératives : c'est le cas des dispositions relatives au régime primaire qui forment ici l'ordre public matrimonial. Par exemple, par le seul effet du mariage, tous les époux se trouvent soumis, dans leurs rapports pécuniaires, à une série de règles définies par les articles 213 à 226 du Code civil et les articles 74-76 de l'ordonnance de 1981, au titre de mariage. Ces dispositions s'appliquent aux époux, quel que soit le régime matrimonial légal ou conventionnel. À cet effet, la loi dit que les époux ne peuvent y déroger, sauf sur les points où elles réservent l'application des conventions matrimoniales. L'article 1388 du Code civil dispose à cet effet que : « *les époux ne peuvent déroger ni aux droits qu'ils tiennent de l'organisation de la présence paternelle et de la tutelle, ni aux droits reconnus au mari comme chef de famille et de la communauté, ni aux droits que la femme tient de l'exercice d'une profession séparée ni aux dispositions prohibitives édictées par la loi* ».

D'autres, par contre, sont supplétifs : c'est le cas du régime matrimonial légal ou de droit commun, qui est celui appliqué aux époux mariés sans contrat de mariage. Dans ce sens, il faut comprendre l'article 1391, dernier alinéa, du Code civil. Il vise la mention dans l'acte de célébration du mariage des époux mariés sans contrat que « *la femme est réputée à l'égard d'un tiers capable de contracter dans les termes du droit commun* » ; et l'article 1393 du Code civil en vigueur indique clairement qu'« *à défaut de stipulation spéciale qui dérogent au régime de la communauté, les règles établies dans la première partie du chapitre 2 du Titre 5ᵉ du code, formeront le droit commun* ». Il s'agit bien, dans cette 1ʳᵉ partie, du régime de la communauté légale des articles 1400 du Code civil et suivants.

C'est un régime légal dont la nature (communauté des meubles et acquêts) et l'économie sont entièrement organisées par la loi : son contenu, son établissement, sa dissolution et sa liquidation.

La loi en fait une institution de droit commun. Toutefois, dans son application, c'est un régime supplétif, car il ne s'applique qu'à défaut de convention (article 1400 du Code civil). On parle alors ici de dispositions supplétives[27].

On pourrait mentionner ici la loi n° 2019/024 du 24 décembre 2019, qui est intitulée « Code général des collectivités territoriales décentralisées » et qui comprend des articles 2 et 3. Ces articles établissent un régime particulier pour certaines collectivités territoriales, en tenant compte des spécificités du

---

[27] D'autres textes de lois spécifiques, certes peu fournies en matière de régimes matrimoniaux, pourraient néanmoins être visités avec intérêt tels que : la loi de 1992 portant code du travail du Cameroun, la loi de 2016 portant nouveau code pénal, etc.

système éducatif anglophone et de la Common Law, qui est le fondement du système judiciaire anglo-saxon.

Par conséquent, la loi britannique sur les causes matrimoniales de 1970 et les principes juridiques anglo-saxons applicables au Nigeria, qui ont été étendus historiquement au Cameroun (régions sud-ouest et nord-ouest), peuvent être utilisés dans le domaine du droit des régimes matrimoniaux. Cependant, cela ne s'applique que si ces lois contiennent des dispositions spécifiques qui peuvent être appliquées de manière complémentaire ou distincte.

b- Les sources prétoriennes, les coutumes et les usages issus de la pratique notariale

Elles forment la catégorie des sources infra ou extra-légales et non écrites la plupart du temps.

En droit camerounais, le mariage est le domaine qui a été le plus laissé à l'interprétation de la jurisprudence, flirtant avec le droit traditionnel[28]. Le régime de la communauté sous condition de participation est une émanation de la jurisprudence camerounaise constante. Il consacre d'après la doctrine camerounaise comme règle, le partage rémunération de la communauté sous réserve de la preuve de la contribution de chacun des époux. Ce régime semble applicable aussi bien au mariage monogamique que dans l'hypothèse du mariage polygamique, avec pour finalité, l'équité. L'évolution de la jurisprudence devant les tribunaux de la partie anglophone du Cameroun permet également de relever que la communauté des biens est le régime appliqué de préférence à la séparation des biens de la Common Law, en l'absence de contrat de mariage[29].

Dans l'hypothèse du mariage polygame, et en l'absence de toute réglementation spécifique d'un régime matrimonial approprié, il est possible, malgré les dispositions du droit coutumier, dont la preuve reste toujours sujette à caution, et où l'interprétation scientifique peut autoriser plusieurs approches, de présumer, outre la séparation de biens généralement retenue par la plupart des auteurs et législations comparées, l'existence de plusieurs masses de biens propres, qui seraient fonction du nombre d'épouses, ainsi que plusieurs masses de biens communs, autrement appelés « acquêts », établis entre le mari et chacune de ses épouses en vertu de la théorie jurisprudentielle de la

---

[28]M. NKOUENDJIN YOTNDA, *Le Rôle de la jurisprudence dans les nouveaux États d'Afrique Francophone*, Penant, n° 739, 1973, P.11. F. ANOUKAHA, (Sous la Direction) *Les Grandes décisions de la jurisprudence civile camerounaise*, éd. LERDA, coll. Les Grandes Décisions, 2008.

[29] Y. B. GOUDJOU LEUSSA, *Le régime matrimonial légal entre son passé et son avenir*, Mémoire de maîtrise en droit privé, Université de Yaoundé II, FSJP, 2024-2025, p.46 (affaire Alice FODJE /NJIM William devant le TGI et la Cour d'appel de Bamenda.)

communauté atomisée[30]. Le tout formerait, abstraitement, une masse globale composite. C'est, en tout cas, la réalité pour la plupart des ménages observés dans leur fonctionnement quotidien[8].

Les coutumes regroupent en droit camerounais l'ensemble des règles non écrites, des usages et pratiques traditionnelles précoloniaux diversifiés qui continuent de coexister et de régir rigoureusement l'organisation de la famille et ses rapports aux biens, au patrimoine et à la terre. Ces normes sont de classification complexe selon leurs origines ; mais, elles demeurent vivantes et efficaces par rapport aux lois décrétées en ce qu'elles sont intergénérationnelles, inspirées de l'intérieur et rythment la vie de la majorité des époux et des familles dans les systèmes juridiques africains ; qu'elles soient non écrites ou plus ou moins dérivées des pratiques des ménages et des usages auxquels les époux finissent par adhérer, elles sont le reflet des connaissances, de valeur et d'une certaine vision que les communautés porteuses d'éléments hérités ont des rapports entre époux, du statut de la répartition des fonctions au sein de la famille ou du ménage hérités. Elles occupent une place importante en droit des régimes matrimoniaux. Les coutumes sont généralement associées à des rites, à des traditions, ou encore à des objets qui jouent un rôle symbolique important dans la construction de l'identité culturelle des communautés en matière de mariage, de famille et, par ricochet, des régimes matrimoniaux. L'institution de la dot et ses diverses expressions peut à juste titre illustrer cette approche. Il reste que l'usage de la coutume est règlementé. Le principe de l'option de juridiction emporte l'option de législation est d'ordre public[31].

L'apport prétorien et les commentaires de la doctrine en constituent des repères non négligeables et enrichissants de la matière du droit des régimes matrimoniaux. L'activité de la jurisprudence est abondante en droit Camerounais. Dans cet écosystème législatif disparate, un rôle important est dévolu à la pratique judiciaire par l'intermédiaire de son travail d'interprétation et d'application des règles et des lois. La jurisprudence est devenue, au fil du temps, un véritable acteur, un ascenseur pour la création de solutions aux situations inextricables, notamment en ce qui concerne la liquidation des régimes matrimoniaux et des successions. Il en est de même

[30] Le juge dans une affaire de liquidation de succession, commentaire, KOM Jacqueline, in Juridis info ; et pour l'ensemble de la question, Josette Nguebou Toukam, thèse… ; voir droit comparé musulman. - Des références de sociologie juridique/anthropologie juridique seraient fort utiles.

[31] En dépit des récentes évolutions successives observées en matière d'organisation judiciaire au Cameroun, les principes régissant le fonctionnement du procès devant la juridiction en matière traditionnelle n'ont guère changé. Yvette Rachel KALIEU ELONGO, Organisation judiciaire du Cameroun, cf. http//kalieu-eulongo.com. Loi n° 2006/015 du 29 décembre 2006 portant organisation judiciaire modifiée et complétée par la loi n° 2011/027 du 14 décembre 2011, au Cameroun, 2025 ? minjustice.gov.cm

de la pratique notariale, dont les solutions, inédites et officieuses, sont source d'apaisement extrajudiciaire des tensions sociales au sein des familles, notamment en matière de reconnaissance post mortem d'enfant en considération de l'intérêt supérieur de l'enfant, et de liquidation des régimes matrimoniaux et des successions. La place des sources prétoriennes et traditionnelles (coutumes non écrites) dans la construction du droit des régimes matrimoniaux mérite une attention particulière.

c- Les sources conventionnelles ou volontaires

À première vue, le régime matrimonial paraît dériver directement ou indirectement de l'autonomie de la volonté des époux ou des tiers qui peuvent intervenir dans le contrat de mariage. Dans le contrat de mariage, les époux déclarent expressément le choix d'un régime conventionnel, le régime légal n'étant que d'application supplétive aux époux qui n'ont pas fait de contrat de mariage. Mais, le contrat de mariage n'intéresse pas uniquement les époux. Dans la réalité pratique, des tiers peuvent par des conventions particulières ou clauses intervenir dans un contrat de mariage. On parle alors du caractère contractuel ou conventionnel du régime matrimonial.

Toutefois, cette assertion doit cependant être nuancée. En effet, le régime matrimonial ne résulte pas seulement de son établissement, mais aussi de son application tout au long du mariage. En tout état de cause, le régime matrimonial résulte non pas d'une source unique, mais de diverses autres sources.

III- LA COMPLEXITÉ DU RÉGIME MATRIMONIAL CAMEROUNAIS À L'AUNE DES ASPECTS SOCIOCULTURELS

L'opportunité de la récente loi sur l'enregistrement des faits d'état civil confirme la situation complexe du droit des régimes matrimoniaux dans le contexte africain et camerounais. Ayant subi la colonisation, les rapports entre les membres de la famille ont connu des bouleversements dont l'évolution s'insère dans un pluralisme juridique marqué par les coutumes, le droit positif et la *Common Law*. Cette triple tradition juridique pose des défis au législateur camerounais, qui doit décider si les traditions doivent être préservées, éliminées, harmonisées ou complétées. Dans ce contexte le droit positif cohabite avec des régimes locaux d'une société de parent[32] composée de familles lignagères dont la dot et la polygamie en constituent un des traits caractéristiques.

Il se pose dès lors le problème de place de ses institutions à caractère socioculturel dans les dynamiques des régimes matrimoniaux. Au Cameroun,

---

32 S. MELONE, *La Parenté et la terre dans la stratégie de développement 'expérience camerounaise : étude critique*, Klincksiek, Paris, 1972, pp.20 et s.

la réalité de la dot (*A*) et la réalité de la polygynie (***B***) mettent à l'épreuve le droit des régimes matrimoniaux.

A- Le régime matrimonial et la réalité de la dot

Le rapport entre le régime matrimonial et la dot peut être appréhendé sous un plan dual à savoir la double dimension de la dot (*1*) et la portée juridique de l'institution (*2*).

1- La double dimension de la dot

La dot, dans la perception du droit africain de la famille, doit être distinguée de l'institution du régime dotal, qui est inconnue du Code civil introduit dans de nombreux pays africains ayant connu la colonisation française, dont le Cameroun (durant la colonisation, 1884, puis naturalisé au Cameroun dans les années entourant les périodes d'accession des États africains à la souveraineté internationale)[33].

En droit camerounais, la dot est une tradition profondément ancrée dans les coutumes orales ou précoloniales qui remontent à des temps anciens. Elle est considérée comme une condition sociale nécessaire à la formation d'un mariage. En pratique, il est impossible de considérer un mariage comme légitime dans les différentes cultures camerounaises sans le versement de la dot. Il en résulte que la dot a à la fois une dimension patrimoniale (***a***) et une dimension immatérielle (***b***).

a- La dimension matérielle de la dot

La dimension matérielle de la dot, ou encore patrimoniale, signifie qu'elle consiste en un ensemble de biens. Dans le contexte traditionnel, ces biens sont souvent désignés sous le terme de « cadeau ». Cependant, dans un cadre juridique, ils sont qualifiés de « dot ». Le problème ne réside pas dans l'obligation de payer une dot, mais plutôt dans la nature monétaire de celle-ci. En effet, cela complique la détermination des biens qui la composent et leur attribution à un membre de la famille.

- La détermination des biens de la dot

Le régime dotal historique : Ce régime, qui a disparu du Code civil à la suite de la réforme de 1965, était un régime de séparation d'intérêts, chacun des époux conservant la propriété de tous ses biens. Deux traits principaux le caractérisaient. Le premier trait était que les biens de la femme étaient répartis en deux catégories : les biens dotaux et les biens paraphernaux. Les biens dotaux étaient ceux qui lui étaient constitués ou qu'elle se constituait en dot, en vue de contribuer avec leurs revenus aux charges communes ; le mari en avait l'administration et la jouissance. Tous les biens qui n'avaient pas été

---

[33] Pour le Cameroun, Code civil de Bourdelois et Bouvenet 1959.

constitués en dot étaient des biens paraphernaux (para : autour ; pherna : la dot ; paraphernal[34] : autour de la dot) ; la femme en gardait l'administration et la jouissance comme une femme séparée de biens. Le deuxième trait caractéristique du régime dotal (moins essentiel, puisque les futurs époux pouvaient l'écarter) était l'inaliénabilité des biens dotaux. Ces biens étaient inaliénables par le mari ou par la femme, eût-elle obtenu le consentement de son mari.

Régime dotal camerounais : Le domaine de la dot est constitué des biens physiquement reconnus, ayant une valeur économique, biens matériels, meubles, immeubles. Mais, la dot comprend aussi des services fournis, tels que le travail, les prestations, les services rendus, les soins… Le lien entre la dot et le régime matrimonial est sans équivoque. En effet « *le versement et le non-versement total de la dot, l'exécution et la non-exécution totale ou partielle de toute convention matrimoniale sont sans effet sur la validité du mariage.* »[35]

Il en résulte du point de vue du droit positif, la dot n'est pas une condition de validité du mariage. Le caractère pécuniaire est ainsi relevé par le fait qu'une dot peut avoir plusieurs formes. L'on distingue trois catégories de biens s'agissant du domaine de la dot. Il s'agit des biens en nature, les biens en numéraire et les biens en matière de prestation.

– L'attribution de la dot

La question relative à l'attribution de la dot renvoie, sur le plan juridique, d'une part, au bénéficiaire de la dot et, d'autre part, à la transmission de la propriété. Dans la première situation, il faut se demander qui est bénéficiaire de la dot : la famille, la fiancée ou les fiancés ? Cette question permet de dégager les pouvoirs du titulaire sur les biens dotaux, qui font partie du patrimoine familial.

Malheureusement, le législateur camerounais n'a pas fourni de définition claire de la dot. L'ordonnance de 1981 est restée évasive sur ce sujet en se contentant de mentionner la « *dot coutumière* »[36].

Quand bien même le mariage serait valablement formé tant en ce qui concerne les conditions de fond ou de forme, il semble qu'il lui manquera

---

[34] Paraphernal est l'adjectif utilisé autrefois pour sous le régime dotal, les biens personnels de la femme qui étaient laissés à sa jouissance et son administration par opposition aux bien dotaux qu'administrait le mari. Les biens paraphernaux sont de nos jours employés pour désigner, dans le régime de la communauté, les biens propres, c'est-à-dire ceux qui ne sont pas communs aux époux, mais la propriété exclusive d'un seul d'entre eux. Cf, www.dictionnaire-juridique.com. Consulté le 27 janvier 2025 à 21 heures.

[35] Article 70 de l'ordonnance de faire.

[36] Chapitre 5 de l'ordonnance n° 81-02 du 29 juin 1981 portant organisation de l'état civil et diverses dispositions relatives à l'état des personnes physiques, modifiée et complétée par la loi n° 2011/011 du 6 mai 2011.

toujours, selon une perception endogène, quelque chose si la dot n'a pas été versée. C'est dire que la dot n'est pas, en réalité, une condition de validité du mariage comme la majorité de la doctrine juridique l'a souvent perçue et traitée jusqu'à présent, en s'appuyant sur la loi. En effet, la loi stipule que la dot n'est pas une condition obligatoire pour qu'un mariage soit valable en droit (l'ordonnance de 1981, précédée par la loi de 1966 sur la formation du mariage). La loi va plus loin en édictant des sanctions en cas d'abus. La dot, qui était autrefois perçue comme une tradition sociale entraînant des abus, a été profondément influencée par le passage d'une économie agricole à une économie monétisée dans les sociétés postcoloniales. Alors que les jeunes États indépendants sont à la recherche de modèles de développement, il va se développer de manière parallèle, une perception exogène stigmatisante de la dot, à l'occasion des mariages, à cause de l'interpénétration du système précolonial en vigueur, par un modèle nouveau et exogène du mariage.

Certains ont analysé la dot comme le prix d'achat ou de vente ou d'acquisition de la femme, source de violence envers la femme et les enfants à naître. Ce caractère mercantile de la dot provient d'abord de la composition de la dot, qui devait être diversifiée et porter sur des objets de valeur. Il est aussi lié aux éléments de procédure, notamment la demande de la main, suivie de l'établissement de la liste des effets de mariage.

b- la dimension immatérielle de la dot

La dimension immatérielle de la dot renvoie à la symbolique patrimoniale que représentent à la fois les biens, le rituel et la finalité de l'institution elle-même. Au regard de ses modes de réalisation, et des procédures, la dot revêt une nature mixte. Elle comprend les biens qui entrent dans le domaine du droit des régimes matrimoniaux. Mais elle est en même temps un ensemble de rituels représentatif de connaissances et valeurs reconnues par le groupe social auquel elle s'applique comme une institution sociale et juridique.

2- La portée juridique de la dot

La portée juridique de la dot s'apprécie suivant ses conséquences relatives aux fiançailles (***a***) et au mariage (***b***).

a- La dot et les fiançailles

La dot apparaît dans le droit camerounais comme un aspect culturel et pratique des us et coutumes du terroir. La consécration de cette institution au chapitre 5 de l'ordonnance de juin 198, participe de réception en droit positif des règles coutumières essence du droit camerounais[37].

Mais, le législateur réaffirme que la dot n'est pas une condition de validité du mariage en droit positif. Or, en droit coutumier, elle a une nature ou

---

[37] A.F TJOUEN, *La Force de la coutume en droit camerounais*,

davantage une fonction obligatoire. Elle ne constitue pas seulement un bien remis à la famille de la fiancée en vue du mariage, mais sert à véhiculer à la cohésion sociale, la paix ; la célébration de l'union entre deux familles dont la symbolique va au-delà d'une simple valeur économique.

Le législateur camerounais y va plus loin avec la récente loi portant enregistrement des faits d'état civil. On y relève que la dot est un fait d'état civil désormais transcrit dans les registres appropriés et sur les actes de naissance des parties.

Il est question de droit : quelle valeur juridique attribuer à cet enregistrement de la dot, désormais consacré par la loi ? Cette reconnaissance entraîne-t-elle la légalisation du mariage contracté selon les coutumes spécifiques régissant ces dots ? Ou doit-on continuer de refuser aux unions coutumières sérieuses et enregistrées les effets d'un véritable mariage susceptible de produire des effets juridiques ordinaires ? Le contexte actuel est celui d'un déclin de l'institution matrimoniale, compte tenu du grand nombre de divorces, qui entraînent une insécurité dans de nombreux foyers. Autrement dit, qu'essaie de régler le législateur avec ce sursaut ? Est-ce une manière de faire un pas en arrière pour revivifier nos us et coutumes, nos rites et pratiques hérités de nos aïeux et qui permettaient de garantir la cohésion sociale, la justice et la paix sociale ?

Il est préférable de ne pas réagir trop rapidement et de s'appuyer sur les travaux préparatoires et l'exposé des motifs de cette nouvelle loi. Par ailleurs, il faudra attendre les textes d'application pour s'aventurer dans une interprétation dépourvue d'erreurs. Quoi qu'il en soit, réaffirmons simplement que le mariage est une institution suffisamment importante pour qu'on le prenne au sérieux par les époux qui franchissent le pas. La transcription de la dot permet de reconnaître et de donner de la valeur à de nombreux couples. Faute de moyens matériels et financiers, ils sont contraints, voire condamnés, à vivre sans la moindre sécurité juridique, dans l'opprobre et le déshonneur.

Enregistrer la dot sur les actes de naissance est un pas vers la protection de tous les époux et des foyers formés, un pas vers l'équité, et elle met fin à des situations de désolation sentimentale, souvent aggravées par la pauvreté matérielle, dans laquelle les accidents de la vie peuvent la réduire.

Mais, le législateur est resté à la fois laconique et silencieux sur le véritable régime juridique de ces enregistrements quant aux véritables conséquences juridiques. S'agit-il d'une preuve des fiançailles ? Si tel est le cas, quels sont les mécanismes de rupture, et leurs effets à la fois sur les parties, et sur leurs patrimoines ?

La dot est un ensemble de biens et services fournis ou délivrés dans le cadre de la formation du mariage en droit entre les mains du dépositaire dans la perspective de la formation du mariage entre un homme et une femme. Il en résulte que la dot n'est pas donnée en pleine propriété. Le transfert de la propriété est conditionné par la célébration du mariage. Autrement dit, la dot consacre les fiançailles en droit positif camerounais.

En effet, les fiançailles en droit positif sont définies comme la promesse du mariage. En ce sens, Guinchard les définit comme « *promesse réciproque d'un homme et d'une femme qui prennent l'engagement d'entrer prochainement dans les liens du mariage.* »[38] Cette définition doit être complétée en droit camerounais par l'élément de publicité et de solennité caractéristique avec l'échange des cadeaux. Cela étant, les fiançailles se distinguent de « la petite amitié » du « concubinage », et du « PACS ».

Ce qui est intéressant, c'est le sort réservé aux biens remis à l'occasion des fiançailles en cas de rupture. En effet, les biens reçus comme dot deviennent des biens paraphernaux pour les époux. Par conséquent, en cas de rupture du mariage, ils sont régis par les mécanismes du droit commun. Ainsi, en cas d'abus ou de rupture des fiançailles, chaque fiancé a droit à la restitution de ses biens, à moins que ceux-ci n'aient été donnés en pleine propriété[39].

b- La dot et le mariage

La dot ou le non-versement de la dot ont souvent été considérés, durant les périodes de crise, comme des facteurs d'instabilité des ménages. Après la jurisprudence, la volonté d'éradiquer les conséquences négatives des pratiques néfastes de la dot a poussé le législateur à déréguler la dot, en la dépouillant de ses effets en cas de dénonciation. Le législateur a sanctionné les abus et les exigences excessives, et a constitué le dépositaire responsable en cas d'instabilité du ménage (Ordonnance de 1981, Code pénal de 2016).

Or, le problème est de savoir ce qu'est la dot et sa véritable portée en rapport avec le droit des régimes matrimoniaux. Si la dot est une condition préalable à la validité du mariage, est-elle un bien relevant du régime matrimonial des époux ou un élément contribuant à satisfaire leurs besoins, soumis par conséquent au droit des régimes matrimoniaux plutôt qu'au droit du mariage ?

L'intérêt de cette question est à la fois pratique, pour l'intérêt commun des droits des époux, d'une part, mais il est aussi scientifique, en ce qui concerne le statut juridique de la dot, d'autre part. Autrement dit, doit-on penser que la dot est un bien ordinaire, régi par le droit civil des biens, ou bien revêt-elle une autre dimension ? Quels principes ou critères devraient être appliqués, ou bien cette situation serait-elle entièrement exempte de toute réglementation

---

[38] S. GUINCHARD, *Lexique des termes juridiques*, Dalloz, 2012, p.399. Dans ce sens, promesse de mariage et fiançailles sont synonymes.

[39] Sur l'ensemble de la question, voir Brigitte DJUIDJE CHATUE, *La rupture abusive des fiançailles*, PUA, Yaoundé 2010.

juridique ? L'enjeu de ce sujet d'ordre épistémologique est double. Cela consiste à partir du postulat accusatoire des abus liés à la dot et des lacunes résultant de la perception externe stigmatisante qui a, pendant longtemps, décrédibilisé l'institution ou le bien en le privant de jouer son rôle éminemment social. Il s'agit de démontrer qu'elle est un ensemble d'éléments et de pratiques du patrimoine culturel qui se révèlent aujourd'hui comme étant au contraire, d'un point de vue endogène, un vecteur de la stabilité de l'institution matrimoniale et de cohésion sociale au sein des ménages camerounais et africains, ainsi qu'un symbole d'identité culturelle de tous ceux qui s'identifient comme membres de ces communautés qui, dans leur système d'organisation fondé d'abord sur le mariage et la famille par alliance, pratiquent la dot.

La dot apparaît alors progressivement, non plus comme une monnaie d'échange ou le prix de vente de la femme et des enfants à naître, prétexte à une certaine lecture des faits sociaux. Elle devient un élément du patrimoine culturel, source de tout système de développement et de construction des valeurs sociales de la famille et du sentiment identitaire de la personne. Pour y parvenir, il est important d'examiner et d'analyser et de clarifier les rapports entre la dot et le droit des régimes matrimoniaux.

L'enregistrement du mariage avec la dot, avec les problématiques qu'il soulève, entre dans la dynamique de réforme des droits des personnes en droit positif camerounais. En effet « *le versement de la dot emporte mariage en droit coutumier* »[40]. Mais depuis 1935, le législateur colonial et le législateur national successif ne cessent de combattre le mariage coutumier[41] au profit des rites civils de célébration consacré par l'ordonnance de 1981 modifiée et complétée en 2011 et récemment en 2024. La situation du mariage coutumier a été longtemps controversée en droit positif camerounais, comme l'observe Siméon OMBIONO dans un article y consacré : « *le législateur postcolonial semble plus hésitant. Tantôt il ignore ce mariage pour ne reconnaître comme valable le mariage civil. Tantôt il le réhabilite sans dire en quoi il consiste et sans l'organiser formellement (Ordonnance de 1981 et la loi de 2024).* »[42]

---

[40] S. OMBIONO, *Le Mariage coutumier dans le droit positif camerounais*, Revue de droit des pays d'Afrique, n° 799, janvier à avril 1989.

[41] La jurisprudence sanctionne le défaut d'enregistrement du mariage coutumier comme la nullité du mariage. En effet dans une affaire, relative au mariage coutumier non enregistré, la femme ayant abandonné son mari était poursuivie pour abandon de foyer. La Cour d'appel a débouté le mari au motif, le mariage coutumier n'ayant pas été enregistré, ne constitue pas un mariage sur le plan civil, et par conséquent l'abandon de foyer n'est pas constitué. Seul le mariage célébré par le rite civil est valide. Voir, C.A Cameroun, 23 septembre 1953, Revue juridique et politique de l'Union Française, n° 3, p.411, note Philippe ANTOINE ; Siméon OMBIONO, Le mariage coutumier dans le droit positif camerounais, Revue de droit des pays d'Afrique, n° 799, janvier à avril 1989.

[42] S. OMBIONO, Le mariage coutumier dans le droit positif camerounais, Revue de droit des pays d'Afrique, n° 799, janvier à avril 1989

Mais dans cette dynamique nouvelle offerte par la nouvelle loi, au-delà des controverses, la question patrimoniale reste un mystère. Elle est traitée de la même manière que les autres biens paraphernaux, comme on l'a vu plus tôt. Mais, la forme de mariage ajoute à la complexité de la dot, eu égard à la polygamie.

B- Le régime matrimonial et la réalité de la polygynie

La polygamie, bien que modèle de référence pour la vie maritale et schéma canonique de la segmentation lignagère, renferme donc un grand potentiel pour des renversements de situation, des expansions ou contractions rapides et des réorganisations radicales.

La polygynie africaine quant à elle n'est pas tant que ça rependue dans la formation du mariage en Afrique. Elle n'intervient que lorsqu'il existe des enjeux de pouvoirs. Elle consiste pour un homme, en la possibilité de contracter mariage avec pour deux ou plusieurs épouses à la fois et de vivre de manière concomitante. On parle de polygynie.

La polygynie n'est pas exclusive à l'Afrique. L'histoire montre que d'autres régions du monde l'ont connue et la pratiquent. L'Égypte, par exemple, pratique la monogamie ; seul le souverain peut avoir plusieurs épouses, mais la polygamie apparaît lorsque le pouvoir royal, dans les périodes de décadences, tombe aux mains des féodaux.

La polygamie est pratiquée par les familles royales, les chefferies traditionnelles en Afrique ou les royaumes (comme le royaume du Dahomey sous la règle du roi Gbehenzin, puissant monarque, qui forme aujourd'hui le Bénin), ou par tous ceux qui ont vocation à une succession personnelle. C'est un attribut de la succession personnelle qui vise à perpétuer le règne d'une communauté en lui léguant une abondante progéniture, symbole de la puissance et du pouvoir. C'est le cas du *Laakam*, pratiqué dans les sociétés secrètes des chefferies des Grassfields, au Cameroun (Exposition « Route des chefferies », juillet 2022, Quai Branly).

La polygamie soulève de sérieux problèmes dans l'organisation des droits et devoirs des époux, du statut fondamental de base des époux polygames. Ensuite, elle est l'objet d'incertitude quant à la détermination du régime matrimonial d'une part, et peut être source de déséquilibre des garanties dans le processus de liquidation équilibré du régime matrimonial ainsi que le partage.

1- La fragilité du mariage polygamique

Le régime matrimonial de droit commun au Cameroun est la polygamie. En effet, lors de la célébration du mariage civil, la monogamie constitue l'exception. Autrement dit, les parties doivent se prononcer explicitement en faveur du deuxième conjoint ; dans le cas contraire, le silence ou l'omission impliquent une union polygame.

La fragilité peut être appréhendée au niveau international et au niveau local.

a- La fragilité sur le plan international

Sur la scène mondiale, des pays comme la France et de nombreux pays occidentaux ont adopté des interdictions de la polygamie. La polygamie y est interdite, ce qui a des conséquences néfastes sur l'immigration des familles africaines : « *En droit français, la célébration d'un mariage polygamique est interdite. La monogamie est une condition de fond du mariage posée par l'article 147 du Code civil : « On ne peut contracter un second mariage avant la dissolution du premier.1 » Pour cette raison, tout mariage polygamique célébré en France encourt la nullité. En droit pénal, l'époux qui contracte un second mariage sans dissoudre le premier, commet, selon l'article 433-20 du Code pénal2, une infraction pénale punie d'un an d'emprisonnement et de 45 000 euros d'amende.* »[43] Il en résulte que la situation des familles polygamiques est essentiellement précaire en France et dans les pays occidentaux en général[44].

Mais de nombreux pays autorisent les unions polygéniques et permettent ainsi à leurs ressortissants d'avoir plusieurs épouses légitimes. Dans la plupart de ces États, le nombre d'épouses autorisé est généralement limité à quatre (Algérie, Maroc, Sénégal, etc.), mais certains États ne fixent pas de limite au nombre de conjointes (Émirats arabes unis, etc.).

b- La fragilité au niveau national

Si le droit positif camerounais reconnaît et maintient la polygamie, il reste que cette institution est menacée d'une part par la mondialisation et les mouvements d'émancipation et les religions chrétiennes. Ces deux facteurs impactent considérablement sur les pratiques coutumières dominées par l'hégémonie du droit moderne.

---

[43] Cass. civ. 1re, 24 sep. 2002, n° 00-15789 et 4 oct. 2005, n° 02-11067 : annulation d'un mariage pour bigamie ; Art. 433-20 du Code pénal : « Le fait, pour une personne engagée dans les liens du mariage, d'en contracter un autre avant la dissolution du précédent, est puni d'un an d'emprisonnement et de 45 000 euros d'amende. Est puni des mêmes peines l'officier public ayant célébré ce mariage en connaissant l'existence du précédent. » CA de Pau, 1re chambre, 13 mai 1997 : condamnation d'un époux bigame à six mois d'emprisonnement.

[44] Sur l'ensemble de la question voir : Droit de la famille des femmes françaises & maghrébines Le mariage polygamique, CICADE – 2016/ www.cicade.org. D'ailleurs, compte tenu des conditions réglementant le séjour, certaines co-épouses vivent en France en situation irrégulière. Cette situation est dramatique, car ces femmes sont souvent contraintes au silence pour ne pas compromettre la situation de la famille. Par ailleurs, la clandestinité fragilise les victimes de violences conjugales, car ces dernières hésitent à engager des démarches pour faire valoir leurs droits.

2- La problématique patrimoniale de la polygamie

C'est la problématique de la détermination du régime matrimonial par les époux polygames dans les systèmes juridiques africains.

Les époux polygames peuvent-ils librement choisir ou non le régime matrimonial qui puisse convenir à leur attente et servir à la satisfaction de leurs besoins ?

La reconnaissance du principe de la liberté des conventions matrimoniales à tous les époux en droit : La liberté des conventions matrimoniales est un principe d'ordre public qui permet à tous les futurs époux de choisir librement un régime matrimonial ou de ne pas en choisir au moment de la formation du mariage. Elle est reconnue aux époux monogames et polygames, c'est une règle générale. En conséquence, un régime matrimonial spécifique ne saurait être imposé en guise de régime légal lié à la forme de mariage, qui est par essence un choix libre. Le caractère impératif s'apparenterait à la discrimination à l'égard des époux polygames sources d'inégalité en droit.

Si de telle disposition existe dans les lois, elles sont contraires à la constitution et au droit fondamentaux de l'homme.

La portée du principe : Tout comme les époux monogames, les époux polygames peuvent concevoir leurs propres règles. Les seules limites possibles peuvent être justifiées par des considérations éthiques et morales, ou par l'intérêt de la famille, en particulier dans les relations d'affaires ou commerciales (Droit OHADA). On peut ainsi assister à une variété de régimes matrimoniaux en raison de la liberté qui y est associée.

En cas d'absence de choix, les régimes applicables découleraient du mode de vie des époux ou de bien de l'application du régime de la séparation légale des biens, ou de la participation aux acquêts.

Les enjeux et défis de la mise en œuvre de la liberté de détermination du régime matrimonial des époux polygames : On assiste de plus en plus à la célébration des mariages collectifs à l'initiative des époux ou par et avec l'encadrement des pouvoirs publics. Les motivations souvent évoquées sont la régularisation des situations de concubinage notoire entre un homme et plusieurs femmes qui acceptent librement d'épouser le même homme le même jour, avec des actes distincts de mariage. Depuis 1996, la pratique de célébration institutionnelle des mariages collectifs est devenue une réalité au Cameroun. Plusieurs couples polygames ont été ainsi régularisés sans jamais s'interroger sur le sort de leur bien.

Le mariage au-delà des enjeux juridiques est une question de politique publique, de la lutte pour les droits de femmes, et de la famille.

De toutes les façons, le législateur est resté attentif aux intérêts des époux dans la finalité de permettre un épanouissement de tous les membres de la famille dans leurs relations internes d'une part, et dans leurs relations avec les tiers.

En effet, le droit des régimes matrimoniaux au Cameroun est encore largement structuré de manière classique, inspiré du droit civil français, qui appartient à la famille du droit romano-germanique[45]. Sa source principale demeure le Code civil français de 1804, dans sa version de 1956, qui comporte certaines réformes datant de 1907, 1938 et 1942. Ces réformes visaient à améliorer la condition de la femme mariée. Il s'agira d'envisager les droits des régimes matrimoniaux dans son aspect impératif à travers les règles générales (première partie) et dans son aspect conventionnel eu égard aux règles spéciales (deuxième partie).

---

[45] M. VILLEY, *Le droit romain*, PUF, 2020.

PREMIÈRE PARTIE :

LES RÈGLES GÉNÉRALES ET IMPÉRATIVES DU DROIT DES RÉGIMES MATRIMONIAUX

Le droit des régimes matrimoniaux est un ensemble de règles qui se distingue par leur caractère général d'une part, et des règles spécifiques applicables aux régimes matrimoniaux proprement dits d'autre part.

Les règles générales se divisent à leur tour en deux groupes. Les premières concernent le régime matrimonial primaire impératif (titre 1), les secondes ont trait à la détermination du régime matrimonial (titre 2). Ces derniers visent à compléter le régime matrimonial de base. On les désigne parfois sous le nom de régime matrimonial secondaire.

TITRE 1 :

LE RÉGIME MATRIMONIAL PRIMAIRE IMPÉRATIF

Les règles fondamentales qui s'appliquent automatiquement à tous les époux dès la célébration et auxquelles ils s'engagent à se soumettre sont générales et immédiatement effectives. Les époux monogames ou polygames sans distinction sont assujettis. Les époux coutumiers dont la dot est enregistrée sont également concernés. Ils sont la conséquence du mariage librement formé.

Un statut fondamental des gens mariés découle des articles 212 à 226 du Code civil. Plus spécifiquement dans la mesure où il s'agit des intérêts pécuniaires, seuls les articles 214 à 226[46] sont concernés.

Encore appelé statut fondamental, puisqu'il fixe les règles applicables à tous les mariages malgré l'existence d'un régime matrimonial proprement dit, soit pour le corriger soit pour le compléter. Il s'agit des effets directs de tout mariage dans l'ordre des intérêts pécuniaires, et la nécessité d'insérer une série de mesures élémentaires de sauvegarde[47].

En effet, par son objet, le régime primaire vise la satisfaction des besoins élémentaires du ménage. Il impose donc, dans certains cas, une communauté de gestion là où elle n'existe pas (régimes séparatistes) et dans d'autres, une autonomie ou une indépendance là où elles n'existent pas. Il convient de donner les caractères du régime primaire.

---

[46] À vrai dire, les articles 212 et 213 en germe les articles qui les suivent : obligation de secours et d'assistance(art.212), direction matérielle de la famille (art.213). Ces articles sont implicitement un effet pécuniaire car, ils induisent dans le fond les charges à l'égard de chacun des époux.

[47] J.Y. CHEVALIER, *Les Règles générales des régimes matrimoniaux*, Trav, Fac, Droit Paris, 1968 ; A. DEKEUWER, *L'incidence du régime primaire » sur les régimes matrimoniaux*, Thèse ronéot, Lille II, 1975.

- **Le caractère général**, c'est-à-dire qu'il s'applique à tous ceux qui sont mariés
- **Le caractère direct**, c'est-à-dire que ce régime est un effet direct du mariage.
- **Le caractère d'ordre public**[48] qui commande que ces règles du régime primaire ne puissent faire l'objet d'aucune dérogation en dehors de celles prévues expressément par la loi. C'est d'ailleurs ce dernier caractère qui confère au régime primaire sa nature de régime impératif. Il s'impose donc à toutes les formes de mariage. Dès lors s'imposent aux époux les règles de coopération (***Chapitre 1***) et les règles d'autonomie (***Chapitre 2***) du régime matrimonial.

[48] Le caractère d'ordre public signifie qu'aucune dérogation n'est admise. Elles s'imposent à tous, aux justiciables et aux autorités.

CHAPITRE 1 :

LES RÈGLES DE COOPÉRATION

Différentes mesures prolongent sur le terrain des intérêts financiers cette communion qui est l'essence du mariage et qui se manifeste de manière naturelle par la nécessaire collaboration des époux. Ils se doivent mutuellement secours et assistance[49], assurant ensemble la direction de la famille et l'éducation des enfants[50]. Ils sont liés par une communauté de vie[51] et sont appelés à coopérer l'un avec l'autre. Cette coopération repose principalement sur l'idée de répartition des responsabilités dans la gestion quotidienne du foyer (**Section 1**) et sur celle de la représentation des époux dans l'exercice de ces mêmes responsabilités (***Section 2***).

Il est important de noter que, bien que le principe de coopération suppose l'égale reconnaissance de la capacité d'agir chez chacun des époux, cette coopération ne signifie pas nécessairement l'égalité des droits et des pouvoirs de décision, ni par conséquent l'égalité dans l'engagement, même si la finalité visée consiste en une parfaite égalité.

Section 1- Les règles de répartition des attributions dans la gestion du ménage

Les compétences sont réparties de manière différente selon le domaine concerné. Par conséquent, nous allons examiner tour à tour les règles régissant la contribution aux dépenses du mariage (I), la gestion du foyer (II) et le choix du domicile familial (III).

I- La contribution aux charges du ménage[52]

Les rédacteurs du Code civil n'avaient pas envisagé que l'obligation d'entretien soit à la charge du mari. Effectivement, l'homme devrait subvenir

---

[49] Article 212 Code civil.

[50] Article 213 du Code civil.

[51] Article 215 Code civil.

[52] Fondements : art. 214 C. civ. en vigueur :
al.1 « *Si le contrat de mariage ne règle pas la contribution des époux aux charges du mariage, ils y contribuent à celles-ci en proportion de leurs facultés respectives.* » al.2 « *L'obligation d'assumer ces charges pèse, à titre principal, sur le mari. Il est obligé de fournir à la femme tout ce qui est nécessaire pour les besoins de la vie selon ses facultés et son état.* » al.3 « *La femme s'acquitte de sa contribution aux charges du mariage par ses apports en dot ou en communauté et par les prélèvements quelle fait sur les ressources personnelles dont*

aux besoins de sa femme. L'entretien ménager nécessite des ressources. Ces ressources sont fournies par les époux en fonction de leurs moyens. Le mode de vie du ménage A ne sera pas nécessairement identique à celui du ménage B. Certains ménages sont pauvres, d'autres sont riches ou relèvent de la classe moyenne. Ces considérations subjectives influencent souvent l'ampleur de la contribution (A). Cependant, il est complexe de délimiter le domaine de l'obligation, et l'inexécution de celle-ci est susceptible de sanctions (B).

A- Le principe de l'obligation de contribution aux charges du ménage

La vie de couple impose une certaine interdépendance. Il est nécessaire de fournir des éclaircissements sur la nature de l'obligation (1) et les modalités de participation (2).

1- La consistance de l'obligation de contribution

Ici, il sera question du contenu et de la portée (a) ainsi que des modalités de l'obligation (b).

a- Le contenu et la portée

Les époux, le mari et la femme ont une responsabilité financière et matérielle conjointe en ce qui concerne le paiement des dépenses ménagères. Le but est de subvenir aux besoins quotidiens de la famille. Cette obligation s'applique quotidiennement en fonction des besoins du foyer, des enfants et des ressources des conjoints. C'est à la fois un droit et un devoir qui incombe à chacun des époux selon le droit camerounais.

La notion de *« dépenses ménagères »* comprend à la fois, les dépenses suscitées par les besoins communs et réciproques des époux eux-mêmes, ainsi que ceux des enfants, notamment, lorsqu'ils ne sont pas encore établis dans la vie active[53]. Théoriquement, l'obligation de contribution aux charges du mariage découle de la communauté de vie qu'impose le mariage aux époux. Selon un auteur, cette communauté de vie implique la communauté de lit, de toit et de couvert[54]. C'est grâce à l'obligation de contribution aux charges du

---

l'administration lui est réservée. » al.4 « *Si l'un des époux ne remplit pas ses obligations, il peut y être contraint par l'autre époux dans les formes prévues à l'article 864 du Code de procédure civile.* » -article 75, alinéa 1, Ordonnance du 29 juin 1981 portant organisation de l'état civil et diverses dispositions relatives à l'état des personnes physiques que : « lorsqu'elle (la femme) exerce une profession séparée de celle de son mari (…), elle est tenue à contribuer aux frais du ménage ».

[53] G. CORNU, *les régimes matrimoniaux*, P. Malaurie, etc., Dans la pratique de la vie des familles, les dépenses dans l'intérêt de l'enfant peuvent se prolonger jusqu'au premier emploi de plus en plus retardé en raison du chômage des jeunes. Mais, selon la loi camerounaise de 1992, l'enfant à partir de l'âge de 14 ans, peut déjà travailler dans des conditions minimales (cf. Article…).

[54] J. R. DEVICHI, *Droit de la famille*, ouvrage collectif, précis Dalloz, pp.

ménage que vit et fonctionne le mariage. La contribution peut prendre la forme de l'obligation pour un époux de venir au secours de l'autre ou d'assistance de celui qui est en difficulté. Dans le fond du droit, cette obligation pèse sur les époux ensemble, et ce, avec la même force, car ils sont conjointement obligés de payer la dette finale, notamment en vertu du régime de communauté légale. On parle en droit de solidarité.

Soulignons que la notion d'obligation de contribution aux charges du mariage doit être différenciée des notions voisines, telles que l'obligation alimentaire, ou la contribution aux charges du ménage. Dans l'ordonnance de 1981, le législateur camerounais parle *« des frais du ménage »*, ce qui nous semble restrictif.

2- Les modalités de contribution

La loi règle les modalités de contribution selon qu'il existe ou non un contrat de mariage.

En l'absence de contrat de mariage

La loi consacre une différence de degré entre le mari et la femme dans l'exécution de l'obligation de contribution aux charges du mariage.

Les modalités de contribution du mari : La contribution à titre principal selon les besoins de la vie du ménage, ses facultés et son état. Le principe est clairement posé à l'article 214, alinéa 2 du même Code civ. applicable : « *l'obligation d'assurer les charges du ménage pèse, à titre principal, sur le mari.*

Il est obligé de fournir à la femme tout ce qui est nécessaire pour les besoins de la vie selon ses facultés et son état ». C'est une règle générale et impérative, quel que soit le régime matrimonial et par extension, quelle que soit la forme de mariage pour ce qui concerne le droit camerounais, droit prospectif, « *de lege ferrenda* ».

L'obligation de contribution prescrite à titre principal qui pèse sur le mari est liée à la fonction de chef de famille qui lui est assignée, et constitue, par ailleurs, une invite à sa responsabilité personnelle. Ici, le législateur est soucieux d'équilibrer le pouvoir de direction morale de la famille ou du ménage, qui est politique avec la direction matérielle qui requiert des efforts substantiels de la part du mari. Une fois de plus, la différence réside dans l'étendue de l'obligation de contribution entre le mari et la femme.

Dans la pratique familiale, c'est le mari qui est généralement responsable des dépenses essentielles au fonctionnement du couple[55]. Ici, le droit coutumier ne s'oppose pas, puisque le mari est considéré comme le plus robuste et capable d'effectuer les tâches les plus difficiles, comme ramener du

---

[55] Certaines enquêtes sociales inédites rapportent que la femme se plait à tout attendre du mari, même lorsqu'elle travaille et dispose des revenus propres.

gibier, aider à débroussailler les champs pour les semailles de la femme, fournir le capital pour le fonds de commerce de sa conjointe, etc.

Modalités de contribution de la femme : La femme s'acquitte de l'obligation de contribution suivant deux modalités liées : par ses apports en communauté (le régime dotal étant méconnu en droit camerounais) et par les prélèvements faits sur les ressources personnelles dont l'administration lui est réservée (gains, salaires, dividendes, intérêts, économies, etc.) On pourrait parler d'une inégalité positive, parce que favorable à la femme.

Néanmoins, il appert que, durant le mariage, l'obligation de contribution aux charges du mariage prend la forme de devoirs de secours et d'assistance réciproques (article 212 du Code civ.) dans les relations entre les époux. L'époux détenteur de ressources peut venir en aide à celui qui est temporairement ou définitivement dans le besoin et réciproquement, afin d'assurer un bon fonctionnement du ménage en fonction de leurs facultés et de leur état (époux en faillite, sans emploi, licencié au chômage, baisse de revenus pendant le changement d'activité, maladie, incapacité définitive ou partielle, etc.) Ne dit-on pas dans un dicton populaire que lorsqu'on se marie, c'est pour le meilleur et pour le pire ?

Le principe de la proportionnalité des contributions : Le principe de proportionnalité postule l'idée de justice et d'équité sur l'exécution de l'obligation de contribution. En effet, chaque époux exécute l'obligation « *en fonction de ses facultés contributives* ».

En ce qui concerne le montant de la contribution, la loi, avec pondération, n'avance aucun chiffre. Elle se contente de stipuler que les époux doivent contribuer « *en proportion de leurs facultés respectives* ». Article 214, alinéa 2 du Code civ. applicable : « *Il est obligé de fournir à la femme tout ce qui est nécessaire pour les besoins de la vie selon ses facultés et son état* ». En droit écrit comme en droit coutumier, le montant ou la nature de la contribution semble laissé à l'appréciation, à la liberté ou à la capacité de chacun des époux, pourvu que la finalité de satisfaction de l'intérêt du ménage, qui en est la cause, ne soit pas perdue de vue. Le niveau de contribution des époux varie également en fonction des forces du ménage, des ressources des époux, du train de vie de l'époux principalement tenu, et des habitudes culturelles propres à chaque milieu et à chaque ménage.

Le principe de la proportionnalité peut aussi assurer l'équilibre quant à l'obligation, lorsqu'une femme fait des apports importants à la communauté et dispose de revenus élevés, dont l'administration lui est réservée.

L'exception au principe : la convention entre époux

Cependant, d'après la loi, le contrat de mariage peut régler la question en fixant les modalités de contribution des époux. Autrement dit, les époux peuvent aussi convenir de fixer le montant et de régler les modalités de contribution dans le contrat de mariage ou dans les clauses particulières aménageant ledit contrat. Ceci n'est possible que dans les régimes conventionnels en vertu de la liberté des conventions matrimoniales (communauté ou séparation de biens conventionnelles).

Par exemple, un époux peut affecter un bien propre à la satisfaction des besoins de la famille ou une donation indirecte[14]. Exemple, dans le régime dotal, les apports en dot peuvent servir à la contribution aux charges du mariage, etc. Ce n'est qu'en cas de silence du contrat de mariage que les époux sont tenus d'y contribuer proportionnellement à leurs facultés. Cette question présente un grand intérêt en pratique, car elle est souvent source de crises conjugales.

B- La détermination du domaine et les sanctions de l'inexécution

Il s'agit d'examiner la difficile détermination du domaine (*1*) et les sanctions de l'inexécution (*2*).

1- La difficile détermination du domaine

La loi parle de « *tout ce qui est nécessaire pour les besoins de la vie* », article 214, alinéa 2 du Code civ. La contribution aux charges du mariage porte sur les dépenses qui entrent raisonnablement dans le fonctionnement du ménage. On peut y compter les aliments, les dépenses d'éducation en faveur des enfants, les charges liées au logement familial, les soins de santé, y compris en faveur d'un époux, etc.

La liste est indéterminée. Ainsi, selon l'article 203 du Code civil version 1956, « *les époux contractent par le seul fait du mariage l'obligation de nourrir, d'entretenir et d'élever leurs enfants* ». Elle peut donc être réclamée aussi bien par les enfants communs comme par ceux de l'un des conjoints présents au foyer.

L'article 212 précise à son tour que « *les époux se doivent mutuellement fidélité, secours et assistance* ». Dans ce contexte, la contribution peut prendre la forme de secours ou d'assistance apportés à l'un ou l'autre des conjoints, ou encore à un membre de leur famille. Mais, la loi n'est guère plus claire.

Les charges du mariage revêtent un caractère patrimonial et comptable particulièrement accentué. La contribution ici est commandée et justifiée par l'intérêt du ménage.

C'est ce que la jurisprudence récente de la Cour de cassation française vient encore de rappeler récemment dans une espèce15. Dans cet arrêt du 25 septembre 2013, en incluant la résidence secondaire des époux séparés de biens dans les charges du mariage[16], elle réaffirme que, si les époux ont des moyens, il est légitime que certaines dépenses d'agrément et de loisirs tiennent une place dans les charges du mariage dès lors qu'elles correspondent à leur train de vie.

Dans une autre espèce du 18 décembre 2013, la Cour de cassation, s'appuyant sur la même interprétation, rejette le pourvoi de l'époux demandeur, séparé de biens, qui sollicite la reconnaissance d'une donation indirecte consentie selon lui au profit de son épouse, et la reconnaissance d'une créance sur l'indivision ou sur l'épouse.

Dans cette espèce, les époux séparés de biens et copropriétaires d'une société immobilière avaient, à la suite des changements survenus dans leur vie professionnelle, acquis des immeubles en indivision, dont le statut était en l'espèce contesté. À la liquidation de la société, le mari a demandé la reconnaissance à son profit d'une donation indirecte révocable, ainsi que la reconnaissance d'une créance contre l'indivision ou la communauté, ou encore contre son épouse. Les juges du fond et de pourvoi ont successivement rejeté cette demande, considérant qu'aucune intention libérale n'avait existé au moment des acquisitions, mais que celles-ci avaient plutôt été causées par l'obligation de contribution, la femme ayant travaillé seule comme gérante de la SCI, sans rémunération.

La question ne se pose plus de savoir si les dépenses d'agréments, de loisirs ou d'investissements peuvent faire l'objet de contribution par les époux. Même si la doctrine s'interroge en ce qui concerne le statut de la villa secondaire dans cette espèce. La jurisprudence est constante.

Sont en conséquence exclues de l'obligation de contribution, les dépenses somptuaires, les dépenses excessives n'ayant pas trait à la satisfaction de l'intérêt du ménage, les dépenses de luxe, etc. Encore une fois, tout est fonction du train de vie que mènent habituellement les époux. Cependant, la difficulté reste dans la détermination de ce qu'il faut comprendre par « intérêt de la famille », l'intérêt individuel d'un époux peut-il être considéré sur le fondement des obligations réciproques comme celui de la famille. La jurisprudence devra encore une fois intervenir pour apprécier et contrôler. Il en résulte que les notions voisines de « charges du ménage » (art. 220 C. civ) ou « frais du ménage » en droit camerounais (article 75 ordonnance 1981), de « l'obligation alimentaire » (art. 212 C. civ) et des « charges du mariage » (article 214 C. civ) ne recouvrent pas les mêmes réalités et doivent être nuancées. Alors que les charges du ménage et frais du ménage semblent répondre à des nécessités de subsides quotidiennes, permanentes et incompressibles, l'obligation alimentaire intervient dans les situations de crise et devient exigible (abandon de famille ou d'enfant, non-exécution, etc.) et prend la forme de pension alimentaire en cas de condamnation judiciaire.

Selon la doctrine, la notion de charges du mariage renvoie à une conception plus extensive des dépenses que les autres obligations du régime primaire, si bien qu'elle devient dangereuse, un inconvénient, pour les époux qui ont choisi la séparation des biens.

Mais, dans la pratique, la distinction n'est pas si aisée, notamment lorsque les époux ont adopté le régime de la séparation des biens. En effet, les règles du régime primaire tendent à perturber celles du régime matrimonial adopté (hypothèse de la séparation), à la grande surprise des époux séparés de biens, en les rapprochant de la communauté qu'ils avaient pourtant voulu éviter18.

Conçue dans le cadre du mariage monogamique, l'obligation de contribution devrait se limiter aux seuls membres du ménage. Le bénéfice de la contribution à des parents autres que les époux et les enfants constituerait un dépassement des charges du ménage qui entrerait dans les charges du mariage. Son contenu peut être précisé dans le cas du mariage polygamique où les rapports entre époux sont asymétriques. Dans les systèmes juridiques coutumiers d'Afrique, les charges du mariage recouvrent une signification extensive.

2- Les sanctions de l'inexécution

Le non-respect de l'obligation de contribution peut être source de crise et de contentieux sanctionné par la loi[56]. Cette responsabilité est d'intérêt public et aucun des époux ne peut s'en affranchir ni la modifier par convention.

Le mari qui doit payer une pension alimentaire et la femme salariée, ou encore celle qui possède des biens en commun ou des ressources dont l'administration lui est réservée peuvent faire l'objet d'une exécution forcée si elle résiste, s'il y a un manquement ou une crise.

Ainsi, en droit camerounais, l'article 76, alinéa 1 de l'ordonnance du 29 juin 1981, dispose que « l'épouse abandonnée par son mari peut saisir la juridiction compétente aux fins d'obtenir une pension alimentaire tant pour les enfants laissés à sa charge que pour elle-même ».

En cas de crise, la contribution obligatoire prend la forme d'une pension alimentaire dont le montant est déterminé par un juge à l'issue d'un procès. Le tribunal saisi de la demande dispose d'un délai d'un mois pour statuer en fonction des besoins, des capacités et de l'état des parties. Il peut autoriser la

---

56 D'après la doctrine et la jurisprudence, le non-respect de l'obligation de contribution aux charges du ménage peut être sanctionné sur le terrain de la responsabilité civile par l'octroi par le juge d'une pension alimentaire, ou pénale si l'infraction d'abandon de famille est constituée. Cette responsabilité peut également être apprécié sur le terrain du droit conventionnel des droits de l'homme, en cas de dysfonctionnement des services de l'Etat qui a l'obligation de protéger la famille, (dysfonctionnement des services de la justice, non-paiement des salaires, etc.), et même vis-à-vis de l'employeur débiteur véreux à l'égard des salariés.

saisie attribution des rémunérations ou du salaire[57] dans les conditions prévues par l'acte uniforme OHADA relatif aux voies d'exécution. (Sur la question, lire également à titre complémentaire l'article 846 du Code de procédure civile).

L'une des principales difficultés que soulève l'obligation de contribution aux charges du ménage est dans la valorisation du travail ménager (industrie personnelle) accompli par l'époux au foyer sans revenus.

La seconde difficulté réside dans l'approche suivie par la jurisprudence camerounaise qui a déjà été à maintes reprises, saisie de la question de contribution des époux aux charges du mariage ou à la communauté, notamment à l'occasion du règlement des conséquences pécuniaires de divorce ou de la liquidation de la communauté pour décès, en monogamie comme en polygamie[21]. Mais sa position est variable.

Évitant en général la question de l'évaluation de la contribution en nature de la femme, elle ordonne souvent le partage égalitaire des parts dans certains cas, et le partage inégalitaire des parts dans d'autres cas, en se fondant sur des critères tels que : l'ancienneté dans le ménage pour les polygames, ou le défaut de preuve de contribution de la femme à la formation de la masse commune. Dans la première hypothèse, la créance de partage à égalité est fondée sur la présomption de la contribution de l'époux demandeur, notamment en l'absence de tout contrat de mariage. La simple collaboration ne suffit pas. C'est qui a été jugée dans une affaire (commentée par Josette Nguebou). La jurisprudence s'appuie toujours sur des critères qu'elle énonce, comme la durée du mariage, l'âge avancé de la conjointe, le poids des souffrances au cours de la vie commune, l'état de santé, pour décider si le partage doit être égal ou proportionnel. La doctrine dans ses différents commentaires y a vu la règle du partage de rémunération[58] dont la valeur juridique reste encore à démontrer.

Notons pour notre part que la jurisprudence camerounaise semble faire une distinction malheureuse entre ce qui relève clairement de l'obligation de contribution « aux charges du mariage » ou « frais du ménage », de l'obligation alimentaire, du devoir d'assistance et de secours, d'une part, et ce qui entre dans la constitution de la communauté, d'autre part. Alors que, dans le premier cas, les époux sont coobligés, supportent solidairement les dettes nées du fait de l'obligation de contribution aux frais du ménage qui relève du régime primaire, mais à des proportions variables selon l'état et les ressources personnelles, comme nous l'avons déjà souligné, dans le second cas, la créance de partage de la communauté par moitié est un droit personnel auquel

---

[57] Article 75 et le Code de procédure civile, Acte uniforme de l'OHADA sur les voies d'exécution. [21] Affaires Mana Sarki et CA de Bafoussam 1977.
[58]Ngeubou

peuvent légitimement prétendre chacun des époux en communauté de biens. Peu importe que l'époux titulaire ait contribué ou pas à l'acquisition des biens, objet de l'actif net de communauté au terme des opérations de liquidation.

La créance de partage de la communauté permet à l'époux titulaire de demander la liquidation de la communauté en tout temps. Ce droit est transmissible aux héritiers ou même aux créanciers. Ici, la présomption de communauté vise à protéger l'époux sans fortune. Elle est présumée.

Toutefois, la jurisprudence camerounaise est aussi pertinente en ce sens qu'elle insiste sur la preuve de contribution de l'époux qui demande le respect de son droit personnel au partage, à la création de la masse objet du partage. À travers cette exigence, la Jurisprudence est soucieuse de justice et d'équité. Et dans ce sens, comme l'a affirmé une doctrine notoire, elle fait preuve de pédagogie. Une femme qui a abandonné son ménage depuis des décennies et qui, à la mort de son époux, n'a pas assisté aux funérailles, ne devrait pas prétendre au droit au partage sans rapporter la preuve de sa contribution. Ce serait juste. Dans l'affaire époux OUETHY (CS, arrêt n° 122/Civ du 07 mars 2017, inédit), la juridiction d'appel s'est fondée sur cet article 16, pour procéder à un partage à parts égales de la communauté. Toutefois, la Cour Suprême a cassé et rejeté cette égalité du fait de la dissimulation prouvée de ses revenus, par dame OUETHY. La haute juridiction a sanctionné à bon droit la mauvaise foi de l'époux. Il en résulte de cet arrêt que les rapports patrimoniaux des époux doivent être gouvernés par la confiance.

II- Les règles de direction de la famille

Les règles de gouvernance familiale font référence à l'aspect de la famille, au pouvoir politique. Elles se composent du principe de l'exercice non seulement du partage, mais aussi de la détermination et de la répartition des pouvoirs d'administration sur les personnes et sur les biens. Cela entraîne deux principes : celui de la codirection de la famille (A) et celui de la direction unique de la famille (B).

A- Le principe de codirection de la famille

Pour assurer la stabilité politique du ménage, il est nécessaire d'en déterminer les bases (1) et le champ d'application (2).

1- Fondement

L'article 213, alinéa 1, du Code civil en vigueur au Cameroun stipule que « *la femme concourt avec le mari pour assurer la direction morale et matérielle de la famille, à pourvoir à son entretien, à élever les enfants et à préparer leur établissement* ».

Dans le principe, la loi reconnaît aux époux, le mari et la femme, le pouvoir de diriger ensemble leur ménage et de prendre les décisions nécessaires à sa subsistance ainsi qu'à celle des enfants. Cette conception est moderne et large de la notion de « concours ». Selon le Dictionnaire français Larousse, concourir signifie « participer conjointement avec d'autres éléments ou d'autres personnes à la réalisation de quelque chose ». C'est contribuer, s'unir pour poser des actes qui sont indispensables à la direction du ménage dans le cas d'espèce. Cette compréhension est tout à fait plausible.

2- Le domaine

Le domaine de la codirection n'a malheureusement pas été clarifié ni fixé par le législateur. Il est probablement déterminé par le niveau de vie des époux, leurs besoins et surtout leurs ressources. La codirection peut aussi impliquer le pouvoir partagé de décision, qui peut porter sur le choix de l'école, le type d'éducation ou l'orientation scolaire des enfants, les projets d'équipement, la qualité et le mode d'acquittement, ou encore le financement déterminant pour l'avenir de la famille, ainsi que la répartition des rôles au sein du ménage. Et selon la loi, la femme concourt avec le mari pour assurer la direction morale et matérielle de la famille, à pourvoir à son entretien, à élever les enfants et à préparer leur établissement.

Placé dans le contexte d'aujourd'hui, on n'aurait pas critiqué le législateur d'antan. Et pris dans ce sens, le principe reconnaît l'égalité des époux, dans la direction du ménage, d'où la règle de codirection du ménage par les époux. La réalité démontre d'ailleurs que, lorsque les époux s'entendent, c'est bien ensemble qu'ils prennent les décisions qui entrent dans l'intérêt de leur ménage et de la famille, peu importe la part de chacun. Et ce n'est qu'en tant de crises que surgissent les difficultés.

Malheureusement, cette interprétation première, inclusive et souple du concours de la femme n'est pas celle qui a été servie et diffusée, en raison du bout de phrase de l'article 213 du Code civil qui consacre le principe selon lequel le mari est le chef de la famille. La reconnaissance du chef de famille au mari par la réforme du Code civil de 1942 a progressivement évolué en une règle dominante, réactivant ainsi les attributs et l'esprit associés au statut historique de *pater familias*. Ce statut conférait au mari et au père le pouvoir et les privilèges de chef de famille, comme dans l'ancien droit. La pratique a dévoyé l'esprit de la loi qui mettait en avant l'intérêt de la famille.

B- Le principe de direction unique de la famille

L'on rencontre ici la direction à titre principal du mari (*1*) et la direction par concours de la femme (*2*).

1- La direction à titre principal du mari

Selon l'interprétation dominante, la responsabilité principale de gérer le foyer incombe au mari, ce qui se base sur deux principes. En premier lieu, sur l'institution du chef de famille, et, d'autre part, le fait que la femme ne viendrait qu'en concours, c'est-à-dire à titre principal, l'homme doit prendre les décisions et diriger la famille ; l'article 213, alinéa 1 Code civil, dispose clairement que « *le mari est le chef de famille. Il exerce cette fonction dans l'intérêt commun du ménage et des enfants. La femme concourt avec le mari pour assurer la direction morale et matérielle de la famille, à pourvoir à son entretien, à élever les enfants et à préparer leur établissement* ». C'est une autre compréhension de la notion de concours qui semblait convenir dans la réalité sociologique avant 1965.

Contenu du pouvoir de direction du mari : Il s'agit de la direction morale et matérielle du ménage et plus largement de la famille.

Direction morale du ménage et de la famille : Il s'agit des valeurs morales que la mari, chef de famille, veut imprimer pour le gouvernement de son ménage, celles qu'il veut transmettre aux membres de la famille (la femme et les enfants) le modèle social ou comportemental que veut laisser refléter le mari, chef de famille (honnêteté, intégrité, valeurs religieuses, culturelles, sociales, d'unité, de tolérance, d'humanisme, etc. ; l'image que le chef de famille veut donner de sa famille.

Direction matérielle du ménage et de la famille : le mari, chef de famille, a, à titre principal, le pouvoir de décision et de représentation du ménage et de la famille dans la vie sociale, les actes juridiques ou toute opération visant la satisfaction de l'intérêt commun du ménage et des enfants.

En cette qualité, il apprécie l'opportunité ou non d'une opération ou d'un acte, décide, ordonne sa réalisation ou non, représente la famille dans toutes les opérations où ses intérêts sont engagés, en engageant sa responsabilité personnelle (dépenses liées à l'entretien du ménage et des enfants, leur éducation, l'entretien de la femme, d'investissement commun). À ce titre, dans les régimes de communauté, le mari est l'administrateur des biens de la communauté, c'est notamment le cas dans le régime légal de la communauté des meubles et acquêts ou de la communauté conventionnelle. Les actes juridiques concernés et les plus graves sont les actes de disposition ; exemple : vente, hypothèques, achat à tempérament, concours bancaires, etc. Il s'agit, selon la doctrine dominante, des pouvoirs exorbitants. Par ailleurs, pour la doctrine, la loi dit une chose et son contraire. C'est pourquoi la loi prévoit le concours de la femme dans la direction du ménage comme un contre-pouvoir.

2- La direction du ménage par concours de la femme

La consécration légale du concours de la direction de la famille par la femme participe d'un devoir de complémentarité, de suppléance et de collaboration au profit de la femme. En fait, la famille est très importante pour qu'il y ait une sorte de vacances, car les enjeux sociaux et économiques sont très importants.

En effet l'article 213, alinéa 2 du Code civil en vigueur « la femme concourt avec le mari pour assurer la direction morale et matérielle de la famille, à pourvoir à son entretien, à élever les enfants et à préparer leur établissement ». D'après la loi, la femme peut venir en concours avec le mari pour assurer la direction morale et matérielle du ménage. A contrario, elle ne saurait seule de son initiative personnelle prendre une décision qui engage la famille au plan moral, social, patrimonial ou politique. Son opinion compte pour autant qu'elle est adossée sur la décision, l'accord du mari. À ce titre, le mari peut solliciter son opinion, et elle peut donner son avis dans les décisions et opérations qui concernent la vie du ménage et l'éducation des enfants.

Cette autre compréhension du concours de la femme implique en réalité que ce n'est pas tant dans le principe que se pose le problème, mais dans l'étendue du pouvoir de direction ou de décision qu'il faut se situer pour apprécier. La nuance source d'inégalité serait dans l'étendue des pouvoirs reconnus au mari par rapport à la femme ; ce qui a été dénoncé par la doctrine majoritaire et moderne, le mouvement international du féminisme, les pourfendeurs du genre.

Concrètement, cette inégalité est bien juridique. Elle est fondée sur le statut de « chef de famille » reconnu au mari par l'article 213, alinéa 1. 1 du Code civil en vigueur. Ce statut accorde au mari des pouvoirs exceptionnels par rapport à la femme, aussi bien dans la direction du ménage et de la famille, que dans le choix du domicile ou la résidence conjugale et dans la contribution aux charges du ménage. Cette exception vient vider le principe de la codirection ou l'égalité des époux dans la direction du ménage de sa portée première.

Et plus grave, le mari peut ignorer ou s'opposer aux orientations ou actes que la femme passerait sur sa seule appréciation sans son soutien et son accord ; de tels actes courent le risque d'être annulés pour défaut de qualité, de pourvoir ou de retrait de pouvoir ou de mandat de la part du mari (une abondante jurisprudence développée dans les années 1930-1960 a conduit à l'évolution de la situation de la femme mariée à travers les réformes successives depuis 1965).

Cette règle garde toute sa valeur et son sens lorsque le ménage fonctionne dans des conditions normales de stabilité et que les époux s'entendent bien. Toutefois, le concours peut devenir un véritable pouvoir de contrôle entre les mains de la femme si l'intérêt du ménage est menacé par le comportement, les fautes ou les abus du mari (prodigalité, décisions contraires ou préjudiciables au ménage). Car, l'institution de chef de famille est, en réalité, une fonction au service de « l'intérêt de la famille », comprenant à la fois le ménage et des enfants ; la responsabilité du mari peut être engagée en cas d'abus, de faute. Par ailleurs, la direction du ménage dépendra du degré d'entente qui existe entre les époux et des habitudes et usages auxquels les époux adhèrent et s'accordent à suivre dans la gestion courante du ménage.

On peut donc en conclure qu'en dépit de l'égalité consacrée par la Constitution, l'étendue des droits et pouvoirs reconnus par la loi au mari par rapport à la femme, dans la direction morale et matérielle de la famille, n'est pas la même. La direction matérielle du ménage par le mari à titre principal est encore prononcée sur le terrain du choix de la résidence ou du domicile conjugal.

III- Les règles de choix du domicile familial

Ces règles sont très importantes, car on ne conçoit le mariage sans une exigence de vie commune[59]. Certains vont jusqu'à parler de « *la protection du logement familial* » au lieu de « *choix* »[60]. L'article 215 du Code civil énonce le principe du choix du domicile conjugal par le mari (A), mais exceptionnellement par la femme (B).

A- Le principe du choix du domicile conjugal par le mari

Le choix de résidence ou de domicile conjugal revêt une double importance. D'une part, il s'agit de sélectionner le lieu où sera établi le domicile conjugal (concept juridique et matériel). D'autre part, il est question de déterminer les droits qui garantiront le domicile conjugal ou la résidence familiale pendant le mariage.

En tant que chef de famille, le mari détient principalement le pouvoir d'évaluer l'opportunité et de prendre la décision finale concernant divers aspects, tels que le bail, les biens propres à un époux ou communs, l'héritage, etc.

La femme se voit imposer par la loi de suivre son mari et de résider au domicile choisi par lui. De son côté, le mari a l'obligation de l'accueillir.

---

[59] Les époux s'obligent en outre mutuellement, selon l'article 215 al. 1 du Code civil, à une communauté de vie. Ce devoir constitue le support des autres, qui ne peuvent s'accomplir de manière effective que dans la vie commune. La communauté de vie revêt en premier lieu un aspect matériel. On parle traditionnellement de la communauté de « toit », en ce qu'elle implique la cohabitation matérielle des époux. Si l'article 108 autorise les époux à avoir des domiciles séparés, notamment pour des raisons professionnelles, il doit exister une résidence de la famille, choisie en commun1 et dans laquelle les époux se retrouvent.

[60] F. TERRE et P. SIMLER, *Droit civil : les régimes matrimoniaux*, Op.cit. p.50.

L'article 215, alinéa 1 du Code civil en vigueur, dit *in fine* : « *La femme est obligée d'habiter avec lui, et il est tenu de la recevoir* ». C'est une règle impérative. Le choix du domicile conjugal est une obligation qui s'impose au mari et une créance pour la femme (mesures conservatoires en matière de divorce, sanction d'abandon de famille, etc.).

1- Le principe de l'unicité du domicile familial

La loi consacre le principe de l'unicité du domicile conjugal. Le législateur souhaite ainsi refléter l'unité et l'affection au sein de la famille, tant sur le plan psychologique que social. Cette exigence participe de l'organisation du ménage qui ne saurait être laissée à la libre volonté d'un époux, d'où son caractère impératif. Et l'article 1388 du Code civil dispose que « *les époux ne peuvent pas déroger (par convention) aux droits que le mari tient comme chef de famille.* » L'État, soucieux de la protection de la famille, a repris ce principe à son compte dans le Statut général de la Fonction publique. Effectivement, une fonctionnaire peut demander une mise en disponibilité pour convenance familiale lorsque son époux est affecté dans une mission diplomatique ou une organisation internationale. Mais cette disposition ne semble pas prévoir de réciprocité en faveur du mari fonctionnaire dont la femme serait affectée à un organisme international. Mais là aussi, cette question semble relever en pratique de l'ordre du niveau d'entente et de la qualité des arrangements entre les époux.

2- Les cas de pluralité de résidence ou de domicile

De même, en droit du travail, lorsqu'un changement de poste de l'époux entraîne un déménagement du lieu du domicile conjugal initial, sa conjointe (l'épouse) peut légitimement demander à son employeur de pouvoir suivre son mari. Et même si tel n'était pas le cas, le domicile de fonction de l'époux reste déterminant dans l'élection du domicile conjugal ; il présente un intérêt en matière de procédure. Exemple : divorce. Ainsi au plan juridique, en cas de contentieux, la juridiction compétente est celle du lieu du domicile de fonction de l'époux ; c'est aussi à ce lieu que sont signifiés tous les actes de la vie civile des époux.

Toutefois, il y a lieu de souligner l'intérêt de l'autorité de la convention relative à l'élimination de toutes les formes de discrimination à l'égard des femmes de 1979 ratifiée par le Cameroun en 1994. Elle a en effet permis aux autorités de mettre en place un certain nombre de mesures qui ne sont pas toujours connues des époux justiciables, et qui ne sont pas toujours directement abordées par les tribunaux. La question de l'abrogation directe des dispositions du Code civil en vigueur par la CEDEF ratifiée est une question péremptoire qui suscite un intérêt certain.

B- Les atténuations au pouvoir de choix du domicile

Le choix du domicile familial n'est pas toujours laissé à l'initiative exclusive du mari. Dans certaines circonstances, le choix peut être imposé ou consensuel. Cela peut être le cas de la judiciarisation (1) et des innovations liées à la mondialisation (2).

1- La judiciarisation du choix du domicile familial

L'art. 215, l2 C. civ en vigueur dispose que : « Lorsque la résidence fixée par le mari présente pour la famille des dangers d'ordre physique ou d'ordre moral, la femme peut, par exception, être autorisée à avoir pour elle et ses enfants, une autre résidence fixée par le juge ».

La résidence présente des dangers d'ordre physique : le domicile conjugal choisi par le mari présente un caractère dangereux lorsqu'il est situé sur un site qui peut exposer la santé des enfants ou de la femme. La résidence conjugale présente des dangers d'ordre moral : lorsqu'il risque de porter atteinte à la stabilité ou l'honorabilité du ménage, exemple : dans le voisinage d'une concubine du mari.

La femme peut être autorisée par justice à obtenir un domicile ou une résidence différente. En pratique, cette situation intervient très souvent dans des situations de conflits ou de crise du ménage, précédant la séparation de corps des époux ou le divorce.

2- Les innovations de la mondialisation

Outre ces cas d'habilitations judiciaires favorables à la femme, les préoccupations de la vie moderne tendent aussi à emmener les époux à prendre des décisions qui dérogent au principe du choix marital.

Aussi, la diversification des centres d'intérêt des époux peut être un facteur déterminant et assouplissant du principe. C'est le cas lorsque l'un ou l'autre époux exercerait une profession séparée qui l'emmènerait à fixer son domicile à un autre endroit que celui choisi par le mari. C'est le cas en matière commerciale. Les époux peuvent aussi se mettre d'accord pour la dualité du domicile conjugal, mais dans ce cas, la convention doit être commandée par l'intérêt de la famille en application de l'article 1388.

Cette dernière modalité est de plus en plus courante, commandée par le souci de protection de l'emploi de la conjointe. Cette situation offre un terrain fertile pour aborder la question du respect des intérêts de la famille. La jurisprudence camerounaise s'est prononcée sur le sujet dans une affaire où il s'agissait de déterminer le domicile conjugal du prisonnier, en conséquence, la juridiction territorialement compétente en matière de divorce. Il en résulte que des circonstances exceptionnelles, telles que le cas de force majeure, peuvent également jouer, mais sous le contrôle du juge.

En droit comparé français, la jurisprudence a développé la théorie des gares principales, qui permet aux ménages de s'adapter à la vie professionnelle des époux. Cette solution a été favorablement reprise par le Code civil dans sa réforme de 1985 des régimes matrimoniaux. Le législateur camerounais n'est pas intervenu sur cette modalité, ni même le législateur du droit de l'OHADA pour les époux impliqués dans les relations d'affaires (commerçants, chefs d'entreprise). Cependant, une école de pensée soutient qu'en dépit de la multiplicité de résidences motivée par des considérations professionnelles, les affaires civiles concernant le ménage sont transmises au domicile conjugal, les autres relevant des résidences secondaires.

Mais le problème épineux qui se pose ici est celui de la définition du régime de protection des droits par lequel est assuré le logement conjugal ou familial. Ce dernier est un bien communautaire indivis ouvrant seulement à l'usufruit, au droit d'usage et, éventuellement, au droit d'habitation, à l'exclusion de la nue-propriété. Les époux ne peuvent y constituer aucun droit réel accessoire ni le transmettre.

En outre, les règles de copropriété vont au-delà de leur objet essentiellement patrimonial, puisqu'elles organisent la gouvernance politique de la famille, donnant la possibilité à chaque époux d'agir.

Section 2- Les règles de représentation entre les époux

La représentation, c'est faire un acte au nom et pour le compte d'autrui en vertu d'un pouvoir. C'est une relation de confiance qui permet la représentation. Le couple marié est un
domaine de prédilection de la représentation. Un époux peut sans doute représenter l'autre. Le principe est que le mari est le chef de famille : à ce titre, il représente la famille dans tous les actes qui visent la satisfaction de l'intérêt du ménage et des enfants. Il dispose d'un pouvoir général de représentation courante de la famille. Toutefois, le Code civil en vigueur institue deux modalités de représentation : la représentation légale (***I***) et la représentation conventionnelle (***II***).

I- Le régime de la représentation légale

La représentation légale est un mécanisme juridique institué par la loi, en faveur de la femme mariée, car, c'est bien par rapport à elle que s'est toujours posé le problème de capacité à contracter vis-à-vis des tiers. D'après l'article 220, alinéa 1 du Code civil, *« la femme mariée a sous tous les régimes le pouvoir de représenter le mari pour les besoins du ménage, et d'employer pour cet objet les fonds qu'il laisse entre ses mains »*. Ce mécanisme a pour but de faciliter le fonctionnement opérationnel et quotidien du ménage en temps normal. Ensuite, pour éviter aux époux les inconvénients des blocages susceptibles de provenir de l'un d'entre eux, et particulièrement à la femme, la loi a institué un autre mécanisme supplémentaire qui lui permet de recourir aux autorisations ou habilitations judiciaires (représentation judiciaire), cette fois en situation de crise.

Le régime de la représentation légale varie donc en droit, selon qu'il s'agit du mandat domestique de représentation (*A*) qui relève de la gestion courante et normale du ménage ou des autorisations et habilitations judiciaires (***B***).

A- Le mandat domestique de représentation entre époux

C'est une modalité prescrite en faveur de la femme principalement. Le principe est que la loi confère donc à la femme le pouvoir de représentation d'initiative et d'action *« pour les besoins du ménage ».* C'est une règle du statut de base impératif (régime primaire) qui constitue à la fois un droit et un devoir des époux, de manière générale.

Il s'agit d'une exception majeure au principe de la direction et de la représentation globale de la famille par l'époux, en tant que chef de famille. Cette règle s'applique à tous les régimes, que ce soit un régime de communauté ou de séparation des biens. L'on envisagera le domaine et les modalités (*1*) d'une part et les effets du mandat (*2*) d'autre part.

1- Le domaine et les modalités

Selon la doctrine, le pouvoir de représentation du mari par la femme, autrement appelé le mandat domestique de la femme mariée, n'est pas général, mais spécial, pourvu qu'il soit commandé par l'intérêt du ménage et des enfants, et donc de la famille. La loi parle de « *pour les besoins du ménage* ». D'après la loi, article 220 du Code civ., la femme peut à ce titre employer les fonds que le mari laisse entre ses mains à cet effet, ou les ressources propres destinées à sa contribution aux charges du ménage ou du mariage. Autrement dit, elle se limite à l'ensemble des actes nécessaires à la vie courante du ménage.

Toutefois, d'après la doctrine, les actes passés dans le cadre de la représentation normale ou du mandat domestique doivent respecter les usages et les habitudes du ménage (dictées par la vision et la direction imprimées par le mari). Ils doivent être fonction du niveau de vie du ménage, et ne viser que la satisfaction des besoins quotidiens du ménage (éducation, entretien, soins, aliments, agréments, etc.). En d'autres termes, cela inclut les dépenses nécessaires et inévitables que la notion recouvre. La doctrine aborde ce sujet en évoquant l'autonomie propre à la femme dans l'exécution des tâches ménagères.

Toutefois sont exclus les actes ou les dépenses graves qui pourraient mettre en péril la stabilité financière à long terme du ménage, les dépenses à long terme qui sont d'utilité douteuse ou les dépenses accessoires superflues. Cela inclut des éléments tels que les cautionnements, les hypothèques, les achats excessifs, les achats à tempérament et les dépenses somptuaires.

En revanche, les actions ou les dépenses qui ne bénéficient pas directement à la famille exigent, selon l'article 217 du Code civil, l'approbation conjointe des conjoints. À défaut, une autorisation judiciaire ou un mandat conventionnel entre époux est nécessaire. Ils n'entrent pas selon la doctrine dans les pouvoirs spéciaux de représentation légale prévus par la loi, et cela nous semble logique. C'est certes un pouvoir spécial de représentation, mais qui confère une autonomie certaine et une capacité juridique à la femme, et qui remplit une fonction utilitaire. La représentation du mari par la femme peut être appréciée sur les plans moral, social, économique et juridique, pourvu qu'elle soit commandée par l'intérêt du ménage ou de la famille.

Les modalités du mandat domestique : l'article 220 du Code civ. applicable ne précise pas les formes que peut revêtir le mandat légal de représentation. Toutefois, une certaine doctrine a pu penser que ce mandat peut être tacitement présumé des usages du ménage. On dit dans ce cas que la femme bénéficie d'une présomption de pouvoirs pour agir au quotidien : c'est le mandat domestique de la femme mariée. Il est valable en temps normal.

Cependant, cette présomption est fragile ; elle peut être contestée par la preuve contraire apportée par le mari détenant le pouvoir général de représentation de l'intérêt de la famille (art. 220 al. 2 C. civ.). Cette preuve peut servir à démontrer le retrait du pouvoir, la mauvaise foi du tiers dans l'opération concernée, etc. Il est important de noter que la contestation par l'époux des pouvoirs de représentation de la femme, tels que définis par la loi, doit être motivée par la protection des intérêts de la famille. Il est également légitime de s'interroger sur la forme que peut prendre le mandat légal de représentation, qu'il s'agisse d'un acte juridique exprès, d'un sous-seing privé ou d'un acte notarié conventionnel. Le Code civil est muet sur ce point.

2- Les effets du mandat domestique

Il s'agit en particulier du mandat de représentation de la femme.

Le transfert à la femme des pouvoirs économiques et financiers

Les pouvoirs économiques : Le mandat légal de représentation confère à l'épouse, à la femme, d'une part, le pouvoir de gérer seule les affaires domestiques, c'est-à-dire des pouvoirs autonomes en matière de gestion et de fonctionnement quotidien du foyer.

La loi stipule que le mandat légal domestique permet à la femme, principale et unique bénéficiaire, d'employer les fonds que son mari laisse entre ses mains. Elle peut prendre l'initiative d'acheter, de payer les factures du ménage, d'inscrire et de payer les frais de scolarité des enfants, d'acquérir ou de contracter avec des vendeurs et fournisseurs du ménage, d'enlever les biens achetés. Il s'agit là de véritables opérations économiques et de consommation qui doivent tenir compte du niveau de vie de chaque ménage.

Les dettes ou engagements contractés par la femme mandatée pour gérer le foyer en représentation de son mari sont considérés comme des dettes domestiques ou ménagères.

Le transfert des pouvoirs financiers : En ce qui concerne les pouvoirs financiers, l'article 221 Code civil dispose clairement que « *la femme peut, sur sa seule signature, faire ouvrir par représentation de son mari, un compte courant spécial pour y déposer ou en retirer les fonds qu'il laisse entre ses mains* ». Il s'agit là de pouvoirs financiers nécessaires à l'utilisation des fonds remis par le mari dans l'intérêt du ménage.

Ouverture de comptes bancaires : Le compte courant spécial ou compte bancaire domestique ouvert dans ces conditions par la femme mandataire spéciale devient un élément de la communauté, dont le fonctionnement est assuré sous le contrôle du mari, chef de famille et de la communauté. À ce titre, l'alinéa 2 de l'article 221 C. civ. dispose que « *l'ouverture de ce compte doit être notifiée par le dépositaire au mari et la balance n'en peut être rendue débitrice qu'en vertu d'un mandat exprès de ce dernier* ».

Opérations de dépôts et de retraits de fonds domestiques : La femme peut donc y faire des dépôts ou des retraits, mais dans la limite du solde créditeur, sans jamais le rendre débiteur sans l'autorisation du mari. Ainsi, elle peut solliciter des concours bancaires (crédits, découverts, etc.) auprès du tiers dépositaire, qui ne saurait lui en accorder sans l'autorisation du mari, ou, si l'intérêt de la famille l'exige, avec l'autorisation judiciaire. Il doit s'agir d'un compte courant de dépôts domestique, et non d'un compte de titres en vertu de la nature domestique des fonds. Ces pouvoirs fondent en doctrine la notion des actes ménagers.

Pour la jurisprudence, ces pouvoirs se fondent sur la théorie du mandat tacite de la femme mariée (qui, pour d'autres n'est qu'une vue de l'esprit, utopie). Par ce mécanisme, la loi donne à la femme de véritables pouvoirs domestiques ou ménagers propres, qui lui permettent d'intervenir dans les domaines essentiels de la vie de la famille. Il se justifie aussi sur le plan pratique, car il est nécessaire que la femme, quelle que soit sa situation matrimoniale (monogamie ou polygamie), puisse représenter le mari dans les actes spéciaux qui entrent dans son champ de compétences personnelles ou ses attributions domestiques.

À ce titre, il est loisible de reconnaître qu'au plan domestique, la femme jouit d'une véritable capacité de gestion économique et financière[61]. Cette capacité d'initiative est à la base du développement du secteur de l'économie

---

[61] J. KI-ZERBO, *À quand l'Afrique ?* Op.cit. p.137-139.

informelle, de la création des richesses, du développement de la petite et moyenne entreprise dans les secteurs agroalimentaires, et de l'artisanat, des TIC, qui structure de l'économie sociale.

Les actes ménagers se justifient par l'idée qu'en pratique, il est nécessaire de faire fonctionner le ménage par la femme seule et de manière valable, sans nécessairement attendre l'autorisation préalable du mari.

a- Le régime des effets juridiques du mandat

Solidarité entre époux : Il en résulte en conséquence et corrélativement que la femme devient solidairement coobligée avec lui par les dettes contractées en représentation de son mari, parce qu'il s'agit d'une règle impérative du statut patrimonial de base des époux[62]. Il y a donc, vis-à-vis des tiers, une solidarité entre époux sous le rapport de l'obligation à la dette.

Ces dettes obligent non seulement la femme mandataire, mais également le mari envers les tiers en vertu du principe de l'obligation de contribution aux charges du ménage ou du mariage qui relève du régime primaire. La loi institue une solidarité entre les époux. En dépit de ce que l'obligation de contribution aux charges du ménage pèse à titre principal sur le mari.

Sanction du dépassement de pouvoir : En revanche, la femme, qui n'est que mandataire, peut engager sa responsabilité personnelle directement sans solidarité avec le mari si elle engage des dépenses excessives ou commet une faute dolosive ou si la preuve du retrait de pouvoir du mari ou du défaut de pouvoir des tiers est apportée.

Il demeure que le mandat légal de représentation se distingue de la représentation conventionnelle que les époux peuvent convenir entre eux et qui vient renforcer le pouvoir de coopération des époux dans la gestion normale du ménage.

B- La judiciarisation de la représentation

À la différence de celles que nous venons d'examiner, les mesures de contournement et de crise visent à protéger la famille en cas de risques de blocage, de crise du ménage, ou d'excès de pouvoir du mari. Ils ont pour principal effet de restreindre ou limiter les pouvoirs du mari dans la gestion du ménage. On parle alors de mesures de contrôle ou de contre-pouvoirs.

Le législateur a prévu deux sortes de mesures de crise : l'autorisation judiciaire (*1*) d'une part et la représentation judiciaire (*2*) d'autre part. Elles constituent de véritables tempéraments.

---

62 D. Martin, Dalloz, 1975, 265.

1- L'autorisation judiciaire

L'habilitation judiciaire est une mesure de crise prévue par le législateur qui relève du régime primaire dans les cas suivants : le choix marital du domicile conjugal contraire à l'intérêt de la famille, article 215 du Code civil, en cas d'absence, d'incapacité, de déchéance ou d'éloignement de l'un des époux, l'autre peut être habilité par la justice à passer outre.

L'habilitation judiciaire, d'après l'article 217 du Code civ. en vigueur, est une autorisation par laquelle, par voie d'ordonnance, le juge de l'urgence donne pouvoir à l'un des époux qui l'a sollicité, d'agir seul ou de passer outre le consentement de l'autre dans l'exercice des pouvoirs que la loi ou le contrat lui attribue exclusivement, dans l'ultime but de sauvegarder une situation donnée. L'époux judiciairement habilité supplée alors son conjoint défaillant.

Il y a également habilitation judiciaire lorsque le tribunal autorise un époux à s'engager seul et valablement dans un acte pour lequel le concours ou le consentement de l'autre était également nécessaire pour la validité de l'acte. La procédure d'habilitation est nécessairement une procédure d'urgence. Le juge de l'urgence matériellement compétent peut donc ordonner la mesure qui doit être spécifique, dans le respect de l'intérêt de la famille.

Le domaine de l'habilitation judiciaire est large. Elle s'étend non seulement aux cas où l'un des époux est hors d'état de manifester sa volonté[63], mais envisage également toutes les situations de conflits entre époux ou de crise.

L'article 217 *in fine du* Code civil, vise les cas où le refus du conjoint n'est pas justifié par l'intérêt de la famille. Il dispose à cet effet que « *l'époux qui veut faire un acte de disposition pour lequel le concours ou le consentement de l'autre époux est nécessaire peut être autorisé par justice à disposer sans le concours ou sans le consentement de son conjoint, si celui-ci est hors d'état de manifester sa volonté, ou si son refus n'est pas justifié par l'intérêt de la famille* ».

C'est également dans cette logique que s'inscrivent les pouvoirs financiers domestiques de la femme[64]. Si le mari n'a pu être touché par la notification, le dépositaire peut exiger que la femme soit habilitée[65], si elle veut rendre le compte courant spécial domestique débiteur. Il y a ici de la confusion sur la personne de l'époux bénéficiaire de la mesure, de l'autorisation judiciaire à passer outre et de la représentation judiciaire à suppléer la carence de consentement. Voir même et aussi le mandat légal de représentation de l'article 217 du Code civil applicable.

---

[63] Selon les articles 219, al. 1 et 213, al. 3 du Code civil.

[64] Article 221, al.3 du Code civ.

[65] Conformément à l'article 219 C. civ.

Aussi, aux termes de l'article 215, alinéa 2 du Code civil, « *lorsque la résidence fixée par le mari présente pour la famille des dangers d'ordre physique ou d'ordre moral, la femme peut, par exception, être autorisée à avoir pour elle et ses enfants, une autre résidence fixée par le juge* ». Et dans le même sens, en cas de détournement ou d'abus de pouvoir, la femme peut aussi saisir le tribunal pour obtenir des mesures de sortie de crise, notamment dans le cadre du régime de la communauté, lorsque le mari vend un local abritant le logement familial, ou encore lorsqu'il commet un acte contraire aux intérêts de la famille.

L'habilitation judiciaire se distingue néanmoins de la représentation judiciaire prévue à l'article 219 du Code civ. en vigueur.

2- La représentation judiciaire

À la différence de l'habilitation ou autorisation judiciaire, la représentation judiciaire recouvre un domaine plus restreint. Elle exige la réunion de certaines conditions prévues par l'article 219, alinéa 1 du Code civil, qui dispose que « *si l'un des époux se trouve hors d'état de manifester sa volonté, son conjoint peut se faire habiliter par la justice à le représenter d'une manière générale, ou pour certains actes particuliers, dans l'exercice des pouvoirs que le contrat de mariage lui attribue* ». Ainsi, la représentation judiciaire ne peut être demandée que si un des conjoints le souhaite.

Selon la doctrine, l'expression « hors d'état de manifester sa volonté » vise toutes les situations d'éloignement d'un époux, d'incapacité (aliéné mental, sous le coup d'une déchéance), d'absence judiciairement déclarée, ou en raison de toute autre cause rendant impossible toute manifestation de volonté (disparition, maladie grave, etc.). Ces cas[66] doivent être rapprochés de ceux de l'article 213, al. 3 Code civil applicable, et qui prévoit que la femme peut suppléer le mari dans la fonction de chef de famille. L'on fera plus facilement appel à l'autorisation judiciaire dans le cadre de la communauté des biens, alors que la représentation judiciaire sera plus adéquate dans le régime de type séparatiste.

Dans les deux cas, le tribunal apprécie pour cantonner ou non l'habilitation à certains actes dont l'exercice résulte du contrat de mariage. Par exemple, dans le régime de la communauté, l'autorisation judiciaire peut viser les actes de disposition des biens communs ou les propres de la femme. Tandis que, dans la séparation des biens, la représentation judiciaire peut viser les actes de disposition des propres d'un époux. Par son intervention, le juge exerce son

---

[66] D'après la doctrine majoritaire, l'article 217 fait l'amalgame en ce sens qu'en toute logique et par souci de clarification du domaine d'application, il aurait pu se limiter spécifiquement aux situations où le concours ou le consentement des deux époux est nécessaire, et laisser tous les actes au régime de la représentation judiciaire. L'intérêt serait dans la clarification des domaines de chacune des mesures, 219, al.1, et 213, al.3 d'une part, et 217 d'autre part.

contrôle dans tous les actes où l'un des époux manque gravement à ses devoirs et met en péril les intérêts moraux et matériels de la famille. Le juge intervient donc par des mesures d'urgence que requière l'intérêt de la famille. Ces mesures sont donc essentiellement temporaires, et peuvent être rapportées ou complétées.

Sanction : La sanction du mépris du juge est la nullité des actes passés sans habilitation judiciaire. Toutefois, le tiers peut invoquer la bonne foi, l'ignorance du défaut ou de l'insuffisance de pouvoir d'un époux co-contractant. Aussi, ces deux mesures sont susceptibles de jouer au profit de chacun des époux, quel que soit le régime. L'époux habilité engage sa responsabilité à l'égard du représenté, conformément au droit commun[67]. Mais, dans la pratique, ces mesures profitent toujours à l'époux qui a le moins de pouvoir, notamment la femme.

II- La représentation conventionnelle entre époux

La représentation conventionnelle fait référence à la collaboration des époux dans l'exercice et l'usage de leur liberté. Il est important d'en donner le sens et la portée (*A*) et le régime (***B***).

A- Sens et portée de la règle de la représentation conventionnelle

En plus du mandat légal de représentation prévu à l'article 217 du Code civil, le législateur reconnaît aux époux la possibilité de se faire représenter réciproquement et conventionnellement. L'article 218 du Code civil dispose à cet effet : *« (...) chacun des époux peut donner à l'autre mandat de le représenter dans l'exercice des pouvoirs que le contrat de mariage lui attribue »*. Le mécanisme de représentation conventionnelle réciproque relève, selon la loi, de l'autonomie de la volonté des époux. Pour qu'une personne soit représentée, certaines conditions doivent être remplies (1) et le contrôle de cette représentation est assuré par le juge (2).

1- Les conditions de la représentation

Quant à son objet, la représentation conventionnelle n'est possible selon la loi que dans la limite des pouvoirs que les époux organisent dans le cadre du contrat de mariage. Cela implique que l'un des époux peut autoriser l'autre par convention, de le représenter, et vice versa, dans l'exercice des pouvoirs que le contrat de mariage lui attribue (gestion des biens propres, perception des loyers propres, acquittement de dette, ou recouvrement de créance, représentation en justice, ou dans toute autre opération juridique, etc.).

---

[67] M. DE JUGLAR, *Régimes matrimoniaux*, tome 4, 1977.

Contrairement au mandat légal de représentation qui équivaut à un « *mandat domestique* », dont la sphère est spécifiquement limitée par la loi aux « *charges du ménage* » et « *du mariage* », le mandat conventionnel semble recouvrir un domaine plus large et peut aller au-delà de la simple obligation de contribution, d'assistance et de secours.

La représentation conventionnelle peut prendre la forme du contrat de collaboration d'un époux dans l'activité de l'autre, la société créée de fait entre époux, la collaboration habituelle dans le commerce du conjoint, etc., ou d'une relation de travail entre époux. La doctrine dit à juste titre ici que, dans ce cas, les époux se trouvent dans un contexte de confusion et donc de « *zone de non-droit* » et de tant d'incertitudes.

Dans la pratique prétorienne, la jurisprudence intervient au cas par cas pour reconnaître l'existence d'un contrat de travail ou d'une simple collaboration équivalente au devoir de secours. Or, l'AUDCG ne confère la qualité de commerçant que dans les conditions de son article 2 qui dispose : « *Avoir la capacité pour accomplir les actes de commerce, les accomplir de manière habituelle, et pour son propre compte.* »

2- Le contrôle de la représentation

Des difficultés peuvent survenir sur les conditions et l'étendue de cette représentation conventionnelle d'un époux par un autre. Elle est parfois difficile à résoudre et devient source éventuelle de contentieux au moment de la liquidation du régime. À cet effet, en droit comparé, le Code béninois des personnes et de la Famille (CDPF) de 2002 en son article 177, alinéa 2, prévoit que de telles collaborations pourraient être réglées grâce au recours à la théorie de la gestion d'affaires (quasi-délit)[68]. Par conséquent, les pouvoirs que chacun des époux tient du régime primaire en raison du caractère d'ordre public rappelé par l'article 1388 du Code civil[69]. La représentation conventionnelle. Cette dernière peut alors être générale (entre époux séparés de biens) ou spéciale, elle est limitée à certains actes et ne peut porter que sur certains biens seulement (régime de communauté). Dans la pratique, c'est très souvent l'épouse, la femme qui a moins de pouvoirs, qui en bénéficie le plus.

En outre, la jurisprudence repose sur le principe que le mari a l'habitude de confier à son épouse un mandat général pour gérer et disposer des biens du

---

[68] Cette disposition consacre une solution jurisprudentielle connue et constante. Se faisant, la loi lui confère une autorité légale. Mais, on aurait aussi bien pu invoquer la théorie de l'indivision.

[69] Article 1388 du Code civ. en vigueur selon lequel, « les époux ne peuvent déroger ni aux droits qu'ils tiennent de l'organisation de la puissance paternelle et de la tutelle, ni aux droits reconnus au mari comme chef de famille et de la communauté, ni au droit que la femme tient de l'exercice d'une profession séparée, ni aux dispositions prohibitives édictées par la loi ».

foyer, à condition que cela réponde aux besoins du ménage, qui doivent être appropriés à l'intérêt de la famille.

Le droit coutumier, qui, à l'instar du droit anglo-saxon, constitue un tout et n'opère aucune distinction entre les règles de droit civil, de droit privé ou de droit public ou de droit pénal, ne renvoie à aucune disposition spécifique de cette nature, si ce n'est au principe de la division traditionnelle du travail entre le mari et la femme. Ce principe, comme nous l'avons vu plus haut, a pour conséquence la reconnaissance d'une certaine autonomie à la femme, ainsi que des pouvoirs importants dans la conduite du ménage selon le droit traditionnel (alimentation, éducation, lignage, etc.). Le sens de la portée du principe de division du travail, du droit traditionnel, et des rôles et du partage des responsabilités, dégagée plus haut par la doctrine et conçue dans le cadre du mariage monogame, pourrait logiquement être transposable aux époux polygames. Plutôt que de s'en remettre à la législation, il serait possible d'élaborer une structure contractuelle adaptée pour régir les relations entre conjoints dans un contexte de polyamour. Cette approche permettrait ainsi de prendre en compte les intérêts divergents, mais interdépendants, inhérents au mariage polygame.

La représentation conventionnelle peut être implicite ou explicite. Cependant, le Code civil ne fournit pas de détails sur les formes ou le formalisme. Nous pouvons donc la définir comme verbale ou écrite, sur la base d'un mandat authentique ou d'un acte sous seing privé.

Et lorsqu'elle est tacite, elle donne lieu à l'application en droit commun de la théorie de la gestion d'affaires.

B- Le régime de la représentation conventionnelle entre époux

En revanche, si elle est générale, cela suppose sa permanence. Dans ce cas, elle pourrait appeler l'application du droit du travail, ou muer en devoir de secours. Là encore, un vide juridique existe quant au régime spécial des conventions de représentation entre époux, bien que posé par le Code civil, par rapport aux contrats de droit commun et aux contrats spéciaux développés en droit civil. Les conditions de validité (1) et la responsabilité (2) méritent d'être exposées.

1- Conditions de validité

Des difficultés sont apparues concernant la détermination de l'étendue des pouvoirs conférés à la femme ou à l'homme, ainsi que la valeur des actes accomplis à ce titre. Plusieurs thèses se sont développées et opposées sur le sujet.

Dans un premier temps, la pratique jurisprudentielle répandue considérait que ce mandat conventionnel était valable au bénéfice de la femme, qui disposait souvent peu de pouvoir, notamment dans le cas d'une union de biens, puisque le mari pouvait, à tout moment, retirer son consentement et prouver qu'il l'avait fait afin d'annuler les actes ou de se désolidariser. Dans ces circonstances, l'époux ne pouvait plus être tenu responsable des actes posés par l'épouse, car cette théorie exclut toute idée de solidarité, peu importe l'époux à l'origine du mandat (mari ou femme). Sous le régime primaire, le ou la mandant ou mandataire était limité au devoir de surveillance et de contrôle de l'exécution normale du mandat par l'autre et vice versa.

Mais d'autres, en revanche, ont soutenu au contraire que la représentation conventionnelle prévue par l'article 218 du Code civ. en vigueur était contraire au régime primaire et donc nulle. Elle implique que le mari abdique purement et simplement les pouvoirs qu'il tient du régime primaire pour les transférer entre les mains de la femme. Cela était contraire à l'ordre public, en ce sens que l'institution de représentation conventionnelle n'était pas valable.

Une troisième thèse, toujours à l'opposé de la position jurisprudentielle sus-évoquée, a encore soutenu que la représentation conventionnelle était une modification du régime matrimonial pendant le mariage, en violation du principe d'ordre public d'immutabilité des conventions matrimoniales.

En outre, la jurisprudence a été maintenue dans la réforme du 22 septembre 1942, qui a établi l'état du droit au moment de l'indépendance du Cameroun en 1960. Cette solution jurisprudentielle conserve sa validité juridique dans le droit camerounais, à moins qu'une réforme ou une remise en question ne survienne[70].

2- La responsabilité des époux

Toutefois, la responsabilité de l'époux mandataire peut néanmoins être engagée, s'il vient à commettre une faute imputable ou une faute dolosive. À ce moment, les règles ordinaires du mandat s'appliqueraient comme dans le cadre de la représentation légale.

Il demeure qu'à défaut de pouvoir, de qualité ou de mandat légal ou conventionnel ou d'habilitation judiciaire, les actes passés par un époux en représentation de l'autre (tacite, conventionnel ou judiciaire), sont sans effet et donc nuls à l'égard de l'époux mal représenté. En revanche, les actes passés dans les conditions frauduleuses produisent des effets à l'égard de son auteur en application de l'article 219, al.3 du C. civ., et des règles de la gestion d'affaires prévues par les articles 1375 du Code civ. applicable[71]. La gestion d'affaires peut résulter de la volonté tacite, notamment lorsque les actes posés

---

[70] Rappelons pour mémoire que cette solution a été reprise plus tard par la réforme française du 18 juillet 1965 relative aux régimes matrimoniaux.

[71] Selon l'article 1375 du Code civil applicable, « … ».

étaient utiles (protection des biens contre les risques de destruction, production des fruits ou plus-values) et que les conditions de ce type de quasi-contrats étaient réunies.

Dans la pratique des ménages, les hypothèses de gestion d'affaires sont nombreuses et la responsabilité du donneur d'ordre est engagée, sauf faute du gérant. L'époux, dont les biens ont été gérés sans son autorisation, devra, par exemple, rembourser à son conjoint toutes les dépenses nécessaires engagées. Ce contentieux des impenses survient très souvent à la liquidation du régime ou peu avant, en cas de crise.

En définitive, les mécanismes de concours, de suppléance, de représentation légale, ou représentation conventionnelle et d'habilitations judiciaires ont pour finalité de faciliter le fonctionnement quotidien du ménage et protéger l'intérêt de la famille contre les risques des agissements contraires émanant de la volonté de l'autre époux et des crises conjugales.

Conclusion du chapitre 1

En tout état de cause, la reconnaissance de ces pouvoirs spéciaux à la femme en propre fonde aujourd'hui son émancipation et son autonomie dans la mise en œuvre du statut patrimonial des époux. L'autonomie de la femme se trouve alors renforcée par la liberté professionnelle.

CHAPITRE 2 :

LES RÈGLES D'AUTONOMIE DU MÉNAGE

L'autonomie des partenaires évoque l'indépendance des époux, qui signifie que, malgré la vie commune, chaque conjoint possède sa liberté et son contrôle sur certains biens et activités.

Le régime matrimonial de base des époux, également connu sous le nom de régime primaire en droit comparé français, établit des règles spécifiques régissant les relations financières des époux lorsqu'ils exercent une activité professionnelle. L'activité professionnelle des époux ne laisse pas indifférentes les règles courantes de gestion du ménage ainsi que celles du régime matrimonial proprement adopté.

Il est plutôt le rôle économique de la femme qui a historiquement posé problème. La reconnaissance de la liberté professionnelle de la femme en particulier, et donc des époux, va connaître une évolution remarquable dans le cadre du droit des régimes matrimoniaux. Par conséquent, le principe de la liberté professionnelle est une réalité en droit camerounais (Section 1), mais il est assorti de diverses restrictions (Section 2).

Section 1- La liberté professionnelle des époux : une réalité en droit camerounais

Selon l'article 223, alinéa 1 du Code civil, « *La femme peut exercer une profession séparée de celle de son mari, à moins que ce dernier ne s'y oppose* ». Cette disposition a été reprise par l'ordonnance du 29 juin 1981 à l'article 74, alinéa 1, qui dispose que « *la femme mariée peut exercer une profession séparée de celle de son mari* ». La liberté professionnelle consacrée en faveur de la femme est désormais bilatérale, notamment en droit comparé français depuis la réforme française de 1942. Dès lors l'on envisagera l'exposé du principe (***I***) et les modalités d'application (***II***).

I- L'effectivité du principe de la liberté professionnelle

Cette effectivité est tributaire de l'évolution différentielle (*A*) et de la portée juridique du principe (***B***).

A- Une évolution différentielle du principe

Le principe de la liberté professionnelle des époux postule le maintien de la capacité des époux dans l'activité économique. Or, le rôle des époux reste tributaire du type de société et varie selon que l'on se trouve dans une société capitaliste ou société de type socialiste. Il en résulte une variabilité de la fonction économique de la femme mariée par rapport à celle du mari. Dès lors, en contexte africain ou européen va se structurer le droit à l'exercice d'une profession. Il convient donc de constater que la liberté professionnelle a été renforcée en droit français (*1*), tandis qu'elle a fait face au Cameroun aux facteurs socioculturels (*2*).

1- Une liberté professionnelle renforcée en droit français

En examinant soigneusement l'évolution au fil du temps et à travers différentes régions de la condition économique ou professionnelle des femmes, il est possible d'observer des variations. Par exemple, on peut comparer l'ancien droit français de la famille, issu du droit romano-germanique, avec les systèmes juridiques originels de l'Afrique précoloniale[72].

Dans l'Ancien Droit français, la femme ne pouvait pas travailler en dehors du ménage. Elle n'était pas autorisée à exercer une profession distincte de celle de son mari. Autrefois, la femme s'engageait dans l'activité professionnelle de son mari, que ce soit dans le commerce, l'artisanat ou l'agriculture. Cette collaboration informelle ne lui offrait aucune protection juridique ni aucune contrepartie financière, car aucune loi ne la régissait (comme un contrat de travail, un associé ou une commerçante). De plus, le Code civil était muet sur ces questions.

Si cette collaboration ne posait pas de difficulté dans le régime de la communauté, des problèmes se posaient par contre quant à son évaluation dans le régime de la séparation des biens. Dans tous les cas, toute activité de la femme séparée ou à l'extérieur était mal vue. Il fallait nécessairement obtenir l'autorisation maritale, ce qui n'était pas facile. Cette procédure s'avérait souvent difficile et constituait en réalité une forme d'incapacité professionnelle.

Le Code civil de 1804 ne produit pas véritablement l'évolution escomptée sur ce point. La femme mariée peut travailler séparément, mais elle a besoin de l'autorisation de son mari. Le mari, chef de la communauté, est le seul à détenir le pouvoir de percevoir et d'administrer les gains et salaires de sa femme. Ces gains et salaires tombent dans la communauté et se confondent

---

[72] Voir, « Rôle économique des femmes dans la société africaine traditionnelle : L'exemple des Yorùbà », in *La Civilisation de la femme dans la tradition africaine*, colloque d'Abidjan, 3-8 juillet, 1972, Présence africaine, 1975, 259 et s).

avec elle, au point de servir également de gage ou de garantie aux créances qui traitent essentiellement avec le mari.

La loi du 13 juillet 1907 constitue une étape cruciale dans l'évolution de la situation de la femme. Elle institue le principe du libre salaire de la femme. Cela signifie qu'elle peut désormais percevoir et disposer librement de ses gains et de son salaire, sans avoir à subir les réticences de l'employeur, du banquier ou d'autres tiers fournisseurs ou cocontractants.

Cette loi confère également à la femme des pouvoirs sur les biens qu'elle acquiert par l'exercice d'une profession séparée, autrement appelés « biens réservés », notamment dans le régime de la communauté des biens.

La loi du 18 février 1938 va poursuivre cette évolution en consacrant la capacité civile de la femme à l'article 216 du Code civil « *la femme mariée à la pleine capacité de droit. L'exercice de cette capacité n'est limité que par le contrat de mariage et par la loi* ».

La loi du 22 septembre 1942 va confirmer la suppression de l'incapacité de la femme en diminuant les pouvoirs du mari sur les biens communs, et en augmentant par le fait même les pouvoirs de la femme. Elle organise un système de transfert en sa faveur de pouvoirs et de responsabilités sous tous les régimes (habilitations judiciaires, représentation légale). Ces mesures lui restituent les prérogatives dont elle était privée du régime spécifique, tout en lui accordant en outre des pouvoirs sur les biens du mari au moyen de la représentation conventionnelle.

2- Une liberté professionnelle à l'épreuve des réalités socioculturelles au Cameroun

Historiquement, la question de la liberté professionnelle du mari n'a jamais connu de difficulté, ni posé de problème, il n'y a jamais eu d'obstacle à l'exercice par le mari d'une profession séparée. D'ailleurs, depuis la nuit des temps, l'exercice d'une profession par le mari est une obligation, signe de virilité dans les valeurs culturelles traditionnellement et sociologiquement partagées, puisque c'est lui qui, nécessairement, supporte à titre principal les charges du mariage[73].

L'évolution française est reçue au Cameroun en raison des liens historiques de la colonisation. Cette dernière avait rendu applicable au Cameroun le Code civil de 1804, qui, malheureusement, n'a pas été révisé après l'indépendance.

La liberté professionnelle de la femme étant désormais consacrée, la loi du 22 septembre 1942 sera parachevée par celle de 1943, qui lui reconnaît des pouvoirs financiers. La liberté professionnelle devient bilatérale. Elle va conforter l'indépendance de la femme et lui donner de véritables pouvoirs et

[73]Article 214, alinéa 2 du Civil civil.

une responsabilité accrue dans la coordination de la vie et la gestion courante du ménage. C'est cet état du droit que le système juridique camerounais contemporain hérite en 1960, année de l'indépendance. Il est renforcé en droit interne par l'exigence théorique de l'autorisation maritale du mari lorsque la femme, dans l'intérêt de la famille, envisage de travailler. Ce droit est encore en vigueur près de cinquante ans après.

En revanche au plan du droit traditionnel ou droit coutumier en général, la femme semble, selon les sciences anthropologiques et de l'histoire précoloniale de l'Afrique, jouir d'une certaine autonomie économique et professionnelle, et d'une plus grande liberté d'initiative en vertu du principe de la division traditionnelle du travail domestique entre l'époux, la ou les femmes et les enfants. Le professeur Joseph Ki-Zerbo observe à ce sujet qu'en réalité, les femmes jouaient de très grands rôles.

Le rôle économique d'abord en ce qu'elles disposaient de champs personnels qui n'étaient pas acquis en toute propriété, mais qui à titre d'usufruit leur permettaient de produire et d'accumuler à leur propre niveau. Et les fruits de leurs exploitations leur revenaient personnellement, tandis que les récoltes des grands champs étaient réparties sur décision du patriarche de la grande famille. Et l'accumulation des fruits au niveau personnel leur conférait des pouvoirs de gestion opérationnelle au quotidien. Le professeur historien appelle cela « *la division du travail entre le doyen, ordonnateur de dépense, les jeunes... et les femmes chargées de nourrir la famille* ». Ainsi, poursuit l'auteur, « *les femmes pouvaient avoir des biens personnels leur permettant de jouir d'une certaine autonomie* »[74].

En conséquence, l'exigence de l'autorisation maritale, encore insérée dans le Code civil et le droit interne de l'Ordonnance du 21 juin 1981, en dépit de la capacité civile retrouvée de la femme, aura pour conséquence, d'une part, la régression du statut matrimonial de la femme, et d'autre part, d'entrer en contradiction avec les prescriptions des Constitutions successives du Cameroun et particulièrement celle du 18 janvier 1996, qui consacre clairement que « *tout homme a le droit et le devoir de travailler* », et des conventions internationales ratifiées.

Que reste-t-il de ce principe, sa signification, ses conséquences sur les pouvoirs des époux et sa force juridique ?

B- La portée du principe de la liberté professionnelle des époux

La portée du principe peut être appréhendée à travers l'objet (***1***) et la nature de la profession (***2***).

---

[74] J. KI-ZERBO, op.cit. pp.137-139.

1- L'objet de la liberté professionnelle

Le choix libre de la profession. Il s'agit d'abord d'une liberté ou la faculté laissée à chacun de décider ou de choix de travailler ou de ne pas travailler, du choix de travailler dans la profession maritale ou en dehors de celle-ci.

Cette faculté qui est personnelle à un époux n'est pas sujette à l'autorisation du mari. Car c'est une décision personnelle qui peut être influencée par des facteurs autres ou objectifs, tels que les compétences, l'expérience, la formation, la culture... Le choix de travailler ou non est personnel, le mari ne saurait contraire la femme à travailler.

2- La nature de la profession

La liberté de choix d'une activité professionnelle porte sur la nature de la profession, qui est ici indifférente. La loi ne faisant aucune précision ni exigence.

Pour ce qui est de la nature de la profession séparée de la femme commune en bien, la loi est indifférente quant à la nature de la profession que peut exercer la femme. Selon la doctrine, il peut s'agir d'une profession commerciale, libérale, contractuelle, ou encore de la fonction publique, à condition que les conditions d'accès ou de recrutement soient les mêmes pour tous. L'absence de critère de discrimination quant à l'accès à la profession permet de dire que le Code civil applicable et la loi de 1992 portant code du travail ou le statut général de la fonction publique sont conformes à la loi du 18 février 1996 portant Constitution du Cameroun. En effet, celle-ci consacre le droit au travail comme un droit fondamental et constitutionnel et l'égalité d'accès[75].

La profession doit être considérée de manière large et englobante, en incluant le travail en collaboration dans l'activité du conjoint (contrat de travail entre époux, création d'une entreprise commerciale conjointement, statut du conjoint dans l'exploitation, statut du conjoint dans le secteur de l'artisanat, activité artisanale), ainsi que le choix d'exercer une profession distincte de l'activité du conjoint. Il est temps de remettre en question l'article 74, alinéa 1 de l'ordonnance de 1981, qui se limite à la « profession séparée ».

[75] Cela explique qu'aujourd'hui, les femmes sont de plus en plus présentes dans tous les corps de métiers qui autrefois étaient exclusivement réservés aux hommes, tels les métiers de mécanicien, soudeur, soldat, avocat, magistrat, chauffeur, agriculteur, pilote, scientifiques, professeur, etc. Et les statistiques sur l'évolution des flux d'accès dans l'enseignement supérieur au Cameroun montrent que la proportion des jeunes filles qui accèdent en première année est supérieure au nombre de jeunes garçons. cf. Annuaire statistique de 2009 et 2011 du Ministère camerounais de l'Enseignement Supérieur.

Toutes les formes de collaboration qui dépassent les limites de la simple obligation de secours entre époux doivent être considérées comme un travail en commun ou en collaboration.

Mais, comme on peut le comprendre, la difficulté ici réside dans la preuve de cette collaboration dépassant la limite de l'exercice de l'obligation de contribution ou du secours d'une part et dans l'évaluation de cette collaboration (ce serait une forme de prestation compensatoire fondée sur l'enrichissement sans cause, la répétition de l'indu, etc.)

Quelques solutions ont été dégagées tant en doctrine qu'en ce qui concerne la collaboration d'un époux à l'activité de l'autre. La doctrine s'accorde pour dire que celle-ci est considérée comme une contribution en nature aux charges du mariage, ou comme l'exécution de l'obligation de secours entre époux. Toute la différence se situe au niveau de l'évolution d'une telle collaboration d'une part et au niveau de la preuve d'autre part, notamment lorsque les limites de la simple aide sont dépassées.

Cette collaboration peut prendre plusieurs formes, notamment celle d'un contrat de travail entre époux, d'un contrat de société entre époux, ou encore celle d'un statut spécifique, comme l'hypothèse du conjoint d'un exploitant agricole, de l'exploitant agricole lui-même, ou de l'artisan collaborant à l'activité de l'autre.

Dans ce dernier cas, il existe en droit comparé français des systèmes de protection des conjoints de l'exploitant agricole et de l'artisan consacré par les lois de 1981 et 1982.

En droit camerounais, la loi du 14 août 1992 portant code du travail, qui précise les conditions de formation du contrat de travail entre l'employeur et l'employé, ne mentionne pas le critère du sexe ni celui du statut personnel ou des relations personnelles autres que celles liées au travail.

Ce silence peut être interprété de manière favorable, dans le sens de l'admission du cas de travail même entre époux, parents, etc., car, là où la loi ne distingue pas, nul n'a le droit de distinguer.

La jurisprudence semble d'ailleurs admettre l'existence et la validité du contrat de travail entre époux, mais à condition qu'une preuve en soit apportée. C'est à l'époux qui invoque ce contrat de prouver son existence, sauf si la charge de la preuve est renversée[76].

Divorce d'un polygame avec l'une de ses épouses qui collaborait au-delà de la limite d'aide à son entreprise. Celle-ci va demander une indemnisation pour lui avoir servi durant le mariage. Le juge de la cour d'appel saisi en second recours a rejeté cette prétention de la dame au motif qu'elle n'avait pas

---

[76] C.A Bafoussam arrêt du 13 octobre 1977.

rapporté la preuve de sa collaboration ou alors que les éléments de matérialité de celle-ci étaient insuffisamment rapportés. La femme s'était appuyée sur le fait que, durant son mariage, elle avait participé à la direction de la scierie et entreprise commerciale de son mari, de laquelle il tirait l'essentiel de ses revenus pour la survie de toute sa famille, coépouses et enfants. Car, de son côté, le mari prétendait que c'était un privilège, une faveur particulière qu'il lui faisait parce qu'elle était la plus aimée, par rapport aux autres coépouses.

Cette affaire appelle un certain nombre d'observations, au-delà du point soulevé :

- Elle pose clairement que les rapports privés, intimes, personnels, le lieu familial de parenté ou le lieu conjugal ne saurait constituer un obstacle à l'activité économique entre membres de la famille, ni à leur implication dans les mêmes relations d'affaires. Par conséquent, ce lien ne peut pas non plus mettre en danger l'existence ou la validité d'un contrat de travail entre époux ou parents, etc. Les précautions nécessaires se trouvent ailleurs. Et dans ce sens, le juge fait une interprétation exacte de la loi 92, il ne distingue pas, il ne va pas au-delà.
- **La liberté des affaires** : l'admission du contrat de travail entre membres d'une même famille, parents ou époux présente des avantages matériels et juridiques certains pour la collectivité d'une part (elle participe au développement du tissu économique et des affaires) et dans l'intérêt du ménage d'autre part (au plan fiscal, économique ou financier, au plan social face au problème du chômage et de la protection sociale…).

Dans une autre espèce, un époux a déclaré sa femme à la CNPS comme étant son employée, sa femme de ménage à domicile dans le but de lui permettre de bénéficier de la protection sociale. L'obligation de prouver la collaboration d'un époux peut être évitée grâce au mécanisme de la présomption en faveur de l'époux qui affirme avoir collaboré. Cette technique, qui vise à renverser la charge de la preuve sur celui ou celle qui conteste, est inacceptable. – La présomption permet de dire et d'admettre que la collaboration professionnelle entre époux ou parents peut se faire selon des modalités formelles (travail écrit) ou informelles (travail verbal sans écrit). Cette deuxième option tiendrait compte de la qualité du personnel entre époux ou parents, fait de confiance, d'intimité et de désir d'épanouissement individuel, ce qui n'est pas toujours favorable à l'établissement d'un écrit, notamment pour la femme.

La présomption permet de protéger les intérêts de la partie la plus vulnérable. Cependant, la décision du juge peut être remise en question, car cette question émerge dans le contexte de la polygamie et doit être évaluée en fonction de la situation globale de ce foyer. Bien que cette dame ait bénéficié de faveurs ou de privilèges en participant à la direction de l'entreprise et en contribuant à l'enrichissement de son époux, chef d'autres ménages, elle n'en a pas moins contribué à titre principal.

Discussion libre : S'agissant de la collaboration entre époux dans l'exercice d'une activité commerciale, le droit communautaire des affaires apporte des clarifications. (cf. Travail personnel de l'étudiant : Bien vouloir relire Droit commercial général, et Droit des sociétés OHADA).

II- Les modalités d'application du principe

Le principe de la liberté professionnelle s'applique quant à l'assiette de la liberté (*A*) quant au domaine (***B***).

A- L'assiette de la liberté professionnelle

Jusqu'où peut-on aller ? Quelles sont les limites du principe de la liberté professionnelle ? Nous devons envisager les conséquences ou les prolongements de cette liberté professionnelle accordée au couple marié, et plus particulièrement à la femme. La vérité est que l'époux, et spécialement la femme mariée qui travaille, se voit reconnaître par la loi des pouvoirs spécifiques qui sont les corollaires de la capacité professionnelle. Ces pouvoirs s'ajoutent donc à ceux qui sont reconnus à tous les époux en dehors de la vie professionnelle. Les pouvoirs qui découlent de la capacité professionnelle présentent un intérêt à la fois pour les besoins de la profession dans sa mise en œuvre, et dans l'intérêt du ménage. Ces pouvoirs sont de deux ordres : les pouvoirs financiers d'une part et les pouvoirs d'administration d'autre part. Ils sont aussi reconnaissables à l'époux qui dispose des revenus personnels.

Les pouvoirs financiers : au-delà de la vie professionnelle, la loi reconnaît à chacun des époux, des pouvoirs dans le cadre du régime matrimonial primaire. Ceux-ci sont inégalement répartis suivant qu'il s'agit du mari ou de la femme.

S'agissant de la femme, nous avons vu que ses pouvoirs sont des pouvoirs de substitution, ou secondaires, qui ne sont mis en œuvre qu'en représentation du mari qui se trouve dans l'impossibilité de les exercer (sauf hypothèse de mandat conventionnel).

Quel que soit leur fondement, les pouvoirs financiers reconnus à la femme constituent un contre-pouvoir à la gestion du ménage principalement confiée au mari.

1- Les pouvoirs de perception des gains et salaires

La loi reconnaît à l'époux qui travaille le pouvoir et le droit de percevoir librement ses salaires, fruit de ses efforts personnels, et de les conserver. C'est une loi de 1907 qui instituait le principe du libre salaire de la femme mariée.

Cette prérogative lui garantit le monopole de conservation et d'utilisation de ses rémunérations ; il peut alors les conserver par-devers lui, ou les déposer dans un compte bancaire, les thésauriser.

2- La liberté de gestion des ressources financières

L'époux salarié, tout comme celui qui dispose des ressources personnelles, dispose des prérogatives de gestion autonome. Ces prérogatives tirent leurs fondements des articles 222 du Code civil et 75 de l'ordonnance de 1981 portant organisation de l'état civil et diverses dispositions relatives à l'état des personnes physiques. Il peut s'agir :

Le droit de se faire ouvrir un compte bancaire en son nom propre. Dans ses termes, la loi vise certes la femme, car c'est elle qui est concernée pour cette dévolution. Article 222 : « *lorsque la femme à l'administration et la jouissance de ses biens personnels, ou les biens réservés qu'elle acquiert par l'exercice d'une activité professionnelle, elle peut se faire ouvrir un compte courant en son nom propre...* » Le texte poursuit en des termes plus précis en reconnaissance aux pouvoirs financiers de la femme mariée : « *lorsqu'elle exerce une profession séparée de celle de son mari, l'épouse peut se faire ouvrir un compte en son nom propre pour y déposer ou en retirer les fonds dont elle a la libre disposition* ».

C'est un droit financier qui lui est ici reconnu, une capacité financière.

Il n'est pas nécessaire que le mari soit notifié de l'ouverture d'un tel compte, comme c'est le cas pour le compte spécial ménager ou domestique. Elle n'a pas non plus besoin d'autorisation. La décision de se faire ouvrir un tel compte ou non ne relève que de sa volonté ; elle agit en vertu d'un pouvoir légal propre et non par représentation ou mandat. C'est un aspect dans la mise en œuvre de la capacité juridique de la femme. Il est consacré par l'article 216 du Code civil.

Selon l'article 222, il s'agit d'un « compte courant » sur lequel elle peut effectuer plusieurs opérations, obtenir un chèque et une carte bancaire, ou encore obtenir un crédit ou un concours bancaire, un découvert, rendre le solde débiteur, etc. Toutefois, la doctrine considère que la liberté financière permet également de se faire ouvrir tous les comptes de dépôt et de chèque, les comptes à terme et d'épargne, ou encore les comptes spéciaux de titres.

L'établissement de crédit ou le banquier, tiers, n'est pas, en réalité, tenu de contrôler ou d'exiger les justificatifs pour accéder à cette demande ;

notamment quant à l'origine des fonds (remis par le mari pour le ménage ou des fonds personnels), ou la preuve de l'autorisation préalable du mari. Tout refus de la part des tiers dans ce cas est constitutif de l'abus de droit. L'ouverture d'un compte bancaire confère à son titulaire, en l'occurrence la femme, le pouvoir de le faire fonctionner en y déposant ou en retirant ses fonds personnels. De plus, elle a le droit d'obtenir auprès de la banque les moyens de paiement nécessaires pour effectuer les opérations susmentionnées. L'article 75, alinéa 1 ordonnance de 1981, précise que « *la femme salariée peut se faire ouvrir un compte en son nom propre pour y déposer ou en retirer les fonds dont elle a libre disposition* ».

B- Le domaine d'application

Le principe peut s'appliquer au plan personnel (*1*) qu'au plan patrimonial (*2*).

1- Au plan personnel

Dans ce contexte, on peut remarquer que la liberté professionnelle renforce l'autonomie juridique des époux. Leur capacité à jouir et exercer leurs droits est donc considérablement accrue.

D'ailleurs, cela s'illustre par l'égalité des pouvoirs des pouvoirs et le renforcement de la responsabilité entre les époux. Par la même occasion, la solidarité et l'obligation aux dettes du ménage expriment les liens entre les époux et les tiers.

Enfin, du point de vue de la répartition des pouvoirs de gestion, la loi dit que les biens réservés sont soumis à l'administration et à la jouissance de la femme, ce qui implique en conséquence qu'ils sont soustraits de l'administration du mari[77]. Cette disposition est comparable à la situation de la femme qui, dans le régime de la séparation de biens, dispose de libres pouvoirs d'administration de ses propres. Cette disposition ne soulève guère de difficulté dans les régimes de séparation.

En revanche, elle constitue une entorse dans les régimes communautaires qui reconnaissent et attribuent les pouvoirs d'administration de la communauté et des biens propres de la femme au mari à titre principal, le mari étant, selon la loi, chef de famille et chef de la communauté[78]. Toutefois, à côté de la gestion unilatérale du mari, la loi admet la gestion indépendante en faveur de la femme commune en bien ; cette faculté institue une nouvelle catégorie de pouvoirs et de biens communs au sein même de la communauté,

[77] Art. 224 du Code civil dispose que : « Lorsqu'une femme exerce une profession séparée de celle de son mari, les biens acquis par l'exercice de son activité professionnelle sont sous tous les régimes, réservés à son administration et à sa jouissance pendant la durée du régime. Elle a sur les biens qui lui sont ainsi réservés les droits de disposition que la femme séparée de biens par contrat possède sur ses biens personnels ».

[78] Art. 1421, al. Code civil dispose : « Le mari administre seul les biens de la communauté ».

ainsi que la nécessité d'établir la preuve du caractère réservé d'un bien acquis grâce à ses gains et salaires.

À ce titre, l'article 224, alinéa 3 du Code civil applicable, dispose que l'origine et la consistance des biens réservés sont établies à l'égard de tiers et du mari par les modes de preuve de droit commun. Par ailleurs, en ce qui concerne le statut des biens réservés, la loi est claire. Elle précise que, sous tous les régimes de communauté, les biens réservés constituent des acquêts qui, selon la loi[79], sont soumis à la gestion séparée de la femme pendant la durée du régime ;

Cependant à la dissolution du régime, ils sont compris dans l'actif à partager, à moins que la femme ne renonce à la communauté. Et, dans le cas où la femme viendrait à renoncer à la communauté, elle conserverait ses biens réservés et ne supporterait pas les charges autres que celles dont ces biens sont grevés[80]. En revanche, la loi prévoit que, dans les régimes exclusifs de communauté, les biens réservés de la femme qui exerce une profession séparée restent propres à la femme. Toutes les charges grevant les biens réservés de la femme, ses propres, les propres du mari, de la communauté, les gains, salaires et économies sont fonction de la qualité des pouvoirs de la femme, quant aux actes juridiques qu'elle peut passer.

Dans certains cas, elle va agir sur la base de véritables pouvoirs propres en engageant sa responsabilité vis-à-vis des créanciers. Mais, dans d'autres cas, elle ne peut engager que la communauté et les propres du mari et, dans ce cas, elle ne vient qu'en représentation, notamment lorsque l'obligation est contractée dans l'intérêt de la famille.

La preuve du caractère commun des biens est aussi intéressante au moment de la dissolution de la communauté pour régler leur sort. Au terme de l'article 1492 du Code civil, la femme peut renoncer à la communauté et à tous ses effets, c'est une faculté. En conséquence, elle perd tous les biens communs.

2- Au plan patrimonial

C'est le problème du sort des biens réservés faisant partie de la communauté.

Selon l'article 224, alinéa 3, du Code civil, la preuve de l'origine et de la consistance des biens réservés est établie à l'égard des tiers et du mari par les modes de preuve de droit commun, notamment : écrits, acte notarié, titre de propriété, preuve testimoniale, possession d'état, acte sous seing privé, déclarations, etc. Et, dans ce cas, il est même admis que le tribunal puisse

---

79 Art. 225 al. 2

80 L'expression consacrée par la loi est « francs et quittes de toutes les charges autres que celles dont ils (entendue les biens réservés conservés par la femme renonçant à la communauté) sont grevés ».

ordonner une enquête auprès de ceux qui ont vu, entendu ou assisté à la conclusion des actes juridiques à l'origine de biens réservés (témoignages sur les faits…), pour en établir la preuve. Il ressort de cette analyse que les gains et salaires des époux en communauté de biens sont en réalité des biens de nature mixte. Ils sont communs au regard de l'obligation à la dette commune jusqu'à concurrence du montant de la contribution de chacun des époux, mais restent des biens ou ressources propres, soumis à la jouissance libre de chacun des époux. Il en est de même des biens réservés en ce qui concerne la femme mariée.

En revanche, la loi considère que les économies faites sur ces gains et salaires, les intérêts d'épargne et autres placements et arrérages des intérêts constituent des fruits qui tombent directement dans la communauté.

Autrement dit, la femme commune en bien dispose de l'usufruit, alors que la communauté dispose de la nue-propriété des gains et salaires et des biens réservés.

Section 2 : Les restrictions à la liberté professionnelle des époux

Il s'agit davantage des tempéraments, qui sont de plusieurs ordres ou degrés. On peut ainsi avoir pour l'essentiel les restrictions communes à tous les régimes matrimoniaux (***I***) et les restrictions à caractère spécial (***II***).

I- Les restrictions communes à tous les régimes matrimoniaux

La liberté professionnelle, bien que garantie, n'est pas absolue. Elle admet plusieurs restrictions. Ces dernières découlent pour l'essentiel du régime primaire (***A***) ; néanmoins, quelques restrictions sont propres au régime de la communauté des meubles et acquêts (***B***).

A- Les restrictions découlant du régime primaire

Les restrictions de la liberté professionnelle dans le régime primaire concernent d'une part, l'opposition maritale à l'exercice d'une activité professionnelle par la femme et ses conséquences (***1***), et aux restrictions au pouvoir de jouissance des ressources personnelles (***2***) d'autre part. Elles ont un caractère général et s'appliquent à tous les régimes de communauté et de séparation indifféremment.

1- L'opposition maritale à l'exercice d'une activité professionnelle par la femme et ses conséquences

En droit positif, la législation est claire. La liberté professionnelle de la femme est un droit et une liberté, mais qui souffre de restrictions. L'article 223 du Code civil et l'article 74, alinéa 1, de l'Ordonnance de 1981 stipulent que « la femme mariée peut exercer une profession séparée ». Il ne s'agit pas d'un droit fondamental, mais d'une faculté qui d'une certaine manière, reste sous le contrôle du mari, en tant que chef de famille. Cette compréhension est cependant désormais inadaptée dans le contexte socioéconomique actuel, puisque ces dispositions sont devenues désuètes en regard du droit international relatif aux droits de la personne (CEDEF et Convention internationale de 1966 sur les droits économiques, sociaux et culturels), ainsi qu'en regard de la Constitution de 1996. Le travail et les droits qui y sont rattachés constituent une créance, un droit de créance à l'égard de la société, mais aussi du mari. Sa violation est une atteinte à l'égalité des genres.

L'article 223, alinéa 1 du Code civil, dispose à cet effet que « *la femme mariée peut exercer une profession séparée de celle de son mari, à moins que ce dernier ne s'y oppose* ». Et l'article 74, alinéa, 2 de l'Ord.1981, d'ajouter que « *le mari peut s'opposer à l'exercice d'une telle profession dans l'intérêt du ménage et des enfants* ». L'opposition du mari doit être justifiée par le souci de protection de l'intérêt de la famille mis en péril par l'exercice d'une profession par la femme. Il peut s'agir des professions qui ne laissent pas le temps à la femme de remplir ses obligations conjugales, ménage. Exemples : Matelot, VRP qui exige des déplacements réguliers et donc une absence quasi permanente de son foyer…

Toutefois, la mise en œuvre de la faculté d'opposition du mari nécessite une procédure judiciaire d'urgence, comme le prévoit l'article 74, alinéa 3, de l'Ord. 81. Le juge compétent saisi dispose d'un délai de 10 jours pour rendre sa décision après audition obligatoire des époux. Le juge apprécie si l'intérêt de la famille est ou non en péril, incompatible, inconciliable. Si la demande du mari demandeur s'avère non justifiée ou insuffisante, la femme peut être judiciairement habilitée à passer outre cette opposition. Les engagements pris dans l'exercice de cette profession resteront valables, selon l'article 223, alinéa 2 du Code civil (protection des créanciers). Autrement dit, toute opposition faite en dehors de la procédure est abusive, et constitue de la violence à l'égard de la femme mariée.

En revanche, si, en raison de l'exercice de sa profession, la femme manque gravement de ses devoirs et met en péril les intérêts du ménage, le juge peut lui interdire l'exercice d'une telle profession. Les engagements ou actes accomplis pendant cette profession et pour lesquels les créanciers avaient reçu l'opposition au moment où ils traitaient avec la femme sont nuls à l'égard du mari, chef de famille, selon l'article 223, alinéa 2, du Code civil.

2- Les restrictions au pouvoir de jouissance des ressources personnelles

La liberté professionnelle reconnue aux époux, et particulièrement à la femme, ne pouvait devenir effectivement, sans les pouvoirs financiers et l'autonomie de gestion de ses revenus professionnels. La liberté de gestion consécutive des revenus du travail implique, pour l'époux salarié, la faculté de prendre librement des décisions sur la gestion de ses ressources personnelles, de les économiser, les dépenser ou disposer ou non ses gains et salaires. Ce n'est que de cette manière que l'article 216 du Code civil relatif à la capacité juridique peut effectivement se manifester dans la vie de la femme. Selon l'article 216, alinéa 2 du Code civil, la capacité juridique de la femme ne peut être restreinte que par la loi ou par le contrat de mariage.

C'est ainsi que la jouissance libre des revenus professionnels par l'époux et la femme est assujettie à l'obligation de contribution aux charges du mariage. Les articles 214, alinéa 3 du Code civil et 75, alinéa 1 de l'Ordonnance 1981 sont sans équivoque sur ce point. Le premier article, précisant les modalités de la contribution de la femme mariée aux charges du ménage, parle des prélèvements que la femme doit faire sur ses ressources dont l'administration lui est réservée, pour contribuer aux charges du ménage (article 214, alinéa 3 C. civ). Ces ressources personnelles sont de deux catégories : les gains et salaires et les bénéfices produits par les gains et salaires et les biens propres de la femme.

L'article 75, alinéa 1, ordonnance de 1981, précise que « *lorsqu'elle exerce une profession séparée de celle de son mari, l'épouse est tenue à contribuer aux frais du ménage* ». Commandés par l'intérêt de la famille, et de caractère d'ordre public, les époux ne peuvent déroger par convention à cette obligation qui pèse sur leur tête ; cette charge vient amenuiser l'étendue de la liberté de jouissance par la femme sur ses revenus professionnels et rétablir une certaine égalité dans l'ordre des obligations ménagères par rapport au mari. La loi consacre la réciprocité de l'obligation de contribution aux charges de mariage qui, autrefois, fut à la charge exclusive du mari, et sanctionne tout refus de contribution de la femme ou du mari par la condamnation à la pension alimentaire même en cas de simple relâchement du lien matrimonial. La violation de l'obligation de contribution constitue en droit pénal l'infraction d'abandon de famille.

B- Les restrictions découlant du régime de la communauté

Les restrictions au régime de la communauté des meubles et acquêts sont aussi variées dans leur assiette (*1*) et peuvent être étendues à d'autres matières (*2*).

1- La nature diversifiée des restrictions propres à la communauté

Les notions de gains et salaires des époux doivent, selon la doctrine, être largement entendues. Il faut considérer toutes les rémunérations que les époux perçoivent séparément ou en commun, ou encore l'un de l'autre, en contrepartie de l'exercice d'une profession séparée ou commune, commerciale, agricole, artisanale, libérale, salariée (travail rémunéré) ou non (chef d'entreprise, profession libérale, auteur d'œuvres de l'esprit (brevet d'invention artistique, droits d'auteur, etc.).

Si la question du statut de ces gains et salaires des époux ne se pose pas dans le cadre du régime de la séparation des biens où chacun des époux est libre de percevoir et de gérer à sa guise ses revenus et ses salaires, tel n'est pas le cas dans le régime de la communauté des biens. La détermination du statut des gains et salaires ou des revenus personnels des époux mariés sous le régime de la communauté des biens présente un intérêt particulier, non seulement dans la relation entre époux quant aux pouvoirs, mais aussi à l'égard des tiers cocontractants, comme l'illustre bien la situation des gens mariés sous le régime de la communauté de meubles et acquêts du Code civil napoléonien.

L'institution des biens réservés de la femme : ce sont les biens acquis avec les gains et salaires ou revenus des propres de la femme pendant le mariage et laissés à son administration et à sa jouissance pendant la durée du mariage. La loi, article 224, alinéa 2 du Code civil, précise que « *la femme mariée commune en bien a sur les biens qui lui sont aussi réservés, les droits de disposition que la femme même séparée de bien possède sur ses biens personnels* ».

Ces biens réservés sont ceux acquis avec les gains et les salaires perçus par la femme mariée à l'occasion de l'exécution d'une profession, mais également avec des économies réalisées sur ces revenus professionnels, ou encore en échange d'un bien réservé ou avec le prix de vente de ce bien en application du principe de la subrogation réelle.

Cette institution a été créée en faveur de la femme mariée qui travaille et non du mari qui travaille (c'est pourquoi il est parfois difficile d'interpréter ces dispositions comme étant valables à l'égard de tous les époux, mari et femme elles ne sont pas animées par le même souci). *Sur la preuve de l'origine, il est clair qu'il doit s'agir des rémunérations des professions (salariées ou indépendantes). Ici des présomptions peuvent intervenir sauf à prouver que les sommes utilisées ne provenaient pas de l'action professionnelle, mais qu'elles avaient été remises par le mari en exécution de la contribution. Là encore, il faut être dans les conditions idoines à la production de ces preuves.

Composition des biens réservés : les biens réservés constituent un véritable patrimoine qui comprend à la fois les éléments actifs et passifs.

L'actif comprend tous les biens acquis par la femme au moyen de ses gains et salaires perçus, ses économies, ses comptes bancaires alimentés par les fruits de ses activités professionnelles, les outils de travail (fonds de commerce, profession libérale, œuvre de l'esprit servant de support de travail…). Le passif se compose de toutes les dettes nées de la femme dans l'exercice de sa profession,

L'autonomie professionnelle reconnue aux époux leur confère au-delà des droits et pouvoirs financiers certains, des pouvoirs d'administration ou de gestion des fruits du travail. La femme qui travaille peut librement percevoir son salaire. Elle peut décider librement de le conserver en banque ou non, en ouvrant un compte bancaire en son nom propre, un compte courant, un compte d'épargne, un compte conjoint entre époux, d'économiser, de capitaliser, ou de compter des titres.

Les biens acquis grâce à ces salaires sont soumis à son administration et sa jouissance (voiture, maison…) sous tous les régimes conformément à l'article 224 du Code civil. Elle a la liberté d'administrer, de gérer et de jouir de cette catégorie de biens. Ainsi, avec ses salaires, elle a la faculté d'effectuer des actes de préservation (épargne, tontine), de gestion (investissement, capitalisation, conversion en titre pour réaliser des bénéfices, acquisition, etc.) Elle doit aussi s'occuper des actes de disposition qui entrent dans son pouvoir d'administration. Si le régime est celui de la communauté des meubles et acquêts, alors les actes de disposition doivent être approuvés par le mari, chef de famille et chef de la communauté. Par conséquent, elle ne peut pas engager ces biens, les mettre en gage, encore moins, les hypothéquer en faveur de ses créanciers, sans le consentement de son mari, sous peine de dénonciation. Cette limitation vise à préserver le crédit du ménage ainsi que l'intérêt.

En somme, la liberté professionnelle reconnue à égalité aux époux confère à chacun et particulièrement à la femme de véritables pouvoirs financiers, de gestion et donc des pouvoirs économiques. L'autonomie professionnelle apparaît comme le cadre idéal, et le moyen de mettre concrètement en œuvre, la capacité juridique des époux et particulièrement de la femme mariée, consacrée par l'article 216 du Code civil.

2- Les autres restrictions aux pouvoirs de gestion des ressources professionnelles

Elles concernent d'une part la liberté de jouissance des revenus professionnels d'une part, et de l'exercice corrélatif du droit de poursuite des créanciers du ménager d'autre part.

L'extension du droit de poursuite des créanciers

L'article 225 du Code civil fait des biens acquis par la femme avec ses revenus professionnels et dont l'administration lui est réservée, un gage au droit de poursuite des créanciers de la femme et créanciers pour actes passés dans l'intérêt de la profession ou du ménage par la femme elle-même).

Et étant de gage aux créanciers du mari pour les actes accomplis dans l'intérêt du ménage. En conséquence, s'il est établi par le juge que l'acte n'entre pas dans cette catégorie, alors ces dettes ne sont pas opposables à la femme. En conséquence, la femme ne peut plus revendiquer l'administration totale des biens réservés.

Absence de règlementation des rapports professionnels des époux polygames. Il y a à la place, survivance de la coutume et expérience résultant des cas d'interventions de la jurisprudence, encore en construction.

II- Les restrictions à caractère spécial

Ces dernières sont relatives aux droits communautaires OHADA (A) et à l'hypothèse de la polygamie (B).

A- Les restrictions relatives au droit communautaire OHADA

La complexité de l'adéquation entre le droit des affaires et la liberté professionnelle des époux (*1*) et la difficile application du droit des sociétés (*2*).

1- La complexité de l'adéquation du droit OHADA et la liberté professionnelle des époux.

Le législateur camerounais semble faire allusion à certains égards (article 49 de l'ordonnance de 1981), tandis qu'à d'autres moments, il reste étonnamment muet ou insouciant. À titre de rappel, on peut citer : les limitations provenant du droit matériel de la qualité de commerçant. -les limitations générales à la liberté industrielle et commerciale (restriction de l'initiative d'exercice du commerce, de la création de sociétés, etc.).

Au terme de l'article 2 AUDCG, il est dit que la qualité de commerçant n'est reconnue qu'à ceux qui accomplissent les actes de commerce et qui en font une profession habituelle. L'AUDCG donne la liste des actes de commerce aux articles 3 et 4. L'article 3 AUDCG ajoute que « *nul ne peut accomplir les actes de commerce à titre de profession habituelle, s'il n'est juridiquement capable d'exercer le commerce* ». Cela implique qu'il faut déjà avoir la capacité juridique pour exercer le commerce. Les conditions pour avoir cette capacité sont prévues par l'Acte uniforme et les lois nationales non contraires : — capacité physique : — immatriculation au RCCM ; — absence d'incompatibilité, absence d'interdiction.

L'article 7, alinéa 2, AUDCG dispose que « *le conjoint d'un commerçant n'aura la qualité de commerçant que s'il accomplit les actes de commerce à titre de profession habituelle, et séparément de ceux de son conjoint.* »

Il en ressort de l'interprétation conjuguée de ces dispositions que la loi consacre la liberté d'exercice du commerce, mais que cette liberté n'est pas absolue. Il existe des conditions, la loi n'exclut donc pas la femme mariée en la distinguant séparément, celle-ci peut devenir commerçante si elle réunit les conditions des articles 2, 6 et 7 AUDCG et si elle réunit les conditions de forme (immatriculation au RCCM).

2- La difficile application du droit des sociétés

La loi dit que le conjoint d'un commerçant ne peut pas avoir la qualité de commerçant s'il se limite à la simple collaboration dans le commerce de l'autre.

Pour devenir commerçant, il doit accomplir les actes de commerce à titre de profession habituelle et séparément de ceux de son époux. De même, en cas d'exercice en commun du commerce par les deux époux, l'un ou l'autre est alors réputé commerçant (et non plus le mari).

La validité d'une société entre époux : En matière de droit des sociétés : le principe est que la société entre les époux est valable. Mais il existe des restrictions. De plus, l'article 9 de l'AUSCGIE n'interdit pas aux époux d'être associés d'une société. Mais, il restreint cette liberté en disposant que « *deux époux ne peuvent être associés d'une société dans laquelle ils seraient tenus des dettes sociales, indéfiniment ou solidairement* », et une société qui leur confère à tous les deux la qualité de commerçant, car la loi exige, dans ce cas, que le commerce soit séparé. Les époux ne peuvent donc pas être associés du SNC ou commandités de SCS. En revanche, il peut être actionnaire d'une S.A., associés d'une SARL, commanditaire d'une SCS ou l'un commandite et l'autre commanditaire d'une SCS.

B- L'hypothèse de la polygamie

La polygamie est l'option matrimoniale de principe en droit camerounais. Cette source de difficulté (1) concerne la gestion patrimoniale de la famille et la mise en œuvre du régime matrimonial (2).

1- Une source de difficultés

Le problème peut encore être rendu délicat dans l'hypothèse de la polygamie ou de la polygynie constituées de plusieurs unions ou mariages, parfois célébrés à la même date, formant des communautés successives, susceptibles d'être financées par plusieurs salaires également.

Dans ce cas, il s'agit de déterminer si ces revenus professionnels constituent des biens communs ou propres, afin de régler les questions de répartition du pouvoir et de contribution aux dettes communes.

2- La mise en œuvre du régime matrimonial

En attendant de voir les règles complémentaires propres au regard de la communauté, l'on peut déjà, à l'analyse de celles du régime primaire, qui sont d'ordre public, dégager un certain nombre de principes communs :

Les gains et salaires d'un époux et donc de la femme en particulier sont régis par le principe de la liberté ; On parle encore du principe du libre salaire. L'article 224, alinéa 2, du Code civil et l'article 75, alinéa 1, de l'ordonnance 1981 consacrent cette liberté en ce qui a trait au salaire de la femme.

Elle peut librement le percevoir, librement décider de l'économiser ou de le dépenser ou d'en jouir. En conséquence, les parties ne peuvent pas y déroger par des cautions particulières, sous peine de nullité, sauf si la loi les y autorise.

Même la jurisprudence comparée semble ne pas remettre ce principe en cause, comme il ressort d'une espèce ancienne où la donation faite par un mari à sa concubine au moyen de ses salaires avait été jugée valable. Cf. CA Paris, 1er novembre 1974, D 1975, P 614, JCP, 76 II, n° 18412.

Conclusion du chapitre 2

Les revenus du travail constituent aujourd'hui la principale source de richesse des ménages. Le droit positif n'a cessé de promouvoir l'autonomie professionnelle des époux, celle de la femme mariée, car le mari a toujours eu la liberté d'exercice de son activité professionnelle. La liberté de la femme est de plus en plus affirmée à travers des instruments internationaux prônant les droits de l'homme et l'égalité du genre. Elle reste limitée par l'intérêt du ménage et les pratiques socioculturelles.

Conclusion du titre 1

Les règles de codirection du ménage expriment la volonté du législateur d'exiger des époux la collaboration dans la bonne du ménage et la famille. Il s'agit d'une atténuation de l'inégalité structurelle du régime matrimonial. De plus en plus, le droit des régimes matrimoniaux est imprégné des principes des droits de l'homme et des libertés fondamentales, lesquels permettent à la femme d'assumer son indépendance économique au sein du foyer pour son épanouissement personnel et celui de sa famille. Toutefois, le manque de réforme et certaines pratiques coutumières rendent la situation complexe.

TITRE 2 :

LA DÉTERMINATION DU RÉGIME MATRIMONIAL

Le régime matrimonial fixe la propriété des biens et, par là même, les pouvoirs des époux sur leur patrimoine. Si le régime matrimonial est obligatoire en mariage, il n'existe qu'en mariage. Les concubins, quelle que soit la durée de leur vie commune, ne sont pas soumis à un régime matrimonial. Leurs rapports pécuniaires sont réglés par d'autres mécanismes. La détermination d'un régime matrimonial est fondamentale pour la stabilité même du couple. Il obéit à deux types de critères qui sont en rapport finalement avec la conception que l'on peut faire du mariage. Selon une vision classique, romantique ou exagérée, le mariage est perçu comme une dévotion totale. Le mariage crée des liens si étroits entre les époux qu'ils seraient presque indissociables (deux en un selon la Sainte Bible). De cette conception traditionnelle, on dira qu'« *on se marie pour le meilleur et pour le pire* ». Au plan patrimonial, la communauté de vie doit s'accompagner d'une communauté de biens. L'on doit gérer alors en commun et dans la bonne intelligence le patrimoine du ménage à l'accroissement duquel chacun des époux doit contribuer.

En droit camerounais, le régime matrimonial peut être déterminé en deux manières : par la volonté des époux dans le cadre d'un contrat de mariage ou par la loi en l'absence de toute volonté.

Lorsqu'il est déterminé par les époux eux-mêmes, on parle alors de contrat de mariage ou de régime conventionnel. Le contrat de mariage est le cadre juridique dans lequel les époux établissent librement et à leur guise les règles qui régissent leurs biens. Ces règles concernent la composition et l'assiette des biens, les pouvoirs d'administration ou de gestion, ainsi que les règles d'attribution et le règlement du sort de ces biens au moment de la dissolution du régime.

À cet effet, la loi fixe les conditions de formation de ce type de contrat d'une part, et propose aux futurs époux, des modèles de régimes ou de clauses qu'ils peuvent adopter ; ces modèles se classent en deux grandes catégories, les régimes communautaires et les régimes séparatistes. Le régime matrimonial établi dans ces conditions est un régime conventionnel. La loi propose aux époux, propose une panoplie de régimes, qu'on les regroupe en deux catégories : les régimes communautaires et les régimes séparatistes. On envisagera d'une part, le principe de la liberté des conventions matrimoniales (***chapitre 1***) et d'autre part, la mutabilité possible du régime matrimonial (***chapitre 2***).

CHAPITRE 1 :

LE PRINCIPE CARDINAL DE LA LIBERTÉ DES CONVENTIONS MATRIMONIALES

Au-delà des règles élémentaires qui forment le régime matrimonial primaire en tant qu'effet direct et impératif du mariage, le législateur donne aux époux la possibilité de déterminer leur régime matrimonial. Car le mariage repose avant tout sur le sérieux de l'amour, l'expression du consentement et les engagements réciproques qui s'ensuivent. Afin de leur prévenir des crises futures, les époux sont appelés à définir les règles qui vont régir leurs biens spécifiques, en déterminer le statut, assurer la répartition des pouvoirs sur tel bien et tel autre, et la manière dont ces biens pourront être répartis au sortir du mariage. Autrement dit, le législateur en droit camerounais a intégré le principe de la liberté, permettant ainsi aux futurs époux de prendre leurs responsabilités.

Quel sens peut-on donner au principe de la liberté des conventions matrimoniales. Jusqu'où les futurs époux peuvent-ils aller. Et quelles sont éventuellement les conséquences au cas où les futurs époux négligent d'exercer leur liberté des conventions matrimoniales ?

Aussi convient-il d'examiner, dans un premier temps, le sens du choix du régime matrimonial (**section 1**), puis dans un second, le caractère statutaire et impératif des règles de formation du contrat de mariage (**section 2**).

Section 1- La signification du choix du régime matrimonial en droit camerounais

Le droit camerounais, à l'instar des autres systèmes juridiques de par le monde, et dans l'espace francophone particulièrement, n'impose pas aux époux tel ou tel régime matrimonial. Ceux-ci restent au contraire, libres d'établir le régime matrimonial qui convient à leurs intérêts et à leurs préoccupations spécifiques et propres. On parle donc de la liberté des conventions matrimoniales qui implique le libre choix du régime matrimonial.

Ce principe est affirmé par l'article 1387 du Code civil, qui stipule que « *la loi ne régit l'association conjugale, quant aux biens, qu'à défaut de conventions spéciales, que les époux peuvent faire comme ils le jugent à propos, pourvu qu'elles ne soient pas contraires aux bonnes mœurs...* ».

Toutefois, des difficultés d'appréhension de la réalité et la signification de liberté des conventions matrimoniales peuvent se poser dans l'hypothèse où on est en présence du mariage polygamique. Au-delà de cette réalité, l'appréhension du principe s'articule autour de l'étendue du choix (**I**) et de certaines restrictions *(***II***)*.

I- L'étendue de la liberté de choix du régime matrimonial

La liberté des conventions matrimoniales reconnue aux époux vise avant tout le choix d'un régime matrimonial. Mais, les époux, plutôt que d'opérer un choix de régime (***A***), peuvent aussi opter pour des conventions annexes ou des clauses qui vont leur permettre d'aménager le régime matrimonial choisi ou d'en fabriquer un régime taillé sur mesure (***B***).

A- Le domaine du choix de son régime matrimonial

La liberté de choix du régime est affirmée par l'article 1387 du Code civil. Il s'agit de la liberté de choisir parmi les régimes proposés par la loi. L'objet du choix est multiple. Le législateur propose divers modèles ou régimes types, parmi lesquels les époux peuvent exercer ou opérer librement leur choix. Ce dernier peut être soit le régime légal (***1***), soit le régime conventionnel (***2***).

1- L'objet du choix du régime légal

À travers le régime légal, le législateur accompagne les époux dans l'exercice de leur liberté dans l'intérêt de la famille cellule de base de la société. À cet effet, le législateur facilite la tâche aux futurs époux en leur proposant des modèles de régimes matrimoniaux. Ainsi, ils peuvent choisir la communauté légale, la communauté conventionnelle réduite aux acquêts, la séparation des biens, la participation aux acquêts, le régime sans communauté, communauté à titre universel. Les époux peuvent aussi choisir de soumettre leurs biens aux règles de la communauté des meubles et acquêts, qui est le régime légal. Le choix des époux peut aussi porter sur un régime inspiré d'un système étranger, ou combiner les règles de plusieurs régimes pour en fabriquer un correspondant à leurs intérêts. Il est possible de s'interroger sur les régimes de la jurisprudence camerounaise[81], tels que la communauté sous condition participative, la communauté rémunératoire ou la communauté atomisée, en ce qui concerne la polygamie. La question est de savoir quels sont les traits qui permettent de les distinguer les uns des autres. Les futurs époux ont besoin de connaître les différences entre les régimes pour prendre une décision éclairée.

---

[81] C.S. arrêt no 23/CC du 1 3 déc 1 979, aff. Lantum, Tendances jurisprudentielles, p. 95.

2- L'exercice du choix du régime conventionnel

En reconnaissant aux futurs époux le droit et la liberté de choisir leur régime matrimonial, ce choix ne peut s'exercer que dans le cadre d'une convention ou par contrat de mariage. La loi a prévu plusieurs régimes parmi lesquels les époux peuvent opérer leur choix ou à partir desquels ils peuvent fabriquer un autre régime matrimonial propre, comme mentionné plus haut. Ces modèles de régimes sont prévus par la loi et les époux sont libres de choisir ceux dits conventionnels. Certains sont de type communautaire, alors que d'autres sont de type séparatiste.

Conformément à l'article 1 497 du Code civil, « *les époux peuvent modifier la communauté légale par tout type de convention, à condition qu'elle ne soit pas en contradiction avec les articles 1 387, 1 388, 1 389 et 1 390* ». Cela signifie que lorsqu'ils choisissent leur régime matrimonial, les époux ont la possibilité de modifier le régime de la communauté légale en incluant des dispositions sur la composition de la communauté ou sur sa liquidation et son partage.

B- L'extension de la liberté de choix par l'adaptation d'un régime matrimonial aux préoccupations personnelles

L'exercice de la liberté de choix implique que les époux peuvent aménager leur régime de manière à l'adapter à leurs intérêts propres. Le libre choix du régime matrimonial par les époux peut aussi s'exercer par la combinaison des dispositions de plusieurs régimes types. Et plusieurs modalités sont proposées aux époux dans le cadre des régimes conventionnels.

Ainsi, la loi admet que les époux peuvent modifier le régime légal par toute espèce de convention non contraire aux articles 1387, 1388, 1389, 1390 du Code civil applicable[82] qui fixe les règles d'ordre public.

Ils peuvent donc à travers des clauses particulières, tout en tenant compte des dispositions d'ordre public ci-dessus visées, modifier le régime légal. Le Code civil propose une palette de modèles de principales clauses que les époux peuvent adopter, selon qu'ils optent pour la communauté ou pour la séparation des biens (*1*). Ces clauses particulières déteignent sur l'ensemble des dispositions conventionnelles et permettent de former une catégorie de régime matrimonial spécifique (*2*).

---

[82] Selon l'article 1497 du Code civil en vigueur, « les époux peuvent modifier la communauté légale par toute espèce de conventions non contraires aux articles 1387, 1388, 1389, et 1390 » qui fixent les règles d'ordre public. »

1- Les clauses adaptées à chaque type de régime

Les clauses adaptées aux régimes de communauté des biens

En considérant les principales clauses prévues par l'article 1497 du Code civil, les époux peuvent adopter les régimes conventionnels de communauté suivant plusieurs hypothèses :

– La communauté n'embrassera que les acquêts ; c'est le régime de la communauté réduite aux acquêts de l'article 1498, 1499, 1502 et 1504 du Code civil tel qu'il est applicable. Le mobilier présent ou futur n'entrera point en communauté, ou n'y entrera que pour une partie. C'est le régime de communauté excluant totalement ou partiellement le mobilier des articles 1500-1504 du Code civil.

– La communauté ne comprendra que tout ou partie des immeubles présents ou futurs par la voie de l'ameublissement. Dans ce cas, c'est le régime de communauté avec clause d'ameublissement prévu par les articles 1505-509 du Code civil.

Pour ce qui de l'exercice de la jouissance et de l'exercice des droits des époux, il y a une variabilité des situations prévues par le Code civil :

– Les conjoints régleront individuellement leurs dettes contractées avant le mariage (c'est le régime de communauté avec clause de séparation des dettes, tel que défini aux articles 1510 à 1513 du Code civil).
– En cas de renonciation, la femme pourra reprendre ses apports francs et quittes (c'est le régime de la communauté avec faculté pour la femme de reprendre son apport franc et quitte des articles 1514 du Code civil) ;
– L'époux survivant aura un préciput (c'est le régime de la communauté avec clause du préciput conventionnel des articles 1515 à 1519 du Code civil) ;
– Les époux auront des parts inégales (c'est le régime de la communauté avec la clause du partage inégal des articles 1520-1525 du Code civil) ;
– Il y aura, entre eux, une communauté à titre universel (c'est le régime de la communauté à titre universel prévu par l'article 1526 C. civ.).

– Les clauses propres aux régimes de séparation des biens

En dépit des dispositions spécifiques à ces régimes communautaristes, les époux peuvent aussi opter pour les régimes conventionnels de séparation des biens. Ce sont les régimes sans communauté. Le Code civil en propose quelques modèles de régimes exclusifs de communauté.

– Le régime exclusif de communauté (art1530-1535 du Code civil) ;

– Le régime dotal. Il convient de préciser l'inapplicabilité de ce type de régime en droit camerounais. En effet, la conception de la dot en droit traditionnel camerounais diffère de celle prévue dans le Code civil applicable. L'Ordonnance de 1981 ne supprime et ne règlemente pas non plus la dot coutumière ; mais elle se cantonne à disposer sur la sanction des effets néfastes de la dot coutumière sur le mariage.

- Le régime de la séparation des biens.

2- La liberté de construire un régime matrimonial original et propre

La loi reconnaît aux époux la liberté de procéder comme ils le désirent par des conventions, de construire leur propre régime matrimonial, sans se référer aux modèles organisés par la loi. Par exemple, les futurs époux optent pour un régime emprunté à une loi étrangère[83].

Contrairement à la liberté de droit commun, la liberté des conventions matrimoniales est particulièrement souple, ou extensible ; car elle intègre même des clauses qui en droit commun seraient considérées comme contraire à l'ordonnance public, ou réputées non écrites. À titre illustratif, on peut citer les cas suivants : la clause conventionnelle d'inaliénabilité propre au régime dotal, que les époux peuvent adopter dans un régime autre que dotal. C'est aussi le cas de la clause de la communauté universelle stipulée entre époux, qui peut être adoptée par convention, alors même qu'en droit commun, elle est illicite.

En matière de constitution de société, l'article 1837 du Code civil interdisait aux époux de mettre en société tous leurs biens à venir. Dans cette même logique, l'article 9 de l'acte uniforme du droit des sociétés et du Groupement d'Intérêts communs du droit communautaire des affaires OHADA interdit aux époux d'être associés d'une société dans laquelle ils seraient tenus des dettes sociales indéfiniment et solidairement[84].

Bien qu'il ne s'agisse pas d'une interdiction générale, certaines clauses semblent permettre aux époux de contourner cette interdiction[85]. Cela inclut la clause de communauté universelle et la *clause léonine,* qui stipule que les époux peuvent convenir d'avoir des parts inégales.

En effet, l'article 1520 du Code civil stipule que « *les époux peuvent déroger au partage égal établi par la loi, soit en ne donnant à l'époux*

[83] C'est de cette manière que le régime de la communauté réduite aux acquêts a été introduit puis consacré en droit français par la réforme des régimes matrimoniaux de 1965 et 1985.
[84] Selon l'article 9 de l'AUSGIE, ……
[85] On peut néanmoins s'interroger sur la portée pratique de cette règle qui exclue des activités économiques de notre société, une frange importante des concitoyens, alors même que parallèlement, l'initiative privée est encouragée aussi bien dans le domaine des activités commerciales, artisanales qu'agricole, dans le contexte africain, pour l'émergence de nos économies, cf. Document de Stratégie pour la Croissance et l'Emploi. article 1497 alinéa 2 -7 du Code civil dans la communauté interdit.

survivant qu'une part moindre... Qu'une somme fixe... soit en stipulant que la communauté entière sera attribuée à l'époux survivant ou, en certains cas, à l'autre... ». Il en résulte que la clause qui stipule que la communauté sera attribuée intégralement au survivant[86] permet également de contourner cette interdiction.

Ces clauses sont valables dans le domaine des conventions matrimoniales, alors qu'en droit commun, elles sont soit illicites, soit réputées non écrites.

La liberté des conventions matrimoniales concerne aussi bien la liberté de choix du régime matrimonial que celle d'adapter un régime ou de construire un régime que celle d'adopter un régime ou de construire un régime matrimonial adapté aux intérêts personnels des époux (enjeux des biens, enjeux économiques, professionnels, enjeux liés à l'avenir dans l'intérêt commun du ménage...).

En conclusion, le choix libre d'un régime matrimonial ou les aménagements par les époux visent corrélativement à l'adaptation des règles de répartition des pouvoirs de gestion, de composition des lots ainsi que des règles d'attribution ou de répartition des biens à la fin du régime. Toutefois, le principe connaît des restrictions imposées par la loi.

II- Les restrictions à la liberté de choix des conventions matrimoniales

La liberté des conventions matrimoniales n'est pas absolue, en dépit de son étendue assez large. Car, selon la loi, les époux doivent se conformer à un certain nombre de règles qui encadrent sa mise en œuvre. Ces restrictions visent à les protéger contre leur propre comportement et à protéger la société et les tiers qui pourraient être concernés par un tel contrat. À cet effet, l'article 6 du Code civil dispose qu'il n'est pas possible de déroger, par des conventions particulières, aux lois qui intéressent l'ordre public et les bonnes mœurs. François Terre souligne que « *l'organisation de familiale relève de l'ordre public classique.* »[87] Cette affirmation implique une forte rigidité du droit des régimes matrimoniaux. Ce qui ne laisserait aucun espace de liberté aux époux, que ce soit en matière contractuelle ou matrimoniale.

Ces restrictions sont de nature diverse : on peut distinguer, celles qui relèvent du droit des contrats en général (***A***) et celles qui tiennent aux règles du régime matrimonial primaire, d'ordre public (***B***).

---

[86] Article 24 du Code civil.

[87] F. TERRE, *Les Obligations*, Lequette, n° 377.

A- Les exigences liées au respect de l'ordre public conventionnel

L'article 1397 du Code civil dispose que « *la loi ne régit l'association conjugale quant aux biens, qu'à défaut de conventions spéciales, que les époux peuvent faire comme ils le jugent à propos, pourvu qu'elles ne soient pas contraires aux bonnes mœurs...* ».

Il y a une règle générale d'exigence de l'ordre public contractuel (*1*) et les règles spécifiques aux régimes matrimoniaux (*2*).

1- Le cadre général d'ordre public contractuel

Il s'agit des règles générales gouvernant tous les contrats. Ces règles n'admettent aucune dérogation. Le caractère d'ordre public signifie qu'elles s'imposent à tous. L'article 1108 du Code civil dispose que « *quatre conditions sont essentielles pour la validité d'une convention : le consentement de la partie qui s'oblige ; sa capacité à contracter ; un objet certain qui forme la matière de l'engagement ; une cause licite dans l'obligation.* » Il en résulte que l'objet et la cause doivent être licites. Si l'article 1131 déclare sans effet l'obligation sur cause illicite, il ne vise pas les obligations ayant source dans un délit caractérisé par la loi pénale et dont la somme allouée par le juge aux parties civiles constitue la réparation : « *Attendu que la loi frappant de nullité absolue l'obligation sur une cause illicite n'a pas interdit la restitution des frais de son exécution par celui des contractants qui en a bénéficié.* »[88]

2- Les règles spécifiques des conventions matrimoniales

À côté de cet ordre public de droit commun, il y a un ordre public spécial prévu par les règles impératives du régime matrimonial primaire, auquel l'exercice de la liberté des conventions matrimoniales doit également se conformer. Le respect de l'ordre public et des bonnes mœurs est imposé par les dispositions légales qui, par définition, sont impératives. On peut noter ici que l'ordre public et les bonnes mœurs sont des notions aux contours flous dont le contenu est souvent laissé à l'appréciation du juge.

En d'autres termes, si les époux conviennent librement des règles qui vont régir leurs associations conjugales, c'est-à-dire de biens, celles-ci ne doivent pas pour autant être contraires aux bonnes mœurs ni à l'ordre public, comme dans tous les contrats.

Comme le rappellent de nombreux auteurs, « *le principe de l'immutabilité des conventions matrimoniales posé par l'article 1395 est d'ordre public.* »[89]

---

[88] CSCO, Arret n° 32/CC du 9 mai 1967 Bull. n° 16 p.1804.

[89] J. NGUEBOU, *Les Sociétés créées de fait entre époux en droit camerounais*, Penant n° 809, Août décembre 1989, p.461.

Bien plus, il résulte des articles 1134,1157 et 1396 que les conventions légalement formées tiennent lieu de loi à ceux qui les ont faites et que l'on doit y rechercher quelle a été la commune intention des parties contractantes ; aucune modification de contrat de mariage n'est valide sans le consentement simultané des parties contractantes[90].

B- Le respect de l'ordre public matrimonial ou familial

Le sujet de l'ordre public matrimonial est très complexe, puisque la notion même de l'ordre public est très vaste et imprécise. Si l'on considère que l'ordre public est l'une des notions les plus floues du droit, qu'il évolue avec le temps et dans l'espace, et que les relations familiales peuvent englober un champ immense du droit (droit des personnes, droit patrimonial, droit commercial, droit social, etc.), en plus des aspects socioculturels propres à chaque société.

Il s'ensuit pour la société camerounaise, la notion d'ordre public au-delà d'être floue, est très complexe relativement au pluralisme juridique. Cette complexité se situe soit au niveau du système de droit coutumier, soit au niveau du droit positif. Comment pourrait-on distinguer l'ordre public traditionnel de l'ordre public moderne ? Il s'agit d'aborder la question suivant les règles coutumières ou suivant les règles du Code civil, entre autres.

L'ordre public serait cet ordre flou et changeant qui prime les intérêts privés et qui est nécessaire au maintien de l'organisation sociale ou au mieux-être de la société en général, et l'on sait qu'il se manifeste dans tous les domaines de l'activité humaine. La question de l'ordre public dans la famille est rendue complexe en ce sens que le mariage[91] n'est pas le seul fondement de la famille. Néanmoins, c'est à travers le mariage que nous allons envisager l'ordre public matrimonial, à travers le mariage (*1*) et les rapports entre les parents et les enfants (*2*).

1- L'ordre public dans le mariage

L'ordre public dans le mariage peut être appréhendé d'une part lors de l'entrée en mariage et d'autre part dans les effets de celui-ci.

---

[90] CSOC, Arret n° 86 du 25 mai 1971 Bull. n° 24 p.3159 ; P. G. POUGOUE, *Les Effet du mariage dans l'ordre des rapports personnels*, Encyclopédie juridique de l'Afrique, T.-.

[91] Il paraîtrait convenable de traiter en premier lieu du mariage, cette union de droit sur laquelle repose la famille ; c'est probablement l'acte où l'on sent le plus le poids de l'ordre public, clairement de direction : stabilité, durée. On pourrait ajouter : hors le mariage, point de salut. Le concubinage n'est qu'une situation de fait, longtemps condamnée socialement. Or, aujourd'hui, dans de nombreux pays, le nombre de mariages est en baisse constante, tandis qu'augmente sans cesse le nombre des unions de fait que certains voudraient voir accéder à un statut juridique. Le déclin du mariage et l'essor du concubinage nous incitent alors à inverser l'ordre de l'examen de ces unions, d'autant que, pour évoquer l'importance sociale du mariage, il n'y a rien de tel que d'aborder le discrédit dont il souffre.

À l'entrée du mariage, ce sont les conditions de sa formation qui servent à protéger l'ordre public familial. Dans les systèmes juridiques comparés, nous retrouvons des règles semblables d'ordre public, avec quelques variantes, relativement aux empêchements au mariage dans le fond (consentement, âge, parenté) et dans la forme (célébration par un officier d'état civil). Ces règles découlent de l'ordonnance n° 81/02 du 29 juin 1981 portant organisation de l'état civil et diverses dispositions relatives à l'état des personnes physiques, modifiée et complétée par la loi n° 2011/011 du 6 mai 201.

Quant aux effets du mariage, selon les termes de l'article 1388 du Code civil applicable au Cameroun, il est interdit aux époux de déroger par leur convention aux règles relatives à l'organisation des droits et devoirs des époux, aux règles relatives à l'autorité parentale, aux règles de gestion ou d'administration des biens, d'organisation et administration de la tutelle, aux droits du mari comme chef de la communauté, qui sont impératives, générales et applicables à tous les régimes.

2- L'ordre public dans les rapports des parents et les enfants

Et plus loin dans le même sens, l'article 1389 du Code civil précise clairement que les époux ne peuvent faire aucune convention, ou renonciation qui viserait à changer l'ordre successoral légal, soit par rapport à leurs ayants droit, par rapport à eux-mêmes dans la succession de leurs enfants. Il s'agit de l'obligation d'entretien et de pouvoir à l'éducation des enfants. C'est ainsi que certains manquements sont constitutifs d'infraction prévue et réprimée par le Code pénal.

L'on peut également citer les droits successoraux des enfants sur le plan patrimonial. Il est interdit de faire des libéralités portant atteinte à la réserve successorale ;

Cependant, l'article 1390 du Code civil, qui interdit aux époux de stipuler l'application de coutumes, de lois ou de statuts locaux à leur union conjugale, est selon la doctrine, notamment le professeur Ngwafor, inapplicable en droit camerounais. L'article 745 du Code civil, qui fixe le principe de la dévolution successorale en ligne directe ou verticale, dispose que « *ces enfants ou leurs descendants succèdent à leur père et mère, aïeules ou autres descendants sans distinction de sexe ni de primogéniture, et encore qu'ils soient issus de différents mariages* ». Ils succèdent par égales portions et par tête, quand ils sont tous au premier degré et qu'ils sont appelés par leur chef. Et ils succèdent par souche, lorsqu'ils viennent tous ou en partie par représentation : Il s'agit bien là d'un ensemble de dispositions d'ordre public qui relèvent spécifiquement du droit matrimonial et dont toute violation peut être sanctionnée par le juge civil, sur la base de l'abus de droit, et de faute engageant la responsabilité civile de l'auteur[92].

Il apparaît que, globalement, l'ordre public traditionnel, qui nous montrait une famille bâtie et organisée sur un modèle unique, imposé à tous, au nom d'un intérêt général supérieur aux intérêts de chacun, au nom de l'intérêt de la collectivité, connaît un déclin certain. L'indisponibilité, la stabilité et la durée ne sont plus les valeurs sûres du jour. Les intérêts individuels ont tendance à vouloir s'imposer et à occuper le terrain, les revendications sont nombreuses, mais on sent que l'on ne peut pas laisser la famille aller à vau-l'eau et qu'il est nécessaire de trouver des valeurs de rechange ou des valeurs refuges.

Section 2- Le caractère impératif des règles de formation du contrat de mariage

Le contrat de mariage est une convention par laquelle les futurs époux fixent le statut de leurs biens pendant le mariage et leur sort à la dissolution du mariage. On le définit également comme l'acte par lequel est réglé, avant le mariage, le statut juridique des intérêts matériels des époux.

Du point de vue juridique il désigne la convention que concluent les futurs époux pour fixer leur régime constituant en quelque sorte la « charte du ménage ». Au sens strict, c'est le contrat par lequel les époux règlent leur régime matrimonial.

C'est un contrat particulier, car au-delà des époux qui le concluent, il intéresse la famille, d'où le terme « pacte de famille ». Il intéresse aussi les tiers susceptibles d'entrer en relations d'affaires avec les époux. Non seulement les droits et pouvoirs des époux dépendent étroitement du régime matrimonial choisi, mais, en plus, le droit de gage général des créanciers se trouve le plus souvent affecté dans son étendue par la condition juridique, « commune », « propre » ou « personnelle » des biens conjugaux.

Le contrat de mariage revêt une grande importance et sa conclusion est entourée d'une certaine solennité. Il doit se faire devant un notaire. Le contrat de mariage a pour objet principal de fixer le régime matrimonial. Mais il peut aussi contenir des dispositions telles que l'énumération des apports, la constitution de dot aux époux, les donations entre époux, la reconnaissance d'enfant naturel, les libéralités faites aux époux par les tiers, les clauses réglant la contribution des époux aux charges du ménage[93].

---

[92] J. RUBELLIN DEVICHI, *Le Droit de la famille*, ouvrage collectif.

[93] Les conventions annexes qui y sont fréquemment insérées font corps avec la fixation du régime matrimonial.

Le terme « contrat de mariage » renvoie à la fois au contenu de l'entente, appelé « *negocium* », et à l'instrument écrit qui atteste de l'acte juridique, baptisé « instrumentum ». Il s'agit d'un accord annexe au mariage, car il relève, en tant que contrat, des principes fondamentaux régissant les accords, tout en étant soumis à ses propres règles[94], tant lors de sa conclusion (***I***) que lors de l'application des conditions de sa conclusion (***II***).

I- Les règles de formation du contrat de mariage

Comme en droit commun des contrats, les règles de formation de la convention matrimoniale sont tirées de l'article 1108 du Code civil. Mais surtout, il est soumis d'abord, en général, aux règles générales de fond du droit des contrats : existence du consentement, consentement non vicié, objet licite et cause licite (art. 1108 c. civ.). Il est ensuite régi par des règles particulières quant à la capacité des parties, la forme du contrat et sa publicité.

Ceci étant, il est nécessaire que l'on s'intéresse à la diversité des conditions de fond (***A***) et aux règles particulières de forme du contrat de mariage (***B***).

A- La diversité des conditions de fond

La diversité des conditions de fond s'apprécie à travers les conditions à caractère général (***1***) et les conditions à caractère spécifique (***2***) relatives au contenu.

1- Les conditions de fond à caractère général

Il s'agit essentiellement du consentement (**a**) et de la capacité (**b**).

a- Le consentement

Les règles y relatives sont celles de droit commun. Ces dernières sont disposées pour certaines aux articles 1108 et suivants du Code civil et pour d'autres dans l'ordonnance de 1981.

Comme dans tous les contrats, le consentement des parties contractantes est exigé. Il doit être donné antérieurement à la célébration du mariage (art 1394 c. civ.). Il doit être donné simultanément et, en principe, par les parties elles-mêmes. Mais, la représentation est possible grâce à une procuration authentique et spéciale contenant toutes les clauses du contrat 53.

Le défaut de consentement est sanctionné par la nullité absolue. Le consentement doit être exempt de vices. Tout consentement vicié est sanctionné par la nullité relative.

---

[94] Les textes qui le régissent sont les articles 1387 à 1399 du code civil.

b- La capacité

La problématique de la capacité est complexe dans la formation de la convention matrimoniale. Il est une règle fondamentale en vertu de laquelle celui qui est apte à se marier est également apte à faire toutes les conventions matrimoniales qu'implique le mariage. C'est ce qu'exprime le vieil adage « *habilis ab nuptias, habilisad pacta nuptiala* ».

On distingue entre la capacité générale de contracter et la capacité de se marier. Contrairement au Droit des obligations qui exige la majorité pour contracter sans représentation, le contrat de mariage exige la même capacité que celle qui est nécessaire pour contracter un mariage valable.

La situation des mineurs

Aux termes de l'article 1398 du Code civil, *« le mineur habile à contracter mariage est habile à consentir toutes les conventions et donations dont ce contrat est susceptible ; et les conventions et donations qu'il y a faites sont valables, pourvu qu'il ait été assisté dans le contrat des personnes dont le consentement est nécessaire pour la validité du mariage ».*

Le législateur lie donc mariage et contrat de mariage, les mêmes règles gouvernent les deux étapes. Cependant, il s'agit là d'une dérogation fondamentale aux règles du droit commun, et ainsi à trois points de vue :

– ***Dérogation quant aux personnes devant assister le mineur :***

Dans le droit commun, il y a des personnes particulières qui doivent intervenir ; par exemple, pour un mineur en tutelle, c'est le tuteur qui intervient et à défaut, les ascendants subséquents ou le conseil de famille. Ici, ce sont les parents et, en cas de dissentiment entre eux, on applique les mêmes règles, comme pour le mariage.

– ***Dérogation par le procédé d'habilitation employée***

Dans le droit commun, le mineur non émancipé est représenté par son administrateur légal ou par son tuteur, ici il est assisté par les personnes dont le consentement est nécessaire pour la validité du mariage. Le consentement du mineur est appuyé par celui de ses parents.

Le mineur émancipé doit être assisté pour faire son contrat de mariage, alors que, pour certains actes de droit commun, il est capable comme un majeur pour *« tous les actes de la vie civile »*[95]. L'article 488 du Code civil qui dispose que : « *La majorité est fixée à vingt et un ans accomplis ; à cet âge on est capable de tous les actes de la vie civile.* » Il en résulte que l'émancipation entraîne une majorité anticipée. L'article 1398 soumet tout le contrat de mariage aux mêmes règles d'habilitation, qu'il s'agisse des clauses

[95] Art. 476 Code civil.

du contrat établissant le régime matrimonial des futurs époux ou d'autres dispositions que le contrat de mariage peut contenir, par exemple, les donations entre les futurs époux[96].

Les articles 49 et 64 de l'ordonnance de 1981 organisent les conditions de l'assistance du futur époux mineur. En cas de défaut d'assistance pour les mineurs frappés d'incapacité, les conventions passées peuvent être annulées. Il appartient à tout mineur et aux personnes dont le consentement était exigé de demander la nullité.

La situation des majeurs incapables

Il existe trois systèmes de protection du majeur incapable en fonction de la gravité de l'altération de ses facultés, à savoir :

D'abord, le placement sous sauvegarde de justice, qui n'est pas une source d'incapacité à proprement parler, car, le majeur soumis à ce système conserve l'exercice de ses droits, mais seulement, les engagements qu'il contracte librement sont frappés de rescision pour lésion ou de réduction pour excès. Aussi, une action peut-elle être engagée à cette fin si l'engagement a été pris par contrat de mariage.

Ensuite, les régimes de la tutelle et de la curatelle. Le Code civil soumet le majeur placé sous l'un ou l'autre de ces régimes aux mêmes règles que le mineur. Il est écrit dans l'article 1399 que « *le majeur en tutelle ou en curatelle ne peut passer des conventions matrimoniales sans être assisté, dans le contrat, de ceux qui doivent consentir à son mariage.* » En effet, conformément à l'article 506 du Code civil, le mariage d'un adulte ne peut être célébré qu'avec l'approbation d'un conseil de famille spécialement réuni pour en délibérer, sauf si les deux parents consentent explicitement à l'union. En ce qui a trait au mariage d'une personne majeure sous tutelle, l'article 514 stipule que l'accord du tuteur est indispensable, et à défaut, celui du tribunal compétent.

---

[96] Le mineur peut faire une donation dans le contrat de mariage à son futur époux, alors que dans le droit commun, il est interdit au mineur, même représenté ou assisté, de faire une donation.
- Art. 903 C. civ. : « Le mineur âgé de 16 ans ne pourra aucunement disposer, sauf ce qui est réglé au chapitre 9 du présent titre. » (les dispositions entre époux soient par contrat de mariage, soit pendant le mariage).
- Art. 1095 C. civ. : « Le mineur ne pourra, par contrat de mariage, donner à l'autre époux, soit par donation simple, soit par donation réciproque, qu'avec le consentement de l'assistance de ceux dont le consentement est requis pour la validité de son mariage, et avec ce consentement, il pourra donner tout ce que la loi permet à l'époux majeur de donner à l'autre conjoint. »

Quant aux aliénés qui ne font l'objet d'aucune mesure de protection, ils peuvent faire le contrat de mariage, à la condition d'agir dans un intervalle lucide[97].

Au demeurant, il est important de rappeler que l'inobservation des conditions de fond est sanctionnée par la nullité. Pour certains, en doctrine, il s'agit d'une nullité relative qui ne peut être invoquée que par les personnes dont le consentement ou la capacité était nécessaire à la validité de l'acte. Et dans ce cas, comme en droit commun, le principe est que le contrat de mariage, entaché d'un vice de consentement ou passé par un incapable sans les habilitations prescrites par la loi, est frappé de nullité relative. Il s'agit d'une nullité de protection qui peut être invoquée dans un délai de 10 ans.

Mais la jurisprudence a critiqué cette solution et a jugé qu'une telle nullité ne pouvait être qu'absolue et d'ordre public, en vertu du principe de l'immutabilité du régime matrimonial qui ne permet pas de laisser le contrat de mariage à la discrétion des époux. Il s'agit aussi pour cette jurisprudence de sécuriser les tiers qui traitent avec les époux en leur donnant la possibilité d'exercer eux-mêmes l'action en nullité.

Quant à la portée, la nullité peut être totale ou partielle. Ainsi, si le vice affecte tout le contrat de mariage, cette dernière tombe entièrement, et les époux se trouvent soumis au régime légal. Cette nullité est opposable aux tiers. Toutefois, si le vice n'affecte qu'une clause du contrat de mariage, seule cette clause illicite est annulée et le reste du contrat maintenu.

2- Les conditions de fond à caractère spécifique : le contenu du contrat

Le contrat de mariage est un acte complexe susceptible de contenir un grand nombre de dispositions de nature différente. Seules ne seront signalées que les plus usuelles.

a- Un contenu étendu

Il contient d'abord les conventions matrimoniales au sens strict, c'est-à-dire les clauses par lesquelles les futurs époux adoptent un régime déterminé ou modifient telle ou telle règle du régime légal ou du régime conventionnel type que leur propose le législateur et qu'ils ont choisi.

Mais il peut aussi contenir des libéralités soit des donations que les futurs époux se font entre eux, soit des donations faites par les parents ou les tiers58.

Le contrat de mariage peut également contenir les constatations d'apports, c'est-à-dire les clauses énumérant et évaluant les biens apportés par l'un ou l'autre des époux au moment du mariage. Ces constatations d'apports sont très

---

[97] Article 489 al. 1er Code civil.

importantes pour la preuve des reprises au moment de la dissolution du régime. C'est pour cette raison qu'il est nécessaire pour les époux ayant des biens de faire un contrat de mariage, même lorsque le régime légal leur paraît satisfaisant.

Dans la rédaction des clauses du contrat de mariage, le principe est que l'article 1387 laisse aux parties toute leur liberté[98].

b- Un contenu pouvant être limité

Toutefois, la liberté laissée aux futurs époux dans ce domaine n'est pas absolue, car la loi exige la conformité de leurs conventions spéciales aux bonnes mœurs et à l'ordre public[99].

Ainsi, insérer une clause de non-fidélité dans le contrat de mariage (art. 1388 c. civ.) ou une clause de non-remariage, ou encore une clause qui dérogerait aux règles concernant les devoirs et les droits qui résultent du mariage pour les époux (art. 1388) serait contraire aux bonnes mœurs et à l'ordre public.

Les clauses qui s'écartent des règles régissant la puissance paternelle, l'administration légale ou la tutelle, ou qui vont à l'encontre de l'ordre successoral légal seraient également considérées comme contraires à l'ordre public. Plus généralement, toute clause tendant à déroger aux règles du « régime matrimonial primaire »[100].

B- Les règles particulières de forme du contrat de mariage

Le contrat de mariage est un acte solennel, c'est-à-dire un acte juridique dont la loi subordonne la validité (et non pas simplement la preuve) au respect de certaines conditions de forme. Il doit être établi par acte notarié, rédigé en minute et la loi exige la présence et le consentement simultané des parties ou de leurs mandataires (art. 1394, al. 1er, C. civ.).

L'exigence de l'acte notarié rédigé en minute se justifie par le désir du législateur, d'abord de voir les futurs époux guidés dans le choix de leur

---

[98] Ainsi, les futurs époux peuvent, en application des idées qu'ils se font, quant à leurs biens, de leur idéal de vie conjugal, adopter l'un des régimes types prévus par le code civil (art. 1391c. civ.), c.-à-d. en partant du régime le plus communautaire et allant vers le régime le plus séparatiste : soit le régime de communauté universelle ; soit le régime de la communauté de meubles et acquêts, qui est le régime matrimonial légal en droit camerounais ; soit la communauté réduite aux acquêts ; soit le régime de séparation de biens.

[99] Ainsi, selon l'article 1387 *in fine* « *la loi ne régit l'association conjugale, quant aux biens, qu'à défaut de conventions spéciales que les époux peuvent faire comme ils le jugent à propos, pourvu qu'elles ne soient pas contraires aux bonnes mœurs ni aux dispositions qui suivent* », c'est-à-dire l'ordre public.

[100]La réforme française de 1965 a supprimé de la liste des régimes types matrimoniaux le régime sans communauté ou régime dotal, régime qui déroge au principe général de l'aliénabilité des biens.

régime matrimonial, ensuite, par le souci de voir assurer la conservation de l'acte, enfin, par une raison d'ordre technique : le contrat de mariage contient souvent des donations qui ne peuvent être faites, lorsqu'elles le sont par écrit, que par acte notarié55.

Le notaire doit donner lecture aux parties des textes de loi (art. 1391 et 1394) et de l'acte notarié écrit et signé des parties. La mention de cette lecture doit figurer dans le contrat de mariage, sans quoi le notaire s'expose à une amende.

S'il y a représentation de l'un des futurs époux (ce qui n'est pas possible pour la célébration du mariage), c'est-à-dire si l'un des futurs époux donne mandat à un tiers de passer le contrat en son nom, d'une part, ce mandat doit être donné par acte authentique, comme sera passé le contrat de mariage lui-même ; d'autre part, ce mandat doit être spécial, c'est-à-dire qu'il doit contenir toutes les clauses du contrat. Le contrat de mariage doit, en outre, être passé avant le mariage, celui-ci constitue le point de départ des effets du contrat (art. 1395 c. civ. « *les conventions matrimoniales doivent être rédigées avant la célébration du mariage et ne peuvent prendre effet qu'au jour de cette célébration* »).

L'on peut envisager la solennité de l'acte et la comparution des parties (***1***), et la délivrance d'un certificat et la sanction de l'inobservation des conditions de formation (***2***).

1- La solennité de l'acte et la comparution des parties

Le principe est que le contrat de mariage est un acte solennel. Aux termes de l'article 1394, alinéa 1, C. civ. En vigueur, il doit être rédigé par devant le notaire.

Les parties au mariage sont les futurs époux, mais aussi les tiers qui souhaitent faire des dispositions aux futurs époux en vue du mariage. D'après la loi, ils doivent ne comparaître en personne. Toutefois, en droit comparé français, les parties peuvent se faire représenter par un mandataire muni d'une procuration spéciale et authentique, selon une jurisprudence antérieure à la réforme de 1965.

Il demeure que la jurisprudence exige en outre que l'acte soit reçu en présence et avec le consentement simultané de toutes les parties et de leurs mandataires (époux, tiers, mandataires). C'est ainsi qu'elle avait annulé le contrat de mariage de mariage signé par chacune des parties à des dates différentes. Or, en droit commun, un contrat ordinaire peut parfaitement être signé à des dates différentes par les parties.

La publicité du contrat de mariage

Historiquement, le Code civil de 1804 ne prévoyait aucune publicité du contrat de mariage, y compris pour les actes translatifs de propriété ou constitutifs de droits réels.

Seul le code de commerce de 1907 organisait la publicité du contrat de mariage des commerçants dans l'ancien droit français.

Or, dans la pratique, ce système d'absence de publicité faisait apparaître des inconvénients évidents. Car le contrat de mariage déterminait, à l'égard des tiers, les pouvoirs des époux. Car, si les tiers n'étaient pas en mesure de connaître l'étendue des droits des époux, toutes les dérives et fraudes seraient permises à leur égard. C'est donc une loi du 10 juillet 1850, dite loi Valette, qui est venue instituer et généraliser la publicité du contrat de mariage et améliorer celle particulière aux commerçants. Les réformes de 1965 et de 1985 n'ont pas entravé l'évolution que le droit camerounais (le Code civil en vigueur au Cameroun) consacre. Ainsi, en droit positif, le principe est que le contrat de mariage doit faire l'objet d'une publicité. Mais quel en est le régime ?

Il apparaît que le formalisme de la publicité obéit à deux régimes distincts, respectivement applicables à tous les époux d'une part, et à l'époux qui a la qualité de commerçant, d'autre part. On parle du régime de publicité générale et du régime de publicité spéciale.

- **Les règles communes de publicité du contrat du mariage**

Comment s'accomplit le formalisme de publicité générale.

La règle est que c'est à l'occasion de la célébration du mariage que se fait la publicité du contrat de mariage. Aux termes des articles 1394, alinéa 2 Code civil, le notaire délivre aux futurs époux, au moment de la signature du contrat, *un certificat sur papier libre et sans frais,* qui mentionne l'existence du contrat du mariage (noms des futurs époux, et des parties au contrat ou de leurs mandataires) et les informe qu'ils doivent le remettre à l'officier d'état civil avant le rituel de la célébration du mariage.

Lorsque le certificat est remis à l'officier d'état civil, celui-ci n'interroge plus les futurs époux sur l'existence ou non d'un contrat de mariage, mais constate et déclare publiquement son existence sans rien préciser sur son contenu. Ensuite, il fait mention dudit contrat dans l'acte de mariage. En outre, il indique la date et le nom du notaire qui l'a reçu, sans autre précision, conformément à l'article 49, ordonnance 1981.

La mention de l'existence du contrat de mariage dans l'acte de mariage constitue un moyen de publicité institué par la loi.

En ce qui a trait à la connaissance du régime matrimonial choisi par les époux par les tiers, il est d'usage qu'un simple avis de l'existence du contrat de mariage passé entre époux suffise pour que le tiers qui veut contracter ou qui contracte avec un époux ait droit de demander une expédition du contrat qui l'informera sur ce régime, et, par conséquent, sur l'étendue des pouvoirs de chacun des époux contractants.

Mais la publicité du contrat de mariage peut aussi se faire dans ce cas par la déclaration ou la production de l'acte de mariage portant mention.

- **Les règles spéciales de publicité relatives à la qualité de commerçant**

Des règles spécifiques en matière de publicité sont établies pour le contrat de mariage des commerçants. L'acte uniforme relatif au Commerce général prévoit que l'inscription du contrat de mariage soit faite dans les registres du commerce. L'article 25, alinéa 6, précise que la demande d'immatriculation doit indiquer la date et le lieu du mariage, le régime matrimonial adopté, les clauses restrictives opposables aux tiers de la libre disposition des biens des époux ou bien mention de l'absence de telles clauses, et les demandes de séparation des époux.

Cette obligation s'impose si l'un des époux est commerçant au moment du mariage. Cependant, elle s'applique également si l'un des époux se lance dans le commerce après la célébration du mariage, c'est-à-dire pendant la durée de l'union.

Les règles propres à la publicité du contrat de mariage des commerçants sont sanctionnées, notamment par l'inopposabilité aux tiers des faits ou actes sujets à mentions ou à dépôts, à moins que ceux-ci n'en aient eu personnellement connaissance au moment où ils ont traité. Mais cette opposabilité ne peut être invoquée contre le conjoint non commerçant, du moins si celui-ci n'était pas lui-même assujetti à immatriculation, de sorte qu'il pourra, par exemple, invoquer à l'encontre des créanciers de son conjoint le régime de séparation de biens adopté par contrat.

Enfin, les mesures de publicité foncière peuvent être nécessaires en cas de besoin, si le régime adopté et les clauses prévues au contrat opèrent des mutations immobilières.

- **La sanction applicable en cas de défaut de publicité**

Le défaut de publicité du contrat de mariage peut provenir du défaut d'indication de l'existence dans l'acte de mariage. C'est également le cas si l'acte de mariage ne mentionne pas l'existence d'un contrat de mariage ou si les époux font une fausse déclaration. La sanction applicable n'est pas l'inopposabilité du contrat à l'égard des tiers.

Toutefois, les tiers peuvent provoquer la rectification de l'acte en question, ou l'exiger des époux pour leurs affaires. Car les époux peuvent le rendre opposable aux 1/3, en le leur faisant connaître au moment de leurs affaires.

Par ailleurs, si le défaut de publicité résulte de l'erreur du notaire qui a reçu l'acte ou de l'officier d'état civil célébrant, ces autorités sont passibles d'amendes, ou de condamnation à des dommages lorsque leur attitude aura causé un préjudice.

- **Le domaine d'application de la publicité**

Il est particulièrement applicable aux époux commerçants ou à des époux, futurs commerçants. Ces règles intéressent les futurs époux, dont l'un au moins est commerçant, ou les époux qui le deviendront plus tard.

Ainsi, lorsque l'un des époux à la qualité de commerçant, il est d'abord soumis au formalisme de la publicité générale imposé pour tout contrat de mariage. Ensuite, il se conforme à la publicité spéciale qui consiste en l'inscription de certaines mentions du contrat de mariage dans le registre de commerce et du crédit immobilier (RCCM) au moment de son immatriculation, conformément aux dispositions de l'article 25 et 27 de l'AUDCG et AUDSGIE.

Ces mentions sont : la date du contrat de mariage, le lieu du mariage, la nature ou le modèle du régime matrimonial adopté, les clauses opposables aux tiers et qui limitent les pouvoirs des époux d'aliéner tel ou tel bien, ou le constat de l'absence de telles clauses, les demandes en séparation des biens. L'article 25 suscité précise les données qui doivent figurer dans une demande d'immatriculation adressée par le commerçant, personne physique.

La sanction du défaut de publication du contrat de mariage au RCCM est l'inopposabilité dudit contrat et de ses clauses à l'égard des tiers et de l'administration. En revanche, si l'époux assujetti à l'obligation d'inscription établit que les tiers ou l'administration avaient personnellement connaissance de l'existence du contrat de mariage ou de la nature de leur régime, la sanction de l'inopposabilité ne s'applique plus par rapport aux actes litigieux.

2- La délivrance d'un certificat

Après que les parties aient signé le contrat de mariage, le notaire leur remet alors gratuitement un certificat sur papier libre, énonçant leurs noms et lieux de résidence, les noms, prénoms, qualités et demeures des futurs époux, ainsi que la date du contrat (article 1394, alinéa 3 du Code civil, article 49 ordonnance 1981). Le contrat de mariage doit être constaté par un acte unique. On parle en droit d'un acte authentique.

La prise d'effet du contrat de mariage

La nullité peut être totale ou partielle ; elle a pour effet de soumettre les époux aux règles du régime légal supplétif, et non plus au régime initialement choisi.

Le principe est que le contrat de mariage doit être rédigé et établi avant la célébration du mariage, article 1394 al. 1 du Code civil. En conséquence, il ne peut pas être rédigé après le mariage. Ainsi, en l'absence du contrat de mariage, les époux sont soumis au régime légal supplétif. Une fois établi, le contrat de mariage ne prend effet qu'à compter du jour de la célébration du mariage. Avant la célébration du mariage, le contrat de mariage n'est qu'un simple projet ; il peut encore librement recevoir ces modifications. Et rien ne peut s'opposer à ces modifications, car elles ne portent pas atteinte au principe de l'immutabilité, ce dernier ne s'appliquant pas avant le mariage ou la prise d'effet du régime matrimonial proprement dit.

La date ne pose pas de difficulté particulière. Il s'agit là d'un effet automatique du mariage, lié au caractère accessoire du contrat de mariage.

II- La sanction de l'inobservation des conditions de formation du contrat de mariage

La sanction de l'inobservation des conditions de forme est la nullité absolue. C'est un principe d'ordre public. Cette sanction s'impose en matière de contrat de mariage, elle est dictée dans l'intérêt de ces parties et des tiers, et permet de garantir le respect du principe de l'immutabilité. L'irrégularité ici peut être constituée par l'ignorance de la forme authentique du contrat de mariage. Ce qui exclut le contrat de mariage en la forme sous seing privée. Elle peut résulter du fait que les parties ne soient pas simultanément présentes au contrat de mariage. Quant à la portée ou l'étendue de la nullité, le principe est que la nullité pour vice de forme frappe non seulement le régime matrimonial choisi, mais aussi les donations que l'acte peut contenir (la donation étant elle-même un acte solennel).

L'inobservation des conditions de formation du contrat de mariage entraîne des sanctions essentielles civiles. Il s'agit des nullités (***A***) et de la caducité (***B***).

A- Les nullités du contrat de mariage

Par nullité, il faut entendre la sanction d'un acte en raison du non-respect des conditions exigées par la loi pour sa formation. Lorsque la condition vise à sauvegarder l'intérêt des parties, on parle de nullité relative ; en revanche, lorsque la condition exigée tend à protéger l'intérêt général, l'ordre public ou les bonnes mœurs, on parle de nullité absolue.

Comme dans tous les contrats, la nullité est la principale sanction de la violation des règles relatives à la formation du contrat de mariage. Elle peut être totale ou partielle, relative ou absolue. La nullité est encourue pour vice de forme ou pour violation d'une règle de fond d'ordre public[101]. La nullité absolue et la nullité relative sont calquées sur les principes du droit commun. La nullité de l'une des clauses du contrat de mariage n'entraîne la nullité des autres dispositions que si la clause nulle a conditionné ces dispositions.

Mais, la nullité des clauses fixant le contrat de mariage emporte souvent la nullité des donations contenues dans le contrat de mariage, même si les premières n'ont pas conditionné les autres. Toutefois, il en est autrement des dons manuels et des constitutions de dot faits par les parents.

Il s'agira alors des causes de nullités (1) et des effets de nullités (2).

1- Les causes de nullités

Les causes de nullité relative : Le contrat de mariage encourt une nullité relative en cas de violation des conditions de fond, telles que le consentement, la capacité, l'objet, le défaut de consentement dû à l'insanité d'esprit des époux (cas de maladie mentale). La nullité relative ne peut être invoquée que par les parties qui sont censées en être protégées : les époux.

Les causes de nullité absolue[102] :

Le contrat de mariage peut être sanctionné par la nullité absolue dans les cas suivants : défaut de consentement dû à un refus de consentir, le contrat passé après la célébration du mariage, absence des futurs époux chez le notaire, le non-respect de la forme authentique, l'incompétence matérielle ou territoriale du notaire agissant sans qualité de notaire ou hors de son ressort de compétence. Lorsque la nullité est absolue ou d'ordre public, toute personne intéressée peut l'invoquer, y compris les parties et leurs héritiers, les personnes autres que les époux qui auraient été parties au contrat de mariage ou les tiers qui auraient traité avec les époux.

---

[101] Conformément au droit commun des nullités, cette nullité est une nullité absolue.

[102] En droit comparé : De sérieuses réserves avaient été émises quant à la position jurisprudentielle. On avait fait remarqué que, si cette solution était protectrice des intérêts des tiers, elle aboutissait à un résultat inverse et presque fâcheux que celui qu'on voulait éviter, car elle exposait le statut matrimonial, qui a besoin de stabilité, aux risques d'une demande d'annulation de mariage par un tiers, lequel ne sera le plus souvent animé que par des préoccupations pécuniaires et disposera de trente ans pour faire annuler le contrat. Pour remédier à cela, la loi française du 13 juillet 1965, portant réforme du droit des régimes matrimoniaux, et celle du 3 janvier 1968 portant réforme du droit des incapables majeurs, ont admis, en cas d'incapacité, que la nullité encourue en cas d'incapacité est une nullité relative.

2- Les effets de la nullité

Lorsqu'elle est prononcée, les époux sont censés n'avoir jamais conclu un contrat de mariage. Celle-ci peut atteindre le contrat tout entier, ou certaines de ses dispositions seulement.

Le contrat de mariage est nul en son entier : si la nullité vient sanctionner un vice du consentement ou l'incapacité d'un époux. Il en est de même en cas de non-observation de la forme authentique ou de non-respect de la règle selon laquelle le contrat de mariage doit être conclu avant la célébration du mariage. À cet effet, toutes les dispositions que contenait le contrat et qui nécessitaient le respect de ces conditions tombent, qu'il s'agisse des conventions matrimoniales proprement dites[103], ou des autres dispositions du contrat, par exemple, les donations ou les constitutions de dot qu'il peut contenir.

B- La caducité du contrat de mariage

Il s'agira d'examiner tour à tour les cas (*1*) et les effets (*2*) de la caducité.

1- Les cas de la caducité du contrat de mariage

La caducité est l'état d'un acte juridique normalement valable, mais qui ne peut plus avoir d'effet à cause de la survenance d'un fait postérieurement à sa mise en valeur. Elle sanctionne le contrat de mariage dans certains cas et produit des effets.

C'est au jour de la célébration du mariage que le contrat de mariage prend effet. Il en résulte que si le mariage ne s'ensuit pas, le contrat de mariage n'a plus de raison d'être, parce qu'il était lié au mariage dont il devait être l'accessoire : il devient caduc. Cependant, un défi peut survenir si le mariage n'a lieu que plusieurs années après la rédaction du contrat de mariage (par exemple 5, 10 ou 20 ans plus tard). En effet, on peut se demander si les époux qui ont attendu de nombreuses années pour se marier, après avoir fait un contrat de mariage, ont voulu que leur union soit encore régie par ce contrat, ou s'ils n'ont pas plutôt considéré celui-ci comme caduc. Dans cette situation, on accepte que les tribunaux évaluent, en fonction des circonstances, si cela correspond à la volonté des conjoints[104].

Mais, la non-célébration du mariage n'est pas la seule cause de caducité du contrat de mariage. Il y a aussi la caducité en cas d'annulation du mariage. Cependant, si le mariage nul vaut comme mariage putatif, le régime matrimonial résultant du contrat de mariage sera censé avoir existé jusqu'au

---

[103] Dans ce cas, les époux sont considérés comme étant soumis au régime légal.

[104] Nîmes, 15 avril 1850, DP 1850. 2. 115 ; Paris, 9 février 1860, DP 1860. 2. 73. C'est ainsi que si l'un des futurs époux a été, entre temps, marié avec un tiers, il conviendra de déduire de cette circonstance une volonté d'abandonner le premier projet.

jour de l'annulation du mariage, de sorte que la liquidation du régime matrimonial devra être effectuée conformément aux dispositions du contrat.

2- Les effets de la caducité

En principe, la caducité fait tomber toutes les stipulations du contrat, y compris les donations. Subsistent, cependant, les dispositions dont l'effet n'était pas subordonné à la célébration du mariage, par exemple la reconnaissance d'un enfant naturel, ou les donations qui n'ont pas été faites en considération du mariage.

Conclusion du chapitre 1

Au demeurant, le choix du régime matrimonial est fortement encadré. La liberté est le principe dans le régime conventionnel. Cette liberté est gouvernée par l'exigence du respect de l'ordre public. Toute convention qui ne respecte pas les conditions exigées est soit de nullité, soit de caducité.

CHAPITRE 2 :

LE CHANGEMENT DU RÉGIME MATRIMONIAL

Contrairement au droit commun, qui reconnaît aux parties à un contrat le pouvoir de modifier, voire d'anéantir par leur volonté commune, la convention qu'elles avaient établie, les époux ne peuvent pas, par leur volonté commune unilatérale, apporter une quelconque modification à leur statut matrimonial, fût-il conventionnel, en droit camerounais. C'est le principe de l'immutabilité du régime matrimonial qui est ainsi posé. Il convient donc de le rappeler dans son contenu d'une part (***Section1***), avant d'examiner la possibilité de changer de régime matrimonial (***Section 2***).

Section 1- Le sacrosaint principe de l'immutabilité du régime matrimonial

Une fois le mariage célébré, les époux sont unis pour la vie. La clause ou le régime qu'ils ont choisi d'un commun accord sera celui qui les régira pendant le mariage, et encore davantage en cas de séparation. Le principe de l'immutabilité des conventions matrimoniales constitue le deuxième pilier du droit camerounais des régimes matrimoniaux ;

La doctrine unanime préfère parler à juste titre de l'immutabilité « du régime matrimonial » au lieu de l'immatriculation « des conventions matrimoniales », parce que ce principe s'applique tout autant au régime légal qu'aux régimes conventionnels.

Le droit positif camerounais consacre encore le principe de l'immutabilité du régime matrimonial dans sa conception traditionnelle absolue, par rapport au droit français. Or, on observe qu'une évolution d'ordre social et économique générale peut avoir des répercussions sur la situation tant personnelle que patrimoniale des époux en droit camerounais.

Il convient d'examiner l'exposé et les conséquences (***I***) et les possibles assouplissements contemporains (***II***) au principe.

I- L'exposé et les conséquences du principe

Comme principe directeur de régimes matrimoniaux, il est important de faire état de son contenu, de ses justifications, de son fondement (***A***) et de ses conséquences (***B***).

A- Le contenu et la justification

Nous examinerons tour à tour le contenu (*1*) et le fondement et les justifications (*2*) du principe.

1- Le contenu

« Les conventions matrimoniales ne peuvent recevoir aucun changement après la célébration du mariage ». C'est en ces termes énergiques que le Code civil de 1804 posait en son article 1395 le principe de l'immutabilité du régime matrimonial. Pendant longtemps donc, le régime matrimonial, qu'il soit choisi par contrat de mariage ou qu'il s'applique de plein droit, était immuable.

Cette immutabilité impliquait que les époux ne pouvaient, en cours de mariage, changer de régime matrimonial ni modifier certaines clauses du contrat de mariage. Une totale liberté de changement de régime matrimonial présentait des dangers. Ces dangers pouvaient être liés à la modification de la répartition des biens ou des pouvoirs des époux dans la gestion des biens.

Or, certains actes entre époux pouvaient avoir comme conséquence de modifier directement ou indirectement certaines clauses du régime matrimonial. C'est au nom de cette immutabilité du régime matrimonial que ces contrats, qui offraient justement les occasions de modifier indirectement le régime matrimonial, étaient interdits entre époux. Il en était ainsi de la société qui modifiait les pouvoirs des époux, notamment à travers une atteinte à la puissance maritale (elle instituait une égalité entre époux) et modifiant aussi la composition et la gestion des masses de biens.

De même, on suspecte que les ventes entre époux sont frauduleuses, puisqu'elles offrent l'occasion de transférer des biens, ce qui modifie la composition des patrimoines en transférant un bien, par exemple du patrimoine personnel au patrimoine commun. Cela peut porter atteinte aux intérêts des créanciers ou des héritiers. Aujourd'hui, cette interdiction est levée à la condition qu'il ne s'agisse pas d'une donation déguisée (prix extrêmement bas), auquel cas cette vente est frappée de nullité. Il en est de même pour la vente d'un bien commun que l'un des époux souhaite acquérir avec des capitaux propres, ou d'un bien propre à l'un des époux que l'autre prétend acquérir pour le compte de la communauté 53. Enfin, les donations entre époux étaient prohibées. Or, par la modification du régime matrimonial, les époux pouvaient tourner cette interdiction. En autorisant la donation entre époux, l'immutabilité est demeurée parce que la donation est toujours valable alors que la mutabilité du régime aurait été irrévocable.

2- Les fondements et justifications

D'après l'article 1395, du Code civil de 1956, les conventions matrimoniales « *ne peuvent recevoir aucun changement après la célébration du mariage* ». Ce principe signifie que, lorsque les époux se mettent d'accord pour établir un contrat de mariage ou choisissent facilement le régime légal pour régir leurs biens, ils doivent s'assurer que leur choix est bon, qu'ils n'ont rien oublié. Car, une fois le mariage célébré, ils ne peuvent plus revenir sur les termes du contrat ainsi prescrits.

Le contrat de mariage adopté s'applique alors aux époux à la date du mariage. Même le juge ne peut décider en principe du changement à la requête des époux. La doctrine et la pratique s'accordent sur le point. Il a en ce sens la même signification rigoureuse que celle que lui donnait déjà l'ancien droit français, romano germanique. Cependant, ses fondements ne sont pas identiques en droit camerounais comme en droit français.

En droit comparé français, ce principe tire son origine historique d'abord de l'ancien droit. Il était présent dans la jurisprudence du parlement de Paris, au XVIe siècle, et avait pour but de prohiber des donations entre époux ; si à cette époque, on admettait le changement de régime, les époux violeraient alors cette prohibition qui se voulait protectrice des biens des époux, notamment en cas de constitution de dot ou d'inaliénabilité de certains biens.

Ensuite, l'immutabilité se justifie par l'un des caractères du contrat de mariage à savoir que c'est un pacte de famille ; en droit français, le pacte signé solennellement lors de l'union des futurs époux est approuvé par les familles respectives, après des discussions souvent difficiles ; les parents discutent les clauses, notamment lorsqu'il y a stipulation d'inaliénabilité ou remploi obligatoire de certains biens, ou adoption du régime dotal, et il serait inadmissible que ces précautions soient supprimées en cours de mariage.

Enfin, l'immutabilité est fondée en droit français sur l'idée de protection des tiers contre les risques d'insécurité, d'erreur, de dol, sur l'étendue des pouvoirs des époux et la validité des contrats conclus par eux, en particulier s'il intervient des changements de régime à leur insu. Cette finalité de protection des tiers est bien convenable et pourrait se justifier dans le contexte camerounais où les affaires sont très souvent de nature informelle (pas d'écrit) et où le fait sociologique lié aux usages et pratiques non écrites est encore prégnant par rapport à l'intérêt porté sur l'écrit. Admettre la mutabilité risque d'entraîner beaucoup d'abus des droits des tiers.

En outre, du côté strict du droit camerounais, la doctrine et les praticiens considèrent que le maintien de ce principe cadre bien avec la conception coutumière des droits patrimoniaux des époux. Ce droit coutumier, qui ignore la diversité des régimes matrimoniaux ainsi que l'institution du contrat de mariage, ne saurait autoriser le changement du mode d'organisation des biens des époux. L'immutabilité assure la stabilité du mariage, qui est nécessaire sur les plans personnel et matériel. Les époux forment un tout par le mariage, une union personnelle et matérielle en tout cas, tant qu'il n'y a pas de conflit durable.

Du reste, ce principe conserve en droit camerounais son caractère d'ordre public ; toute violation serait alors sanctionnée par la nullité absolue (article 1443, alinéa 2 du Code civil en vigueur). À la différence du droit camerounais qui applique ce principe traditionnel de manière rigoureuse et absolue, il a été largement assoupli en droit comparé français, par la réforme du

13 juillet 1965, suivie de celle du 23 décembre 1985. Selon la pratique et la doctrine, la raison vient des modifications profondes qui ont progressivement affecté la composition des patrimoines des époux, depuis les deux guerres mondiales, les fluctuations monétaires ou encore la précarité des situations professionnelles.

On peut tout de même s'interroger sur l'opportunité du maintien de ce principe en droit camerounais, où le droit des régimes matrimoniaux est quasiment inconnu ou non suivi des époux ; ces derniers préférant se marier pour le meilleur et le pire, sans se poser de question.

B- Les conséquences du principe

Ce principe produit des effets tant sur le contrat de mariage (*1*) que sur les clauses annexes de ce contrat (*2*).

1- Les effets du principe sur le contrat de mariage

Le principe de l'immutabilité interdit de modifier le contrat de mariage directement (***a***) ou indirectement (***b***).

a- Les effets directs

Sont interdites les modifications directes suivantes :

- Le changement complet du régime : par exemple, en décidant d'adopter le régime de la séparation des biens alors que celui initialement choisi est celui de la communauté ;

- La modification des effets légaux du régime initialement choisi : par exemple en modifiant la composition respective de trois masses de biens dans le régime de la communauté légale, en modifiant les pouvoirs respectifs des époux sur les biens comme prévu par la loi ou encore en décidant qu'à la liquidation du régime tel bien sera mis dans le lot de tel époux.

b- Les conséquences indirectes

Sont interdites les modifications indirectes résultant des contrats qui empêcheraient indirectement l'application normale des règles du régime adopté.

2- Les conséquences du principe sur les clauses annexes

Les modalités diffèrent selon qu'il s'agit de conventions sans contrepartie financière ou de conventions à titre onéreux.

a- Les effets de l'immutabilité sur les libéralités contenues dans le contrat de mariage

Les donations entre époux faites dans le contrat de mariage sont irrévocables (alors que les libéralités entre époux faites pendant le mariage sont toujours révocables[105].

Les donations faites aux futurs époux par les tiers (famille, amis) dans le contrat de mariage sont irrévocables (car donner et retenir ne vaut). Les époux ne peuvent plus eux aussi y renoncer au profit du donateur ni passer aucune convention dont les conséquences seraient de restreindre les effets légaux de la donation.

b- Les effets de l'immutabilité sur des conventions annexes à titre onéreux

Les conventions annexes à titre onéreux comportant une contrepartie n'ont aucune incidence sur l'économie du régime matrimonial. Elles échappent donc à l'immutabilité. Il importe de préciser que la violation du principe de l'immutabilité est sanctionnée par la nullité absolue de l'acte qui en est la source. Autrement, les conditions de modification doivent être respectées. Il en résulte que l'immutabilité à un caractère d'ordre public. La nullité absolue signifie que les exigences imposées visent à sauvegarder l'ordre public, l'intérêt général et les bonnes mœurs. Ainsi, une fois le mariage célébré, les époux ne peuvent plus changer librement leur régime matrimonial, qu'il s'agisse d'un régime légal, en l'absence de contrat de mariage ou d'un régime conventionnel.

II- Le maintien et les assouplissements au principe

Le principe de l'immutabilité des conventions matrimoniale n'est pas absolu. Il admet quelques hypothèses de mutation (***A***) et son maintien est variable (***B***) en fonction des ordres juridiques.

A- Les hypothèses de mutation de la convention matrimoniale

Le principe de l'immutabilité des conventions matrimoniales connaît en droit camerounais deux principales exceptions. En effet, le changement de régime matrimonial peut s'opérer en cas de séparation de corps (***1***) et de séparation judiciaire de biens (***2***).

---

[105] Article 1 085 du Code civil.

1- Le cas de la séparation de corps

Selon l'article 31, 1 al. 2 du Code civil : « *la séparation de corps emporte toujours la séparation des biens* ». Ainsi, si les époux avaient opté dans le contrat de mariage pour un régime de type communautaire, ils se retrouvent en cas de séparation de corps sur un régime séparatiste. D'après le même texte, s'il y a cessation de la séparation de corps par la réconciliation des époux, la capacité de la femme est modifiée et réglée par les dispositions de l'article 1 449 du Code civil. Cela signifie clairement que la reprise de la vie commune n'entraîne pas la reconduction du régime matrimonial initial et la femme conserve, conformément à l'article 1 949, l'administration, la jouissance et la libre disposition de ses biens personnels.

2- Le cas de la séparation judiciaire des biens

Elle est prévue par l'article 1 443 du Code civil qui dispose que : *« la séparation des biens ne peut être poursuivie qu'en justice par la femme dont la dot est mise en péril lorsque le désordre des affaires du mari donne lieu de craindre que les biens de celui-ci ne soient point suffisants pour remplir les droits et reprises de la femme. Toute séparation volontaire est nulle ».* La séparation judiciaire est donc une garantie offerte à la femme pour se prémunir contre la mauvaise gestion de la communauté par le mari. L'hypothèque légale de la femme mariée poursuit le même objectif.

B- La variabilité du maintien du principe

Le maintien du principe varie selon l'ordre juridique dans lequel l'on se trouve. La société occidentale étant différente des sociétés africaines en général, et camerounaise en particulier, il convient d'examiner le maintien en droit français (*1*) d'une part, et en droit camerounais (*2*) d'autre part.

1- L'assouplissement du principe de l'immutabilité en droit comparé français

En droit comparé français, on a compris que les inconvénients du principe de l'immutabilité devenaient de plus en plus sensibles, notamment au regard des changements des situations familiales ou professionnelles des époux après le mariage.

Et le changement de régime, dans certains cas, s'avérait donc avantageux. Ce qui a, entre autres, provoqué le fléchissement du principe. Le législateur français prévoit désormais depuis la réforme de 1965, soit que le changement de régime matrimonial conventionnel peut se faire à la requête d'un seul époux par voie purement judiciaire, soit à la requête des deux époux conventionnellement, mais, sous contrôle judiciaire (article 1397 du Code civil français actuel). Et ce dernier cas constitue, pour la doctrine, l'innovation principale en la matière.

2- Le maintien déterminé du principe en droit camerounais

En droit camerounais, la seule hypothèse dans laquelle le changement de régime matrimonial est possible est la séparation de biens judiciaire prévue par les articles 1443-1450 du Code civil de 1956. D'après l'article 1443, alinéa 1 « *la séparation de biens ne peut être poursuivie qu'en justice par la femme dont la dot est mise en péril, et lorsque le désordre des affaires du mari donne lieu à craindre que les biens de celui-ci ne soient suffisants pour remplir les droits et les reprises de la femme* ». Cette voie constituait, dans le droit français antérieur, une mesure de dissolution anticipée des régimes communautaires et du régime dotal. C'est la femme commune en bien qui la provoquait lorsque la gestion du mari mettait en péril ses intérêts.

Le changement de régime matrimonial à la demande des deux époux n'est donc pas possible en droit positif camerounais, conformément à l'article 1443, alinéa 2, du C. civ. qui, à la suite de l'alinéa 1, déclare que « *toute opération volontaire est nulle* ».

En revanche, la doctrine admet également que le changement du régime matrimonial peut résulter de la séparation judiciaire des biens conséquente à la séparation de corps prononcée entre les époux communs en biens dans une procédure de divorce, notamment en cas de non-conciliation. La séparation des biens fera alors partie des mesures conservatoires contenues dans l'ordonnance de non-conciliation.

Par ailleurs, il existe des professions qui exigent une certaine forme d'organisation des rapports patrimoniaux entre époux pour éviter certains risques à son conjoint et à l'intérêt de la famille ou du ménage ; ce sont : les commerçants, les professions libérales, l'exploitation d'officines pharmaceutiques... par exemple. Le droit OHADA oblige l'époux commerçant non seulement à publier son régime matrimonial lors de l'inscription dans le Registre de commerce, mais aussi à permettre aux époux commerçants en communauté de biens d'en demander la séparation au même moment[106]. Finalement, certaines études portant sur la réforme du droit familial en Afrique, à partir des expériences vécues, démontrent que la présence d'enfants issus du premier lit, phénomène social fréquent, peut pousser les époux à modifier leur régime matrimonial initial.

D'après les adversaires de ce principe, il en ressort que ce principe n'est plus adapté aux aspirations et aux intérêts actuels des époux et même de la famille, comme l'a fait le législateur français 1965. Le maintien de l'immutabilité s'avère de plus en plus inadapté et constitue un obstacle majeur à la protection des intérêts des époux et de la famille, les époux doivent être capables de les aménager en

[106] Voir article 423, alinéas 2 et 3 de l'AUSGIE.

raison des circonstances nouvelles, notamment si le but est la protection de l'intérêt de la famille ou du ménage (époux et enfants).

En définitive, une fois établi, le contrat de mariage produit des effets immédiats à compter du jour de la célébration du mariage ; et il ne peut plus être modifié. Néanmoins, et dans la prospective, le changement de régime matrimonial ne doit pas être perçu comme une volonté dangereuse des époux de détourner l'institution de sa finalité. Il peut apparaître comme une solution visant à protéger les intérêts de chacun des époux ainsi que ceux des enfants, même dans le cas d'un mariage polygamique composé de plusieurs familles juxtaposées (« poly-ménages »), et dont les époux, en particulier les épouses, ont des statuts professionnels différents (professionnels libéraux, salariées, commerçantes, gestionnaires ou chefs d'entreprise, etc.) ou bénéficient de revenus personnels. Et dans l'hypothèse extrême, le polygame pourrait conclure autant de contrats de mariage qu'il a d'épouses, et bénéficier de la liberté de choisir le régime matrimonial convenu avec chacune. C'est, en tout cas, la tendance que semblent inspirer certaines pratiques. Encore faut-il que le législateur s'en inspire (l'anthropologie et la sociologie aux confins du droit).

Section 2- Les hypothèses du changement du régime matrimonial

De nos jours, la problématique du maintien absolu du principe de l'immutabilité devient de plus en plus préoccupante. Le phénomène de la modernisation des comportements des époux dans un environnement globalisé peut être source de mutations et impulser des dynamiques nouvelles. Le changement du régime matrimonial participe dans ce cas de l'évolution du droit des régimes matrimoniaux pour répondre et s'adapter aux besoins nouveaux. Il convient d'envisager la consistance du changement (***I***) et les conditions et les effets (***II***).

I- La consistance du changement

L'on envisagera dans les lignes qui suivent tour à tour le moment du changement (*A*) et les effets du changement (***B***).

A- Le moment du changement

Le changement peut être antérieur (***1***) ou en cours de mariage (*2*).

1- Le changement antérieur au mariage

Lorsque les époux se marient sans contrat de mariage, il n'y a pas lieu d'envisager l'incidence d'un quelconque changement, puisque, jusqu'au mariage, il n'y a encore rien à changer. La situation est différente lorsqu'ils ont conclu un contrat de mariage : les effets de ce contrat étant pour l'essentiel différés jusqu'au mariage, l'on conçoit qu'il soit relativement facile de modifier l'accord conclu.

Mais l'on comprend aussi que, sauf s'il s'agit de modification qui seraient possible, sans exigences particulières, après le mariage, la modification soumise aux mêmes conditions que le contrat lui-même.

En ce sens, l'article 1396 du Code civil qui, à peu de choses près, reproduit l'ancien article de 1396, antérieur à la réforme de 1965, qui dispose que « les changements qui seraient apportés aux conventions matrimoniales avant la célébration du mariage doivent être constatés par un acte passé dans les mêmes formes » que le contrat de mariage, c'est-à-dire par un acte notarié. S'il arrive que l'on parle de la contre-lettre, il est donc clair que le sens de ces mots est plus large que celui qu'on leur reconnaît habituellement au sujet de la simulation, la contre-lettre étant alors l'acte secret qui contredit l'acte apparent. Ici, la nullité des contre-lettres résulte de la loi exigeant un acte notarié. Même ostensible, un tel acte sous seing privé serait nul s'il altérait par anticipation le jeu convenu des conventions matrimoniales.

2- Le changement en cours de mariage

Le droit tend volontiers, même en temps d'accélération de toutes choses, à stabiliser les situations, à insérer le fixe dans le mouvant. Cette tendance se manifeste parfois dans des conditions ou des contextes variés qui portent à affirmer l'existence de certaines immutabilités, rarement absolues[107].

Le changement du régime matrimonial constitue une atténuation du principe de l'immutabilité. Il participe de la flexibilité du droit des régimes matrimoniaux, qui permet aux époux de modifier le cadre de gestion de leur patrimoine en cas de changement de contexte, de l'assiette et du contenu, entre autres. Il convient de montrer l'évolution et les critiques faites à l'immutabilité.

Ancien droit et Code civil. Dans sa rédaction initiale, l'article 1395 du Code civil disposait : « *Les conventions ne peuvent recevoir aucun changement après la célébration du mariage* ».

Cette règle, dite de l'immutabilité des conventions matrimoniales, n'était pas connue dans les pays de droit écrit ; on y décidait, au contraire, que la dot pouvait être constituée ou augmentée durant le mariage[108]. C'est dans ce pays de coutumes, et au XVIe siècle, à dater du jour où il fut permis aux époux de

[107] V. en procédure, J. MIGUET, *Immutabilité et évolution du litige*, Thèse Toulouse, LGDJ 1977.

[108] SERRES, *Institutions du droit français*, Liv.II-7 § 3 ; d'Epeisses, Titre de la dot, sect.II, n°4, 24, nouv. Ed., par ROUSSEAUD de La Combe (1750), t.1, pp. 476-486.

choisir entre divers régimes, que le principe de l'immutabilité a pris naissance ; on le trouve affirmé, pour la première fois, dans des arrêts du parlement de Paris de 1584 et 1589.

Nos prédécesseurs justifiaient cela par deux raisons : 1) la prohibition des donations entre époux, qui aurait pu être facilement contournée par une clause incluse dans le contrat de mariage durant le mariage ; 2) le caractère de pacte de famille de ce contrat : « *Le contrat que les conjoints font en se mariant, dit prévôt de la Jannès dans ces principes de jurisprudence, devient après la célébration une loi entre les deux familles, qui règle impérieusement toutes les suites du mariage et s'étend dans toute sa durée...* » Si des changements étaient permis, ils troubleraient la paix des mariages, le repos des familles qui prennent leur assurance sur les contrats de mariage, et ouvriraient la porte aux avantages indirects, si contraire à la conservation des biens dans les familles ». En conséquence, on décidait que les époux ne pouvaient, durant le mariage, déroger à leur contrat par aucun acte, « *même par l'avis de tous les parents ayant assisté au contrat de mariage, supposé même que la réformation soit faite pour réduire les conventions du mariage au droit commun* ».

Bien que la première raison, la plus importante aux yeux des anciens auteurs, ait disparu depuis le Code civil, puisque les époux peuvent se faire des donations révocables, le principe ancien n'en a pas moins été conservé.

B- Les effets du changement

Une fois le contrat de mariage et ses modifications faites de manière régulière, il prend effet au jour de la célébration du mariage et ne peut recevoir aucun changement après célébration conformément à l'article 1395 du Code civil. Il en résulte que le changement du régime matrimonial affecte aussi bien les époux (1) que les tiers (2).

1- Sur les époux

Les répercussions du réaménagement conjugal sur les époux. Le changement de régime matrimonial peut être soumis à l'homologation du tribunal uniquement en cas d'opposition d'un enfant majeur ou d'un créancier. Sinon, la nouvelle convention s'impose aux conjoints, dès le jour de l'homologation.

Le changement de régime matrimonial prend effet à l'égard des tiers trois mois après qu'une mention en ait été portée en marge de l'acte de mariage des époux, à moins que, dans les actes passés avec les tiers, les époux n'aient fait état de leur changement de régime matrimonial. Si le changement entraînait une modification des droits immobiliers, la convention devrait faire l'objet d'une publicité foncière à la diligence du notaire, par exemple dans le cas de la mise en commun d'un bien propre.

2- Sur les tiers

Il importe de protéger les tiers contre le changement de régime. C'est pourquoi l'article 1396, alinéa 2, du Code civil stipule que « *tout changement et contre-lettre, même revêtus des formes prescrites par l'article précédent, seront sans effet à l'égard des tiers, s'ils n'ont été rédigés à la suite de la minute du contrat de mariage ; et le notaire ne pourra délivrer ni grosses ni expédition du contrat de mariage sans transcrire à la suite le changement ou la contre-lettre* ».

Au sens de cette disposition, sont des tiers tous ceux qui sont appelés à traiter avec les époux. Si la contre-lettre non transcrite affecte leurs intérêts, ils peuvent se prévaloir du seul contrat de mariage. Il peut en être ainsi de créanciers, même chirographaires, dont les créances sont nées après la célébration du mariage, même si, lors de la naissance de celle-ci, il n'a pas été fait allusion au contrat de mariage.

La sanction de l'absence de transcription à la suite d'un contrat de mariage est l'inopposabilité ou tiers. En va-t-il de même de l'absence, par la faute du notaire, de transcription sur les grosses ou expéditions ? Indépendamment de la responsabilité de l'officier ministériel, qui va-t-on préférer quant à l'opposabilité de l'acte ? Selon la doctrine, en général, la non-transcription de la contre-lettre sur les grosses ou expéditions rend l'acte inopposable aux tiers[109].

II- Le changement proprement dit

Il convient d'examiner les formes du changement (**A**) et les conditions de validité (**B**).

A- Les formes du changement

Il s'agira d'examiner les fondements de la contre-lettre (1) et les conditions de sa formation (2).

1- Les fondements de la contre-lettre

Selon la théorie de la simulation, la contre-lettre est une convention secrète destinée à détruire ou à modifier un acte plutôt ostensible et connu de tous.

Mais dans le cadre des conventions matrimoniales, les parties qui font des modifications au contrat de mariage n'ont aucune intention de les cacher. Car le principe est qu'elles peuvent être librement faites. Les modifications peuvent porter sur le régime matrimonial lui-même, sur les clauses ou

---

[109] J. MAZEAUD, M. de JUGLART, *L'opposabilité (essai d'une théorie générale),* Thèse Rennes, éd. 1984, n° 281, p. 313 ; Comp. Ponsard.

conventions annexes. Dans le fond, il n'existe pas de conditions particulières pour la validité des modifications. En revanche, c'est sur la forme que les contre-lettres sont soumises à des conditions particulières, réparties en deux groupes : les conditions requises pour la validité des contre-lettres et celles requises pour qu'elles soient opposables aux tiers.

2- Les conditions de formation du codicille

Celles-ci tiennent à l'époque du changement au consentement, à la capacité, à l'objet et à la finalité de l'opération.

En matière matrimoniale, la loi ne répugne pas à fixer des délais de réflexion. En effet, après deux années d'application du régime matrimonial, conventionnel ou légal, les époux pourront convenir, dans l'intérêt de la famille, de le modifier, ou même d'en changer entièrement[110]. Il en résulte que la loi impose aux époux sagement une période de soumission à leur régime matrimonial initial. Dans toutes les hypothèses de changement, il conviendra d'attendre l'écoulement d'un délai de deux ans depuis le précédent changement, même si celui-ci a porté sur un autre élément du régime matrimonial.

Quant au consentement et à la capacité, ce sont les époux qui peuvent convenir, dans l'intérêt de la famille, d'une modification ou même d'un changement complet du régime. Il est ainsi gouverné par le principe de consensualisme. Le consentement des époux devant exister non seulement lors de la convention, mais aussi lors de l'homologation. S'il y a eu contrat de mariage, le consentement des autres parties à ce contrat n'est pas exigé, ce qui différencie le changement postérieur au mariage de celui qui peut être opéré entre le contrat de mariage et le mariage.

Le mineur qui est émancipé par le mariage peut, en conséquence, changer comme le majeur de régime matrimonial. Les cas rarissimes sont ceux dans lesquels, après l'écoulement du délai de deux ans, le mineur n'a pas encore atteint l'âge de la majorité. Il résulte des évolutions du Code civil[111] en France que lorsque l'un ou l'autre des époux fait l'objet d'une mesure de protection juridique dans les conditions prévues, le changement ou la modification du régime matrimonial est soumis à l'autorisation préalable du juge des tutelles ou du conseil de famille s'il est constitué.

Pour ce qui est de l'objet, lorsque l'on envisage le changement de régime matrimonial ou de la modification, on doit prendre en considération la nature

---

[110] Article 1397 du Code civil.

[111] Comp. Dans le droit antérieur, Civ., 1er, 6 janvier 2004, D. 2004, 1856, note Ph. Delmas Saint-Hilaire (le majeur en tutelle ou en curatelle doit obtenir le consentement requis comme s'il s'agissait du contrat de mariage), Lire pour complément, F. TERRE et P. SIMLER, *Droit civil : Les régimes matrimoniaux*, Dalloz, 2008.

du régime matrimonial d'une part, et le caractère composite des conventions matrimoniales.

B- Les conditions de validité

Ces conditions peuvent être analysées autour de la validité de la contre-lettre (**1**) et de l'opposabilité du codicille aux tiers (**2**).

1- Les conditions de validité de la contre-lettre

Deux conditions nécessaires sont fixées par la loi.

La contre-lettre doit être passée dans les mêmes formes que le contrat de mariage lui-même et elle doit être constatée dans un acte notarié (article 1396, alinéa 1). 1 et 1397 du Code civil).

La contre-lettre ne sera valable que si elle est passée en présence et avec le consentement simultané de toutes les personnes ou leurs mandataires qui ont été au contrat, ou ceux qui avaient assisté les époux incapables au contrat, à moins que les causes de l'incapacité n'aient cessé.

La raison est que la contre-lettre qui résulte des modifications du contrat devient le vrai contrat applicable. Lorsque les modifications portent sur le régime matrimonial, ces deux exigences doivent être strictement respectées parce que le contrat de mariage forme un tout avec les donations qui y sont contenues. Mais la jurisprudence tempère la rigueur de ce principe en ce qui concerne les modifications d'une convention annexe (exemple : clause relative aux modalités de paiement d'une libéralité faite à un époux.)

2- Les conditions d'opposabilité du codicille aux tiers

Le principe est que la contre-lettre, tout comme le contrat de mariage, n'est valable qu'entre les parties. Mais, comme le contrat de mariage, la contre-lettre doit être portée à la connaissance des tiers pour les informer des modifications survenues au contrat originaire. Sinon, ils peuvent invoquer l'ignorance et prétendre que les dispositions contractuelles modifiées sont toujours en vigueur. Deux conditions sont nécessaires pour rendre la contre-lettre opposable aux tiers.

La contre-lettre doit être rédigée à la suite de la minute du contrat de mariage qu'elle modifie (article 1397 du Code civil).

Le notaire doit la transcrire sur toute grosse ou expédition du contrat originaire qu'il délivre (art.1397) ; ces deux conditions assurent la publicité et l'information des tiers (Code civil).

À défaut de ces formalités, la contre-lettre ne peut être opposable aux tiers. Les époux demeurent à l'égard des tiers régis par le contrat de mariage primitif. On parle donc de l'inopposabilité. Le notaire qui ne respecte pas ces formalités peut être assigné par les époux en responsabilité civile, en cas de préjudice.

L'article 1396, alinéa 1er, dispose aussi que « nul changement ou contre-lettre n'est, au surplus, valable sans la présence et le consentement simultanés de toutes les personnes qui ont été parties dans le contrat de mariage, ou de leurs mandataires ». Est donc requise la participation renouvelée des futurs époux, ainsi que les personnes qui étaient intervenues à l'acte pour consentir une donation ou quelque autre avantage en vue du mariage. La participation de ces diverses personnes peut se réaliser par l'intermédiaire d'un mandataire.

Une rigoureuse similitude n'est pourtant pas exigée. Peu importe que n'interviennent plus à l'acte modificatif des personnes qui n'ont assisté qu'à titre d'honneur, d'affection ou de mondanité à la convention initiale, dès lors qu'elles n'ont consenti à aucune donation aux futurs époux ou à l'un d'eux. Il se peut aussi que le fiancé mineur ait, depuis la conclusion du contrat, atteint l'âge de la majorité : il ne sera plus nécessaire qu'il soit assisté si, devenu majeur, il ne s'est pas retrouvé en curatelle ou en tutelle. L'écoulement du temps a pu aussi entraîner soit les décès, soit la mise en curatelle ou en tutelle d'une personne dont la participation, précédemment obtenue, était nécessaire ; il convient alors d'obtenir la participation des personnes dont l'assistance est nécessaire, comme s'il s'agissait de la conclusion du contrat de mariage.

Qu'advient-il lorsque l'une des personnes dont le consentement est nécessaire ne se présente pas ou refuse de l'accorder ? Les époux se trouvent alors dans l'alternative suivante : ou bien s'en tenir à la convention conclue, ou bien conclure un nouveau contrat de mariage.

Conclusion chapitre 2

Au terme de ce chapitre, l'on peut retenir que le principe de l'immutabilité du régime matrimonial est une modalité de protection de la famille. Mais cette protection n'est pas absolue. Cette atténuation permet aux époux de modifier leur accord lorsque les circonstances affectant leur situation matrimoniale l'exigent, dans le respect des conditions exigées par la loi.

Conclusion du titre 2

Au demeurant, les règles de détermination du régime matrimonial sont basées sur les principes directeurs. Le droit camerounais des régimes matrimoniaux est gouverné par un certain nombre de principes que sont le principe de libre choix du régime matrimonial et le principe de l'immutabilité du régime matrimonial. À ces principes, il faut ajouter qu'il est reconnu à la femme mariée d'importantes prérogatives.

Conclusion première partie

Le pluralisme juridique du Cameroun rend le droit des régimes matrimoniaux très complexe. Il s'articule autour des règles coutumières et les règles de droit positif, essentiellement issues de l'ancien Code civil français applicable au Cameroun. Au-delà de cette réalité, les règles générales des régimes matrimoniaux tendent à la collaboration dans la direction du ménage d'une part, et l'affirmation de l'indépendance économique des époux d'autre part. Ces dispositions communes visent à protéger l'intérêt de la famille biologique de toute société humaine.

DEUXIÈME PARTIE :

LES RÈGLES SPÉCIALES DES RÉGIMES MATRIMONIAUX

Le Code civil a organisé plusieurs régimes parmi lesquels les époux peuvent choisir celui qui va régir leurs rapports pécuniaires. En effet, les futurs époux peuvent avoir librement choisi un régime matrimonial par un contrat de mariage avant la célébration du mariage. Dans ce cas, on dit que leurs biens sont régis par un régime conventionnel. Lorsqu'ils n'ont pas conclu de contrat, les époux sont soumis au régime légal, c'est-à-dire à un régime de communauté. Donc, pour écarter le régime légal, les époux doivent faire un contrat de mariage devant un notaire. L'acte de mariage mentionne l'existence ou l'absence du contrat.

En effet, étudier le fonctionnement permet de mettre en exergue la répartition des biens et des pouvoirs au sein des couples. La législation existante au Cameroun consacre la prééminence juridique du mari, laquelle est plus affirmée dans les régimes communautaires que dans le régime de séparation de biens. IL s'ensuit que le législateur a prévu des règles spéciales pour l'existence de chaque régime matrimonial que pour dissolution. Il est vrai qu'il n'y a pas une grande évolution de la matière au Cameroun. Il convient dès lors d'étudier successivement l'organisation et le fonctionnement des régimes matrimoniaux (***Titre 1***) d'une part, et la dissolution et la liquidation des régimes matrimoniaux, notamment le régime de la communauté des biens (***Titre 2***) d'autre part.

TITRE 1 :

L'ORGANISATION ET LE FONCTIONNEMENT DES RÉGIMES MATRIMONIAUX

Lorsqu'on oppose la notion de régime matrimonial à la réalité vécue par les personnes qui s'engagent dans le mariage au Cameroun, il apparaît un véritable contraste. En effet, au cœur du débat, tous les questionnements convergent sur la recherche par les acteurs de l'importance du régime matrimonial dans la survie du lien matrimonial. L'enjeu étant ici, pour certains, de savoir dans quel cadre la femme à qui certaines coutumes, pour ne pas dire toutes, nient les droits successoraux, pourrait consentir à l'organisation et au fonctionnement des biens du mariage.

Il faut souligner qu'à ce niveau, le législateur camerounais n'a pas clairement précisé le statut de la femme mariée. Elle est parfois considérée comme étant elle-même un bien, parfois comme étant dépourvue du pouvoir de disposer, et finalement comme étant dépourvue d'un patrimoine propre. Dans ces circonstances, il est évident que la dissolution du lien matrimonial, peu importe la cause, ne peut se faire sans remous.

Les causes d'adversité, bien qu'étant pour la plupart juridiques, soulèvent systématiquement un doute quant à la capacité de la femme, mariée ou non, à gérer des biens. Ce doute débute dans sa propre famille, lorsqu'elle est exclue des actes de transmission que ses ascendants pourraient faire en sa faveur. Selon le discours ambiant, cette exclusion marquant la rupture du principe de l'égalité successorale est due au fait que la femme est appelée à aller en mariage. Elle n'est donc pas originellement destinée à avoir un lien avec la terre, d'une part. D'autre part, elle n'est pas destinée à perpétuer la lignée.

Malgré le caractère subjectif et purement discriminatoire des éléments susmentionnés, ils permettent de mieux comprendre les tensions qui entourent la dissolution d'un mariage. En effet, il y a généralement un patrimoine au centre de ces tensions. Pour éviter les convoitises que ce dernier peut engendrer, le Code civil a établi différents régimes matrimoniaux. Ceux-ci, bien qu'étant perçus uniquement sous le prisme d'un mariage monogamique, ne permettent pas toujours de mieux les appréhender au Cameroun dans le cadre d'un mariage polygamique.

Pris globalement, le point de vue développé ici incite à comprendre l'importance des régimes matrimoniaux pour assurer la sécurité juridique après la dissolution du mariage. Leur organisation et leur fonctionnement sont principalement fonction de leur typologie.

Il existe en général deux catégories de régimes classiques : les régimes séparatistes et les régimes communautaristes. Les premiers sont moins complexes. Ils se caractérisent par l'existence de deux masses de biens appartenant respectivement au mari et à la femme. Chacun ayant la propriété exclusive sur sa masse (son patrimoine)[112]. Dès lors, chacun est seul tenu de ses dettes, exception faite de celles contractées dans l'intérêt familial. En effet, malgré la séparation, il existe toujours une certaine communauté entre les époux[113].

Il nous semble dès lors judicieux de ne s'intéresser à ce niveau qu'au régime de la communauté des meubles et acquêts, qui est le régime légal organisé de manière complète par le législateur. Il est le plus représentatif des régimes communautaristes. L'on envisagera, tour à tour, la structure et le fonctionnement du régime légal (***Chapitre 1***) et l'organisation et le fonctionnement du régime de la séparation des biens (***Chapitre 2***).

---

[112] La Cour suprême précise néanmoins au sujet des articles 13 et 16 de la loi du 07 juillet 1966 qu'ils « n'instituent nullement un régime généralisé de séparation des biens entre les époux camerounais » CS, Arrêt n° 15/L du 16 novembre 1971, aff. FOM Elie c/ Dame veuve TAYOU, B.A.C.S., n° 25, p.3259 ; Par ailleurs, elle relève que « la prétendue stipulation concernant la mise à la disposition de la solde de l'épouse de l'épouse à la mère de celle-ci ne saurait consacrer l'existence d'un régime séparatiste », CS, Arrêt n° 120/CC du 16 septembre 1982, aff. ASSO'O Benoît c/ MOUTIKOUE Jacqueline : Tendances jurisprudentielles 1re et 2e éd., p.63 ; et Penant,1983, p.42, note P. LAMPUE.

[113] Laquelle est commandée par les règles du régime primaire.

CHAPITRE 1 :

LA STRUCTURE ET FONCTIONNEMENT DU RÉGIME DE LA COMMUNAUTÉ DES MEUBLES ET DES ACQUÊTS

La plupart du temps, les futurs époux ignorent qu'ils peuvent passer un contrat de mariage, afin de choisir, par eux-mêmes, les règles applicables à leurs biens. Ils se marient alors sans se poser de question et se trouvent placés, en ce qui concerne leurs biens, sous le régime de la communauté légale indépendamment de la forme monogamique ou polygamique du mariage.

Au Cameroun, faut-il le préciser, l'hétérogénéité du système juridique qui subit de façon concomitante l'influence du droit civil, de la *Common law*, de la coutume et même du droit islamique ne permet pas de garantir la sécurité juridique lors de la dissolution du lien matrimonial[114]. Cet argument prévaut parce que, si l'on prend en compte toutes les sources du droit camerounais de la famille, chacune d'elles prévoit un régime matrimonial de droit commun : le Code civil révisé en 1956 prévoit le régime de la communauté des meubles et acquêts ; la *Common law* consacre celui de la séparation de biens[115] ; et enfin, le droit coutumier n'admet que la séparation de biens coutumière entre époux, comme le droit anglo-saxon. On se retrouve alors devant une pluralité de régimes matrimoniaux de droit commun qui sont théoriquement tous applicables au sein de l'ordre juridique camerounais.

Par ailleurs, les époux n'étant pas toujours nantis au moment où ils se marient, ils préfèrent très souvent réunir leurs forces en communauté. Ici, l'union des personnes se confond tout à fait avec l'union des biens. Par conséquent, le régime de la séparation des biens devient alors le régime des époux nantis. C'est pourquoi l'étude d'un régime de type communautaire revêt, de façon générale, une importance capitale dans la pratique, car c'est le régime le plus courant, qui concerne par ailleurs la majorité des ménages au Cameroun, près de 99 %.

Il convient de rappeler qu'il existe plusieurs régimes communautaires : on distingue plusieurs types. Tout d'abord, la communauté universelle. C'est celle dans laquelle les époux mettent en commun tous les immeubles et tous

---

[114] R.R. BÉBÉ, *La problématique du partage des biens après le divorce en droit camerounais : (jurisprudence des juridictions de droit coutumier)*. Mémoire de Maîtrise soutenu à la Faculté de Droit et des Sciences économiques, année 1989/1990.

[115] Droit anglais, p.301-304.

les meubles qu'ils avaient avant le mariage ainsi que tous ceux qu'ils vont acquérir pendant le mariage. Ensuite, la communauté réduite aux acquêts[116]. C'est celle dans laquelle les époux conservent tous les biens meubles et immeubles qu'ils avaient avant le mariage et ne mettent en commun que ceux qu'ils vont acquérir à titre onéreux pendant le mariage. Les biens provenant des libéralités et des successions ne tombent dans la communauté que si le gratifiant ou le de cujus l'a stipulé dans l'acte de donation ou dans le testament.

Enfin, la communauté des meubles et acquêts. C'est le régime légal applicable au Cameroun et dont il conviendra de préciser les règles d'organisation des biens réduits aux meubles et acquêts (***Section 1***) les règles de gestion de la communauté (***Section 2***).

Section 1- les règles d'organisation des biens dans la communauté des meubles et des acquêts

Dans le régime de la communauté égale, l'actif des époux se répartit à son tour entre trois masses : l'actif commun, l'actif propre à la femme et l'actif propre au mari. Le principe est que la répartition[117] des biens entre ces trois masses se fait sur la base de deux critères : la nature mobilière ou immobilière du bien et le critère de l'origine. C'est sur le fondement de ces critères qu'il convient de distinguer les biens propres des époux, des biens communs. L'article 1401 du Code civil dispose que « *La communauté se compose activement de tous les meubles présents et futurs, des acquêts faits par les époux ensemble ou séparément durant le mariage provenant de leurs activités personnelles et des immeubles futurs* »[118].

Les règles d'organisation des biens de la communauté portent à la fois sur la composition des biens de la communauté légale (***I***) ainsi que sur le maintien

---

[116] La notion d'acquêts peut être comprise à l'exemple du droit français, comme l'ensemble des biens acquis par les époux seuls ou ensemble au cours du mariage, à l'aide de leurs revenus, c'est-à-dire les gains et salaires. Cette définition qui s'adapte à l'ordre juridique camerounais conformément aux articles 74 et 75 de l'ordonnance de 1981 doit être largement appréhendée. Elle doit aussi prendre en compte des éléments propres au contexte sociologique d'étude.

[117] La Cour suprême précise néanmoins au sujet des articles 13 et 16 de la loi du 07 juillet 1966 qu'ils « n'instituent nullement un régime généralisé de séparation des biens entre les époux Camerounais » CS, Arrêt n° 15/L du 16 novembre 1971, aff. FOM Elie c/ Dame veuve TAYOU, B.A.C.S., n° 25, p.3259 ; Par ailleurs, elle relève que « la prétendue stipulation concernant la mise à la disposition de la solde de l'épouse de l'épouse à la mère de celle-ci ne saurait consacrer l'existence d'un régime séparatiste », CS, Arrêt n° 120/CC du 16 septembre 1982, aff. ASSO'O Benoît c/ MOUTIKOUE Jacqueline : Tendances jurisprudentielles 1re et 2e éd, p.63 ; et Penant,1983, p.42, note P. LAMPUE. 9 Laquelle est commandée par les règles du régime primaire.

[118] Article 1401 du Code civil de 1804 applicable au Cameroun.

de l'équilibre entre les trois masses de biens dans le régime de la communauté légale (***II***).

I- La composition des biens de la communauté légale

Les articles 1401 et suivants d'une part, et les articles 1409 et suivants du Code civil applicable au Cameroun, d'autre part, définissent la consistance patrimoniale de la communauté. Il en résulte que le patrimoine de la communauté est composé de l'actif (**A**) et du passif (***B***).

A- L'actif de la communauté

Par actif, il faut entendre en droit civil, lato sensu, l'ensemble des biens et les droits qui constituent le patrimoine d'une personne[119]. Dans son sens technique, stricto sensu, l'actif ne s'entend que de l'excédent du patrimoine une fois déduit du passif. Il détermine alors l'état de solvabilité, c'est-à-dire l'aptitude à faire face aux dettes.

L'ensemble des biens de communauté constitue son actif. Activement, la communauté se compose « *de tout le mobilier que les époux possédaient au jour de célébration du mariage, ensemble de tout mobilier qui leur échoit pendant le mariage à titre de succession ou même de donation, si le donateur n'a exprimé le contraire ; de tous les fruits, revenus, intérêts et arrérages, de quelque nature qu'ils soient, échus ou perçus pendant le mariage, et provenant des biens qui appartiennent aux époux lors de sa célébration, ou de ceux qui leur sont échus pendant le mariage, à quelque titre que ce soit ; de tous les immeubles qui sont acquis pendant le mariage.* »[120] Il en résulte que les actifs sont constitués des biens meubles et des immeubles.

L'actif commun comprend les acquêts et les meubles acquis avant et pendant le mariage par les époux ensemble ou séparément. Les actifs de la communauté sont constitués de deux masses de biens à savoir : les biens communs (***1***) et les biens propres (***2***).

1- Les biens communs de la communauté

Conformément aux dispositions des articles 516 et 1401, les biens communs suivant la distinction des biens, sont classés en deux catégories : les meubles (***a***) et les immeubles (***b***).

a- Les meubles et les acquêts communs

Il convient de cerner les contours de la notion de « *meuble* » et celle de « *acquêt* ». En droit la notion de meuble[121] a un contenu double. Il désigne

[119] S. GUINCHARD, Op.cit., p.24.
[120] Idem.
[121] S. GUINCHARD, *Lexique des termes juridiques*, Op.cit., p.559.

d'une part les biens corporels, et les biens incorporels d'autre part. Les premiers sont les animaux et les corps qui peuvent se transporter d'un lieu à un autre, soit qu'ils se meuvent par eux-mêmes, soit qu'ils ne puissent changer de place que par l'effet d'une force étrangère, ce sont les meubles par nature[122].

En revanche, il existe une autre catégorie, les meubles par la détermination de la loi aux termes de l'article 529 du Code civil. Ce sont ces derniers, qui constituent les biens incorporels[123] : Il s'agit des obligations et actions qui ont pour objet des sommes exigibles ou des effets mobiliers, les actions ou intérêts dans les compagnies de finance, de commerce ou d'industrie, encore que des immeubles dépendant de ces entreprises appartiennent aux compagnies. Ces actions ou intérêts sont réputés meubles à l'égard de chaque associé seulement, tant que dure la société. Sont aussi meubles, par la détermination de la loi, les rentes perpétuelles ou viagères, soit sur l'État, soit sur les particuliers.

Les acquêts, dans les régimes de communauté, *« biens acquis à titre onéreux par les époux, pendant le mariage, ensemble ou séparément, grâce aux revenus tirés de leur travail ou aux économies faites sur les fruits et revenus de leurs biens propres. »*[124]

L'actif commun comprend les acquêts et les meubles acquis avant et pendant le mariage par les époux ensemble ou séparément. Comme acquêts, on distingue : - les acquêts par nature : biens acquis à titre onéreux pendant le mariage grâce à l'activité des époux ; les acquêts par volonté du donateur ou du testateur : biens acquis à titre gratuit, mais qui ont été déclarés acquêts par le disposant ; - les acquêts par présomption : biens qui se trouvent dans la communauté et sur lesquels aucun époux ne peut établir son droit de propriété. La communauté peut également recueillir d'autres biens que les acquêts, notamment, les biens communs par la volonté de l'un avec la permission de la loi ; c'est le cas de certains biens dont les disposants gratifient la communauté. Il faut ici une stipulation expresse qui fait tomber les donations dans la communauté.

b- L'actif immobilier commun

L'actif immobilier commun est régi par les articles 1402 et suivants du Code civil. À cet effet, « tout immeuble est réputé acquêts de communauté, s'il n'est prouvé que l'un des époux en avait la propriété ou la possession légale antérieurement au mariage, ou qu'il lui est échu depuis à titre de

---

[122]Sont meubles par leur nature, les corps qui peuvent se transporter d'un lieu à un autre, soit qu'ils se meuvent par eux-mêmes, comme les animaux, soit qu'ils ne puissent changer de place que par l'effet d'une force étrangère, comme les choses inanimées (article 528).
[123] S. GUINCHARD, Op.cit., p.559.
[124] S. GUINCHARD, *Lexique des termes juridiques*, Op.cit., p., 13.

succession ou donation. » Cet article pose les conditions d'admissibilité d'un bien immobilier à la masse de l'actif commun.

La nature des différents biens immobiliers relève des règles de droit commun. En effet l'article 517 distingue trois catégories de biens immobiliers. On distingue que « *les biens sont immeubles, ou par leur nature, ou par leur destination, ou par l'objet auquel ils s'appliquent.* » Les biens immobiliers sont constitués de trois catégories de biens :

Les immeubles sont par nature les terrains et les bâtiments. Ces derniers doivent avoir été obtenus pendant le mariage. La difficulté consiste à comprendre la notion d'« immeubles acquis pendant le mariage », autrement appelés acquêts de communauté, et à savoir comment l'appliquer dans des situations difficiles ou conflictuelles.

Le problème juridique est celui de la preuve du caractère d'acquisition commune d'un immeuble. De plus, dans la pratique, les immeubles sont immatriculés ou titrés au nom propre de l'un ou l'autre époux, notamment au nom du mari, en vertu de son statut de chef de la famille et de la communauté, et rarement au nom des deux époux ou de tous les époux dans le cadre de la polygamie[125].

Le principe est qu'en droit des régimes matrimoniaux, la preuve du caractère commun de l'immeuble, dans un régime de communauté des biens, est facilitée par la présomption de communauté prévue par l'article 1402 du Code civil : « *Tout immeuble est réputé acquêt de communauté, s'il n'est prouvé que l'un des époux en avait la propriété ou la possession légale antérieurement au mariage, ou qu'il lui est échu depuis, à titre de succession donation* ».

Cette présomption s'applique uniquement aux immeubles et tient compte des conditions ou circonstances de l'acquisition. C'est une présomption qui a une double fonction : présomption de pouvoir et présomption de propriété.

Présomption de pouvoir, car l'immeuble présumé commun est alors soumis aux règles de gestion de la communauté dans laquelle l'administration est confiée au seul mari, chef de famille[126] ; sans ignorer que le pouvoir d'administration de la communauté du mari s'étend aux propres de la femme communauté de biens.

---

[125] L'hypothèse d'un titre foncier sur lequel sont portés les noms du mari et de ses différentes épouses est plutôt rare, voire, inexistante auprès des services de conservation foncière. Or, juridiquement, la cotitularité du titre foncier est possible dans la mesure où elle constitue les époux polygames co-indivisaires de l'immeuble commun ou indivis.

[126] Le mari est le chef de la famille. Il exerce cette fonction dans l'intérêt commun du ménage et des enfants. (article 213 alinéa 1 Code civil) ; le mari administre seul les biens de la communauté. Il peut les vendre, aliéner et hypothéquer sans le concours de la femme (article 1421 Code civil)...

Présomption de propriété dont la communauté est titulaire et, dès lors, cet immeuble sera soumis aux règles de partage de l'actif commun à la dissolution, sauf preuve contraire.

En conséquence, les immeubles dont la propriété est incertaine sont présumés communs, sauf preuve contraire. Les créanciers du mari peuvent aussi exercer leur gage sur les immeubles communs.

La présomption de communauté peut être infirmée par la preuve contraire. En effet, elle n'est pas inflexible : elle peut être remise en question si un époux présente des preuves allant à l'encontre de cette présomption, par exemple lors de la dissolution du régime matrimonial ou lorsqu'il exerce son droit de reprise ou s'oppose à la saisie ou à la saisie-vente[127] (procédures d'exécution) engagées par les créanciers de l'autre époux.

Le principe de la présomption n'est pas absolu. Ainsi, la personne qui l'invoque doit en rapporter la preuve de propriété, laquelle en matière foncière se fait par le titre foncier pour le fond de terre, ou le certificat de propriété pour l'immeuble bâti (un appartement, une maison). Ce principe s'articule difficilement au droit commun qui prévoit, en règle générale, qu'en matière immobilière, la preuve du droit de propriété ne peut être rapportée que par le titre foncier. Le titre foncier va fournir tous les renseignements suffisants sur les conditions d'acquisition de l'immeuble, la date de l'acte et l'identité du propriétaire[128]. Et la preuve du titre est donc possible selon le droit commun par tous les moyens[129].

En revanche, là aussi, le titre foncier n'indique pas quelle est l'origine des fonds ou ressources qui ont servi à l'acquisition de l'immeuble, car la loi ne l'exige pas. C'est le lieu de faire jouer le principe de la distinction entre le titre et la finance.

Il y a donc lieu de penser que le principe selon lequel la preuve du droit de propriété ne peut être rapportée que par le titre foncier devrait prendre en compte le particularisme du droit des régimes matrimoniaux, notamment en ce qui concerne les règles de répartition des biens propres au régime de la communauté. Cette exception serait fondée sur la présomption de communauté, ou, le cas échéant, sur l'intégration d'une disposition pouvant

---

[127] Voir acte uniforme OHADA portant organisation des procédures simplifiées de recouvrement de créances et des voies d'exécution (J.O OHADA numéro spécial du 15 novembre 2023).

[128] Loi sur la procédure du titre foncier à citer.

[129] La preuve de la propriété foncière est encadrée par les ordonnances du 6 juillet 1974 et leurs décret d'application, notamment le décret n°76/165 du 27 avril 176 fixant les conditions d'obtention du titre foncier. Décret n° 79-017 du 13 janvier 1979 relatif aux transactions immobilières privées.

répondre à cette attente, comparativement à ce qui existe en droit foncier ivoirien.

Notre droit foncier pourrait être toiletté sur ce point pour permettre que les noms des époux en communauté de biens figurent chaque fois dorénavant sur le titre foncier, lorsqu'on est en présence d'une acquisition immobilière pendant le mariage, afin de lutter contre les dissimulations et fraudes des époux, entre eux ou au détriment des tiers, du fisc.

2- Les biens propres à chaque époux dans la communauté

La communauté n'inclut pas les bâtiments existants ni les dons matériels ou immobiliers que les époux reçoivent pendant le mariage. En effet, la notion d'acquêts exclut celle d'acquisition à titre gratuit. Ceux-ci constituent les actifs propres des époux. Ces actifs propres comprennent un capital mobilier propre et un capital immobilier propre. Par contre, les biens réservés de la femme, qui sont soumis à une gestion distincte, font partie des acquêts. Il en résulte qu'il existe l'actif mobilier propre (a) et les biens immobiliers (b).

a- Le capital mobilier propre

Les propres, par nature, affectés à l'usage personnel du conjoint (vêtements, linge à usage personnel, outils de travail, droits attachés à la personne (rente viagère ou capital, pension, indemnités, droits d'auteur, action sociale, assurance ;

Les propres par nature et les meubles affectés à l'usage personnel d'un époux, quel que soit leur date d'acquisition ou le mode d'acquisition (vêtement, linge à usage personnel, outils de travail et droits attachés à la personne (rente viagère ou capital, pension, indemnités, droits d'auteur, actions sociales, assurance, donation, etc.)

Les meubles acquis à titre gratuit au cours du mariage et droits attachés à la personne. C'est le cas des meubles échus par succession ou par une clause de libéralité stipulant que le bien objet restera en propre à l'époux gratifié, etc.

Les meubles incorporels comprennent le fonds de commerce, le fonds d'exploitation artisanale ou agricole, les créances personnelles, les actions en justice, les parts sociales, les parts des fondateurs propres dans le cadre des sociétés de personnes, ainsi que tous autres droits incorporels dont le caractère commun n'est pas établi, car ils n'ont pas été acquis avec les fonds communs.

Les droits de la propriété littéraire artistique, autrement appelés les droits d'auteurs, demeurent propres en raison de leur caractère exclusivement personnel (et qui ne se transmettent que par voie de succession).

Exception : toutefois, cette exclusion n'est que minime, car le principe dans le régime de communauté des meubles et acquêts est que tous les meubles présents et futurs entrent en communauté. La présomption de communauté s'applique aux meubles en raison des difficultés qu'il y a toujours à établir le caractère personnel de ces biens.

b- Les biens immobiliers propres

L'acquisition des biens immobiliers avant, pendant le mariage repose sur les procédés de droit de droit commun prévus par les lois foncières et les règles régissant les transactions immobilières au Cameroun[130].

Les immeubles présents : ceux-ci sont les fonds de terre, maison, appartement ou tout autre droit immobilier que chacun des époux a acquis avant le mariage ;

Les immeubles futurs sont ceux qui sont échus aux époux pendant le mariage par succession ou libéralité, sauf disposition contraire du disposant ;

Les immeubles acquis pendant le mariage par arrangement de famille, sauf récompense ;

Les biens représentant l'extension d'un bien propre ainsi que les biens propres pour lesquels la subrogation réelle s'applique, c'est-à-dire les biens acquis avec des fonds propres, que ce soit en emploi ou en remploi.

Dans tous les cas, la preuve de la propriété immobilière est suffisamment réglementée et obéit à un formalisme strict. Les transactions se font par voie notariée. De plus, le fait de ne pas respecter ces conditions est passible de sanctions, tant sur le plan civil que pénal, conformément à l'article 8 de l'ordonnance du 6 juillet 1974 régissant le régime foncier, et au décret n°84/311 du 22 mai 1984 détaillant les modalités d'application de la loi n° 80/22 du 14 juillet 1980 réprimant les infractions à la propriété foncière et domaniale.

Les biens de la communauté, constitués des meubles et des immeubles, sont répartis en trois grandes catégories : les biens communs, les biens propres au mari et les biens propres de la femme. Ce patrimoine actif est complété par le passif.

B- Le passif de la communauté

Le passif au sens général, selon Serge GUINCHARD[131], est formé par l'ensemble des dettes d'une entreprise commerciale ou non. Mais en droit civil, c'est l'ensemble des obligations à caractère économique grevant le patrimoine de l'individu dont les créanciers peuvent poursuivre l'exécution sur la totalité de son actif[132]. En effet, l'actif répond du passif.

---

[130] Décret n° 79-017 du 13 janvier 1979 relatif aux transactions immobilières privées.

[131] S. GUINCHARD, Op.cit., p. 626.

[132] Idem.

Cela étant en droit des régimes matrimoniaux, le passif de la communauté est consacré par la loi. En effet « *La communauté se compose passivement : 1° De toutes les dettes mobilières dont les époux étaient grevés au jour de la célébration de leur mariage, ou dont se trouvent chargées les successions qui leur échoient durant le mariage, sauf la récompense pour celles relatives aux immeubles propres à l'un ou à l'autre des époux ; 2° Des dettes, tant en capitaux qu'arrérages ou intérêts, contractées par le mari pendant la communauté, ou par la femme du consentement du mari, sauf la récompense dans les cas où elle a lieu ; 3° Des arrérages et intérêts seulement des rentes o u dettes passives qui sont personnelles aux deux époux ; 4° Des réparations usufructuaires des immeubles qui n'entrent point en communauté ; 5° Des aliments des époux, de l'éducation et entretien des enfants, et de toute autre charge du mariage.* » Par conséquent, il est nécessaire d'examiner successivement les principes régissant le passif commun (1) et le passif propre (2).

1- Les règles de détermination du passif commun

Du point de vue de l'obligation à la dette, le passif commun comprend deux catégories de passifs : le passif commun provisoire (**a**) et le passif commun définitif (**b**).

a- Passif commun provisoire

Le cas des dettes communes nées du chef d'un époux

Le passif commun provisoire concerne ici les dettes qui ne tombent qu'à titre provisoire ou temporaire dans la communauté parce qu'elle les a payés. Cependant, la communauté a droit à une récompense en retour à l'égard de l'époux du chef duquel la dette est née en vertu de l'article 1409, alinéa 2, du Code civil. Il en ressort que la communauté se constitue comme créancière de la part de l'époux du chef de qui la dette payée est née.

Il y a récompense, ou fongibilité au moyen des opérations de calcul. C'est le cas des dettes contractées par le chef de la famille, qui est à la fois le mari, le chef de famille sur le plan politique et l'administrateur légal des biens. En effet, il y a une confusion entre ces trois rôles.

Le mari est exonéré des dettes contractées dans l'exercice de ses fonctions, pour l'intérêt de la famille. Mais cette exonération n'est pas absolue.

En revanche, n'entrent pas ce passif provisoire, les dettes communes nées de la fraude de l'époux, ou celles nées de la mauvaise foi du créancier. Ces dettes ne tombent pas dans la communauté, mais sont recouvrées sur le patrimoine personnel de l'époux, auteur de ces actes frauduleux ou du créancier en recourant au mécanisme de la répétition de l'indu ou à la théorie de l'apparence, du possesseur de mauvaise foi, etc. Mais, la difficulté réside dans l'administration de la preuve.

Le cas des dettes nées du chef des deux ou plusieurs époux

C'est la constitution de l'assiette des dettes communes. Le passif provisoire comprend également le cas des dettes entrant dans la communauté du chef des deux époux. Dans ce cas, la règle est qu'il y a solidarité dans le rapport à l'obligation au paiement de la dette vis-à-vis des tiers créanciers.

La communauté et les propres constituent le gage général du droit de poursuite des créanciers. Il est important que, sur le terrain de la technique de la liquidation, les praticiens que sont les notaires ne perdent pas de vue ces subtilités juridiques d'égalité de traitement.

La perspective dans le cas de la polygamie

Il est relativement facile d'identifier les dettes communes provisoires qui découlent soit de l'initiative d'un seul époux, soit des deux, soit de plusieurs époux en cas de polygamie. Cette distinction peut être établie en fonction des critères spécifiques à l'exigibilité d'une créance. L'avant-projet de Code de la famille, en rattachant à la forme polygamique le régime de la séparation des biens, ne semble pas avoir évacué cette préoccupation.

Même dans le cas d'une séparation légale, la communauté de vie et d'intérêt, qui est nécessairement engendrée par les diverses unions matrimoniales d'un individu avec l'ensemble de ses épouses, finit par créer une sorte d'association de biens indivis ou communs, activement et passivement. Cette association exigera la liquidation équitable et l'établissement des comptes entre les époux.

Confronté à plusieurs reprises à la liquidation contentieuse des successions dans le cadre de la polygamie, le juge camerounais, conforté par une certaine doctrine, a progressivement procédé à la définition d'une certaine critériologie (professeur Jacqueline KOM). C'est ainsi que, dans l'affaire Sarki MANA de 2006, le juge de droit civil s'est appuyé sur la date de célébration du mariage, l'absence d'inventaire et l'ancienneté du mariage polygamique pour attribuer les trois quarts de la succession à la première épouse et le quart à la dernière épouse, qui n'avait fait que six mois de mariage avant le décès.

Ces critères qui se sont imposés au juge dans la liquidation de la succession en dehors de tout régime matrimonial supposé peuvent également accompagner les praticiens dans le processus de liquidation du régime matrimonial légal de la communauté des biens et des acquêts des époux polygames, notamment en cas de dissolution du régime du vivant des époux (divorce, séparation, annulation, etc.).

b- Le passif commun définitif

Il comprend les dettes qui présentent un caractère familial. À ce titre, elles tombent définitivement dans la communauté et grèvent la masse des biens affectés à la satisfaction des besoins de la famille.

Le passif commun définitif inclut les dettes alimentaires, les dettes contractées par les époux pour l'entretien du ménage, l'éducation des enfants, et l'obligation d'assistance et de secours qui entrent dans la définition des droits et devoirs fondamentaux induits par la communauté de vie qui induit « *des aliments des époux, de l'éducation et entretien des enfants, et de toute autre charge du mariage* »[133].

Le paiement des dettes peut être effectué ou poursuivi sur tous les biens conjugaux communs ou propres conformément aux articles 220, alinéa 2 du Code civil qui dispose que « *les actes ainsi accomplis par la femme obligent le mari envers les tiers, à moins qu'il n'ait retiré à la femme le pouvoir de faire les actes dont il s'agit, et que les tiers n'aient eu personnellement connaissance de ce retrait au moment où ils ont traité avec elle* », en vertu du principe de la solidarité entre époux. Selon ce principe, les époux sont des codébiteurs solidaires, ce qui donne aux créanciers la faculté de poursuivre l'un des époux pour se faire payer pour se faire payer.

Toutefois, il existe des limites : sont exclus, les dépenses manifestement excessives, eu égard au train de vie du ménage, à l'utilité ou à l'inutilité de l'opération, à la bonne ou mauvaise foi des créanciers ou des tiers contractants ; les achats à tempérament, les dettes résultant des actes unilatéraux nécessitant le consentement du conjoint pour leur validité, les emprunts excessifs.

Toutefois, les gains et salaires du conjoint constituent une catégorie particulière de biens communs. Ils ne peuvent être saisis par les créanciers du conjoint, car ils relèvent du pouvoir de gestion de l'époux titulaire, sauf si l'obligation a été contractée pour l'entretien du ménage ou l'éducation des enfants. Dans ce cas, la saisie des gains et salaires en question obéit à un régime particulier de la saisie attribution qui préserve le principe de la quotité insaisissable.

2- La répartition du passif propre

Du point de vue de l'obligation à la dette, ce sont les dettes propres nées du chef de chacun des époux, que les créanciers peuvent poursuivre sur les biens personnels. Il existe deux catégories de passifs propres : le passif qui est la contrepartie de l'actif propre (**a**) et le passif sans corrélation avec l'actif propre (**b**).

---

[133] Article 1409 n° 5 du Code civil.

a- Le passif propre corrélatif à un actif propre

D'après l'article 1410 du Code civil applicable, il s'agit des dettes dont les époux étaient tenus au jour de la célébration du mariage et qui, en principe, ne grèvent pas la communauté[134]. Cela est tout à fait évident, qu'avant le mariage, chacun des époux puisse avoir des dettes qui lui soient propres. Et la loi dit que le créancier de la femme ne peut en poursuivre le paiement que sur la nue-propriété[135].

De plus, il y a des dettes dont se trouvent grevées les successions et libéralités qui échoient aux époux pendant le mariage et qui échappent à la communauté.

Finalement, les créanciers d'un époux débiteur ne peuvent la poursuivre que sur ses biens et ses revenus, sauf dans certaines situations, comme celles de conflits, de confusion, d'apparence, d'erreur, de fraude, etc., qui sont des situations de fait, sources de contentieux.

c- Le passif propre sans corrélation avec un actif propre

On peut citer ici les dettes nées pendant le mariage, mais légalement exclues de la communauté. Ce sont les dettes contractées dans l'intérêt personnel des époux pour l'amélioration d'un bien personnel, les amendes encourues pour infraction pénale, les dommages et intérêts auxquels un époux a été condamné pour délit, ou encore les dettes contractées par un époux au mépris des devoirs conjugaux. Dans ce cas, il peut s'agir des dettes contractées pour l'entretien ou l'éducation d'un enfant naturel, adultérin, ou pour une maîtresse, etc.

Le patrimoine matrimonial est très complexe au regard de la diversité et de la composition des différentes masses de biens entendues du point de vue actif que du point de vue passif. Il s'ensuit que les enjeux économiques sont énormes dans le mariage d'où la nécessité d'encadrer la gestion du patrimoine matrimonial.

II- Le maintien de l'équilibre entre les trois masses de biens dans le régime de la communauté légale

Cette exigence est fondée juridiquement, puisqu'elle vise l'égalité, la justice et la paix entre les époux, même après la dissolution du régime, et

---

134 Dans ce sens, l'article 1410, al. 1 du Code civil applicable dispose que *« la communauté n'est tenue des dettes mobilières contractées avant le mariage par la femme, qu'autant qu'elles résultent d'un acte authentique antérieur au mariage ou ayant reçu avant la même époque une date certaine, soit par l'enregistrement, soit par le décès d'un ou de plusieurs signataires »*.

135 Article 1410, al.2 du Code civil applicable : *« Le créancier de la femme, en vertu d'un acte n'ayant pas de date certaine avant le mariage, ne peut en poursuivre contre elle le payement que sur la nue-propriété de ses immeubles personnels »*.

qu'elle assure la sécurité juridique. L'équilibre entre les différentes masses de biens peut être garanti suivant deux modalités : soit en nature pendant le fonctionnement du régime, soit en valeur au moment de sa dissolution et de sa liquidation. Il s'agira d'exposer deux formes de conservation : le maintien en nature de l'équilibre entre les masses des biens (A) et le maintien en valeur de l'équilibre établi entre les trois masses (B).

A- Le maintien en nature de l'équilibre entre les masses de biens

Le principe est celui de la subrogation d'un bien par un autre, suivant le mécanisme de remplacement. La subrogation dans ce cas est réelle et non personnelle.

La subrogation réelle consiste dans la substitution d'un bien par un autre, dans certaines conditions. En d'autres termes, lors d'une subrogation réelle, la condition juridique d'un bien propre ou commun remplacé est transférée sur le bien nouvellement acquis, également appelé le bien subrogé. Cet équilibre est principalement lié aux propriétaires. Il peut être atteint grâce à différents mécanismes, tels que le remplacement des créanciers par les propriétaires (1) et la situation de l'emploi et du réemploi (2).

1- La situation des créances remplaçant les propres

La créance devient propre à condition qu'elle conserve son individualité et ne devienne pas une chose de genre qui tombe dans la communauté (fongibilité).

L'échange

La subrogation réelle peut prendre la forme d'un échange. En conséquence, le bien acquis en échange d'un bien propre appartenant à l'un des époux est lui-même propre, sauf récompense due à la communauté, s'il y a soulte. La soulte est la valeur supérieure du bien par rapport à la valeur vénale du bien initial échangé (c'est-à-dire surplus de la valeur du bien échangé).

Dans ce cas, le bien est propre pour la valeur du bien initial, et commun pour la soulte (nature mixte, bien commun).

2- L'emploi et le remploi

Le principe : La subrogation réelle peut prendre la forme de l'emploi ou du remploi. Il y a emploi lorsqu'avec des deniers propres, un bien est acheté avec la volonté de remploi. Ce bien devient, sous certaines conditions, un bien propre.

Il y a remploi lorsque, grâce au produit de la vente d'un bien personnel, un nouveau bien est acquis et devient personnel sous certaines conditions. Ces conditions incluent une déclaration explicite dans l'acte d'achat de l'intention de l'acheteur concernant l'origine des fonds et l'objectif de l'opération d'acquisition. Cela permet de rendre l'acte d'achat opposable aux tiers, c'est-à-dire aux créanciers (c'est la position des tribunaux).

La double déclaration n'est donc pas une condition de validité de l'acte, mais une condition d'opposabilité, plutôt consacrée en droit français selon la réforme de 1965.

L'emploi et le remploi s'appliquent aussi bien aux immeubles qu'aux meubles, notamment en matière d'effets de commerce ou de valeurs mobilières.

Le régime juridique de l'emploi et du remploi

L'emploi et le remploi opèrent une fongibilité. La loi prévoit un régime juridique, les conditions d'emploi et de remploi de fond et de forme (cf. article 1434, al.1 Code civil).

L'époux acquéreur doit avoir l'intention de réaliser l'affectation ou le remploi spécifié dans l'acte d'acquisition du bien (fongibilité par la volonté, critère subjectif), en indiquant la provenance propre du bien ou des fonds et l'objectif de l'opération (cf. Louis Bach, 4e éd., p. 60.).

L'effet juridique est l'opposabilité de l'opération d'emploi ou de remploi au tiers ; et le bien acquis à titre d'emploi ou de remploi est propre comme l'était le bien auquel il a été substitué, si les conditions sont réunies.

Si le prix du remploie est supérieur à la valeur du bien propre, le bien acquiert une nature de bien mixte, c'est-à-dire, un bien propre donnant lieu à récompense au profit de la communauté pour le surplus ou la plus-value.

B- Le maintien en valeur de l'équilibre établi entre les trois masses

L'équilibre est assuré par deux modalités : le jeu des indemnités entre les patrimoines propres (*1*) d'une part, et la théorie des récompenses (*2*) d'autre part.

1- Les indemnités entre les patrimoines propres des époux

Elles ont pour but de rétablir l'équilibre rompu entre le patrimoine du mari et le patrimoine de la femme en raison du transfert direct de valeur entre ces deux patrimoines, sans passer par la communauté. L'indemnité peut exister entre les patrimoines propres des époux dans plusieurs cas de figure.

C'est le cas lorsque la femme s'oblige solidairement avec son mari pour les affaires de la communauté ou du mari visé à l'article 1431 du Code civil applicable qui dispose que « *La femme qui s'oblige solidairement avec son mari pour les affaires de la communauté ou du mari n'est réputée, à l'égard de celui-ci, s'être obligée que comme caution ; elle doit être indemnisée de l'obligation qu'elle a contractée.* ». La femme est alors réputée avoir consenti une caution à l'égard du mari. Elle doit être indemnisée de l'obligation qu'elle a contractée en qualité de caution du mari. Il y a là un droit à une indemnité au profit de la femme.

En revanche, cela s'applique lorsque le mari s'engage solidairement dans la vente d'un immeuble personnel de sa femme ou s'acquitte d'une dette personnelle de sa femme en vertu de l'article 1432 du Code civil applicable. Selon la loi, le mari a un recours en indemnité contre la femme, soit sur sa part dans la communauté, soit sur ses biens personnels ou le patrimoine propre de la femme[136].

On peut également retenir le droit à une indemnité entre les patrimoines propres lorsqu'un époux est responsable envers l'autre en vertu de la gestion d'affaires. Le régime primaire prévoit les hypothèses de mandat tacite, de représentation conventionnelle qui peuvent donner lieu, en cas de gestion d'affaires, à des indemnités.

Ici, c'est le régime de l'indemnité entre patrimoines propres qui s'applique, et non celui des récompenses ; car il s'agit de créances personnelles et de patrimoines propres qui ne donnent pas lieu à des prélèvements. On ne prélève que sur une masse de biens dont on est copropriétaire (biens communs, successions et non-biens propres). En outre, les dettes personnelles produisent des intérêts à la date de la demande de paiement et non à la date de la dissolution du régime, comme c'est le cas pour les compensations.

2- La théorie des récompenses

La théorie des récompenses peut se définir comme le mécanisme par lequel la communauté qui a profité des deniers propres d'un époux procède au remboursement.

Historiquement, l'ancien droit coutumier ignorait le système de récompenses. À la dissolution du régime, les époux n'exerçaient que les reprises en nature de leurs propres, comme c'est encore le cas. En conséquence, le prix des propres aliénés sans remploi profitait donc à la communauté, et était ensuite partagé entre époux. Cette situation s'est révélée inégalitaire, non équitable. Le mari, chef de la communauté, avait donc intérêt à vendre les biens propres de sa femme. Et LOYSEL exprimait cela par l'adage suivant : « *Le mari doit se relever trois fois la nuit pour vendre le bien de sa femme* », car ce faisant, il s'enrichissait de la moitié du prix, cela en valait donc la peine.

---

136 Selon l'article 1432.

Pour pallier à cet état de choses, on insérait dans le contrat de mariage (remploi contractuel), une clause par laquelle les époux se réservaient de faire à leur profit, remploi du prix en cas de vente. Et si le remploi n'avait pas été fait, l'époux vendeur reprenait le prix sur la communauté (comparable à l'institution des prélèvements en nature sur la communauté au profit d'un époux de l'ancien droit). Au XVIe siècle, le remploi sur les acquêts au départ contractuel, est devenu un remploi légal.

La pratique de remploi sur les acquêts au profit du patrimoine d'un époux a ensuite été généralisée en raison de son caractère fortement juste (p.63), et au XVIIIe siècle, la théorie des

Récompenses est née ou a été formée. Elle ne joue qu'entre la communauté et le patrimoine propre en cas d'appauvrissement ou d'enrichissement de l'un au détriment ou par rapport à l'autre. C'est à la dissolution que les causes de récompenses se révèlent.

a- Les causes des récompenses

À la réalité, on peut distinguer deux types de récompenses : les récompenses dues par la communauté à un époux d'une part, et celles dues à la communauté par un époux d'autre part.

S'agissant des récompenses dues par la communauté à un époux. Dans ce cas de figure, la communauté est débitrice à l'égard d'un époux. L'art.1433 Code civil dispose que « *S'il est vendu un immeuble appartenant à l'un des époux, de même que si l'on s'est rédimé en argent de services fonciers dus à des héritages propres à l'un d'eux, et que le prix en ait été versé dans la communauté, le tout sans remploi, il y a lieu au prélèvement de ce prix sur la communauté, au profit de l'époux qui était propriétaire, soit de l'immeuble vendu, soit des services rachetés.* » Cette disposition vise uniquement un cas où la communauté a tiré profit des biens propres, lorsque la communauté a encaissé des deniers propres ou en provenant de la vente d'un propre sans qu'il y en ait un emploi ou remploi.

Selon la doctrine de Louis BACH, la communauté doit répondre chaque fois qu'elle aura acquis ou amélioré des biens grâce à ses propres ressources, ou même simplement les aura conservés : par exemple, en réparant un bien commun avec des deniers propres, quelle que soit l'importance des réparations, ou en cas de remploi ou d'échange[137].

b- Quant aux récompenses dues à la communauté par un époux

La communauté est créancière à l'égard d'un époux.

---

137 Art.1407 et 1436 C. civ.

Elles sont prévues par l'article 1437 Code civil qui dispose que : « *Toutes les fois qu'il est prélevé sur la communauté, une somme, soit pour acquitter les dettes ou charges personnelles à l'un des époux, ...soit pour le recouvrement, la conservation, ou l'amélioration de ses biens personnels et généralement, toutes les fois qu'un époux a tiré un profit personnel des biens de la communauté, il en doit récompense* ».

On distingue trois cas possibles où la récompense est due à la communauté par un époux :

- cas des dettes propres payées par la communauté ;
- cas d'acquisition pour les instruments de travail nécessaires à la profession de l'un des époux ou pour les biens acquis à la suite d'un arrangement de famille, et pour le cas de portion de bien dont l'un des époux était propriétaire coindivisaire (art.1408 C. civ), acquittement de dettes à l'aide de biens communs lorsque l'engagement a été contracté dans l'intérêt personnel de l'un des époux) ;
- cas d'améliorations ou conservation des biens propres à l'aide de biens communs, notamment lorsqu'il y a eu une plus-value (à distinguer des dépenses de conservation ou impenses) ;
- cas de donation à la charge d'un époux faite à l'aide de biens de la communauté (dot au profit d'un enfant du premier lit à l'aide des biens communs, cf. art. 1469 Code civil) ; alors que la dot d'un enfant commun est une charge incombant normalement à la communauté.

Le montant et la preuve des récompenses

La loi établit elle-même la méthode de calcul de l'indemnisation en fonction de la présence ou de l'absence de réinvestissement, comme le stipule l'article 1469 : « *Chaque époux ou son héritier rapporte également les sommes qui ont été tirées de la communauté, ou la valeur des biens que l'époux y a pris pour doter un enfant d'un autre lit, ou pour doter personnellement l'enfant commun.* » C'est dans ce sens que se situe la pratique notariale[138]. Les intérêts ne commencent à courir qu'à compter du jour de la dissolution du régime. En ce qui a trait à la preuve, la loi distingue selon qu'il y a eu contestation ou non.

En cas de contestation ou de contentieux, l'administration de la preuve vise à établir un fait juridique, soit celui de l'accroissement ou de l'appauvrissement de la communauté. Ce principe de liberté de preuve permet d'établir par tout moyen, même par témoignage ou présomption, l'existence du profit procuré. Et là, c'est du pouvoir du juge qui apprécie.

---

[138] L. BACH, p. 66.

En l'absence de toute contestation, la liquidation se fait à l'amiable. Le notaire applique strictement la loi, notamment lorsqu'il n'y a pas de remploi. Il y a lieu de noter que les dispositions du Code civil en vigueur sont largement inspirées de la pratique notariale et consacrées par le législateur. Cependant, ces solutions de la pratique n'ont pas toujours été littéralement consacrées par la doctrine.

En tout état de cause, la composition des biens dans la communauté légale est très complexe. Il en ressort qu'il y a beaucoup d'interférence entre les différentes masses de biens. Ainsi, la situation pourrait entraîner des conséquences sur les règles de gestion.

Section 2- Les règles de gestion des biens dans la communauté des meubles et des acquêts

L'administration des biens communs est caractérisée par la consécration des pouvoirs du mari. En effet, il a l'administration de ses biens propres, mais aussi l'administration de la communauté et celle des biens propres de la femme. L'administration de biens propres de la femme par le mari découle des pouvoirs que celui-ci tient de sa qualité d'administrateur de la communauté, alors usufruitier des biens propres des époux, donc ceux de la femme, laquelle n'a que la nue-propriété de ses propres[139]. Par ailleurs, les pouvoirs du mari sur la communauté exigent souvent l'accord de la femme[140]. On relève que la répartition des biens entre les époux met en relief un déséquilibre qui se manifeste sur le plan de l'administration et de la disposition des biens communs.

Le véritable problème est celui de la détermination du statut de la communauté. Par ailleurs, outre les biens communs par nature, il faut y considérer l'usufruit des propres. La conséquence est la limitation des pouvoirs de chacun des époux sur ses biens propres au profit de la communauté. Or, il se trouve justement que le mari est le chef de famille et donc de la communauté.

D'après le Code civil en vigueur, les règles d'administration des biens conjugaux dans le régime de la communauté des meubles et acquêts varient, selon qu'il s'agit des biens communs ou des biens propres de chacun des époux. Le fait que chacun a l'autonomie de gestion de ses propres biens ne pose pas de problème. La difficulté se trouve dans la gestion de la communauté. L'on peut à l'analyse constater que la gestion est inégale (***I***)

---

[139] Avec la réforme française de 1965, le mari n'a plus l'administration des propres de la femme, car la communauté n'a plus l'usufruit des propres des époux.

[140] La loi française de 1985 a substitué aux pouvoirs du mari sur les biens communs une gestion concurrente de ceux-ci par les deux époux.

d'une part et, que cette gestion est encadrée à travers la sanction de la gestion de la communauté (*II*).

I- L'inégalité des époux dans la gestion de la communauté

La structure de la gestion de la communauté fait constater la prépondérance des pouvoirs de gestion du mari (**A**). Cette domination est atténuée par les pouvoirs exceptionnels de gestion reconnus à la femme (**B**).

A- La prépondérance des pouvoirs du mari

Contrairement au droit français qui a consacré la cogestion, le droit camerounais demeure dans le système d'unités d'administration des biens communs au nom de la cohésion familiale et de l'efficacité économique dans les rapports des époux entre eux et avec les tiers. Le mari, chef de famille et chef de la communauté est en principe l'unique interlocuteur des créanciers. La femme n'a que des pouvoirs exceptionnels sur les biens communs. Il s'agira donc de l'étendue des pouvoirs du mari sur les biens conjugaux (**1**) d'une part, sur les biens propres de chaque époux (**2**) d'autre part.

1- L'étendue des pouvoirs du mari sur les biens conjugaux

L'administration des biens conjugaux est règlementée par les articles 1421 et suivants du Code civil : *« Le mari administre seul les biens de la communauté. Il peut les vendre, aliéner et hypothéquer sans le concours de la femme. »*

La consistance des pouvoirs d'administration à main unique sur les biens communs

D'après la doctrine majoritaire53, l'administration des biens doit s'entendre de tous les actes ou de toutes les opérations juridiques qui entrent dans la gestion quotidienne du ménage.

Elle englobe aussi bien, les actes de disposition les moins graves indispensables à la vie du ménage, que les actes conservatoires et les actes d'administration simple dont le but est de satisfaire aux besoins du ménage. L'alinéa 2 dispose « *Il peut les vendre, aliéner et hypothéquer sans le concours de la femme* ». Le mari doit prendre des précautions pour préserver l'intérêt de la famille (communauté) et ne pas dilapider la communauté sous ce prétexte.

De même, en tant que chef de la communauté, tous les actes posés par la femme pour faire face aux contraintes du ménage engagent également le mari sur la base du mandat domestique de représentation, y compris les habilitations judiciaires. C'est le principe de la solidarité sous le rapport de l'obligation à la dette envers les tiers. Le mari garantit également les actes contractés par la femme dans l'intérêt de la communauté, ou du mari ; car en obligeant le mari ici, elle agit comme une caution et peut prétendre à une indemnité, le cas échéant (article 1431 du Code civil applicable).

Aussi, le mari commun en biens, garantit même solidairement la vente que sa femme peut faire d'un immeuble personnel. Même s'il reste vrai qu'il a droit à une indemnité par le recours contre elle sur ses biens personnels (usufruit de la communauté), ou sa part en communauté s'il est inquiété (article 1432 du Code civil applicable). Et la prise en compte de ces opérations se fait à la dissolution du régime, pendant les opérations de liquidation. Si les pouvoirs d'administration du mari sont largement entendus en ce sens qu'il s'agit des pouvoirs de passer les actes d'administration, de conservation et de disposition ou d'aliénation, il reste à savoir sur quels biens ils s'étendent.

2- L'étendue des pouvoirs d'administration à main unique sur les biens propres de chaque époux

Dans le régime de la communauté légale des meubles et acquêts, la communauté comprend aussi l'usufruit des biens propres de la femme et du mari. D'après une interprétation doctrinale de la loi, les pouvoirs d'administration du mari à main unique s'étendent non seulement sur ses biens propres et sur les biens de la communauté, mais également sur les biens propres de la femme. C'est ainsi que l'article 1428 du Code civil dispose que « *le mari a l'administration de tous les biens personnels de la femme. Il peut exercer seul toutes les actions mobilières et possessoires qui appartiennent à la femme* ».

L'extension des pouvoirs d'administration du mari s'explique par le fait que la communauté dispose de l'usufruit des propres de la femme et des propres du mari. Dès lors, en tant que chef ou administrateur de la communauté, le mari devient également administrateur ou gestionnaire des propres de la femme ou plus précisément de l'usufruit des propres de la femme. Ainsi, il y a confusion sur la tête du mari de deux qualités et donc confusion de pouvoirs : les pouvoirs personnels et ceux d'administrateur de la communauté, ce qui ne soulève pas des difficultés particulières.

Même si on peut noter, ici, des risques de conflits d'intérêts, ou que les intérêts du mari se confondent avec celui de la communauté. Le mari dispose sur les biens de la femme, de véritables pouvoirs d'administration, de tous les biens personnels de la femme. Et la femme ne conserve alors que la nue-propriété de ses biens propres[141]. C'est bien à ce titre qu'il peut exercer, selon l'article 1428, alinéa 2 du Code civil suscité, toutes les actions mobilières et immobilières qui appartiennent à la femme ; et qu'il est responsable de tout

---

[141] L. BACH, *Droit civil régimes matrimoniaux*, tome 2, 4e éd. Sirey, pp.69 et s.

dépérissement des biens personnels de sa femme, causé par défaut d'actes conservatoires ou d'administration (art.1428, al. 4 du Code civil applicable).

À l'inverse, le principe est que la femme n'oblige ni le mari ni la communauté par des engagements qu'elle contracte pour un autre objet que l'intérêt du ménage ou les besoins de sa profession (art. 225, al.3 C. civ.). Toutefois, d'après l'al.1er, art. 225 du C. civ., les créanciers personnels de la femme peuvent exercer leur droit de poursuite que sur les biens réservés, même si l'obligation n'a pas été contractée dans le cadre de l'exercice de la profession. La femme, d'après la loi, ne peut obliger la communauté, qu'avec le consentement du mari, sous réserve des exceptions fondées sur le mandat de représentation judiciaire[142].

Quel jugement pouvons-nous porter sur cet état du droit dans un contexte où, de nos jours, la femme acquiert de plus en plus, grâce à l'éducation et à la formation (amélioration du taux de scolarisation des femmes), un emploi de qualité susceptible de lui procurer des ressources professionnelles ou individuelles, et d'acquérir des biens propres importants et d'en disposer, telle la société commerciale, qui exige plus d'autonomie ? Et quelle force juridique la CEDEF peut apporter ? Toutefois, la loi elle-même apporte certains tempéraments à cette forme d'administration dite « *à main unique* ».

La gestion de la masse communautaire est confiée au mari, ainsi, selon l'al 1er de l'article 1421 *« le mari administre seul la communauté ; il peut vendre, aliéner ou hypothéquer sans le secours de la femme, sauf à répondre des fautes qu'il aurait commises dans sa gestion ».*

La femme ne peut demander en justice à être substituée au mari dans l'exercice de ses pouvoirs que si le mari se trouve d'une manière durable hors d'état de manifester sa volonté (art. 1427 C. civ.).

Les pouvoirs du mari portent surtout sur les biens communs ordinaires[143]. Il est seul administrateur de la communauté et peut en principe disposer des biens communs ordinaires. La femme, d'après le législateur, ne peut obliger la communauté qu'avec le consentement du mari, sous réserve des exceptions fondées sur le mandat de représentation judiciaire, comme le précisent l'article 217 et la représentation conventionnelle prévue par l'article 219 ainsi par la règlementation OHADA.

---

[142] Les règles de représentation ont été exposées dans le régime primaire. Ces règles sont précisées aux articles (article 217 C. civ.), la représentation conventionnelle (art. 219 C. civ.), et l'art. C. civ. et l'article 5

[143] Par opposition aux biens communs réservés c'est-à-dire acquis par la femme au fruit de son salaire.

B- Les pouvoirs exceptionnels de la femme dans l'administration de la communauté

La consécration exceptionnelle des pouvoirs d'administration de la femme constitue une limite au principe de gestion unique. Il ne s'agira pas ici de faire une énumération des pouvoirs de la femme. Dans une approche analytique, l'on envisagera tour à tour les limites légales (*1*) et les restrictions conventionnelles (*2*).

1- Les limites légales à la gestion unique du mari

Les restrictions au pouvoir de gestion unique du mari sont très variées, et sont légalement consacrées. Elles participent à la protection de l'intérêt familial et de la femme.

Les actes interdits au mari

La loi interdit au mari, chef ou administrateur principal de la communauté, de passer les actes graves qui portent atteinte à la substance et à la consistance même de la communauté, sans le consentement de la femme dans certains cas seulement. D'après l'article 1422 Code civil applicable : « *Le mari ne peut, même pour l'établissement des enfants communs, disposer entre vifs à titre gratuit des biens de la communauté sans le consentement de sa femme* ». Autrement dit, les donations faites par le mari sans le consentement de sa femme peuvent être annulées. La femme peut passer outre.

De plus, si une personne effectue une donation par testament (un legs), la loi stipule qu'elle ne peut pas dépasser sa part dans la communauté[144] (article 1423 du Code civil). Et si, malgré tout, il a donné un effet de la communauté par testament, l'alinéa 2 de l'article 1423 ci-dessus cité précise clairement que « *le donataire ne peut le réclamer en nature qu'autant que l'effet par l'événement de partage, tombe dans le lot des héritiers du mari* ». Et si l'effet ne tombe pas dans le lot des héritiers du mari, « *le légataire ne peut alors prétendre qu'à la récompense de la valeur totale de l'effet donné, sur la part des héritiers du mari dans la communauté, et sur les biens personnels de ce dernier* »[145]. Aussi, si le paiement des amendes civiles à l'exclusion des amendes pour crime encourues par le mari est fait sur les biens de la communauté, la femme a droit à une récompense[146].

En revanche, les amendes encourues par la femme ne peuvent être exécutées que sur la nue-propriété de ses biens personnels, tant que dure la communauté. La femme dispose ainsi de l'hypothèque légale sur la

---

[144] L'article 1423 du Code civil applicable dispose que la donation testamentaire faite par le mari ne peut excéder sa part dans la communauté.
[145] Art. 1423, al.2, C. civ.
[146] Article 1424 du Code civil.

communauté et les biens du mari. Toutefois, celle-ci ne prend corps qu'à la dissolution du régime.

Les actes passés sur la base du mécanisme de la représentation légale du mari par la femme sont admis dans l'exercice des pouvoirs que la femme tient de la loi, en cas d'éloignement ou d'absence, ou du mandat domestique. Dans ce cas, la représentation permet de limiter les pouvoirs de gestion unilatérale du mari, ce, dans l'intérêt de la famille. Ainsi, l'article 1427 du Code civil applicable précise que « *si le mari est hors d'état de manifester sa volonté, la femme peut être habilitée par la justice, à le représenter dans l'exercice des pouvoirs qu'il tient des articles1421 et 1428 du Code civil* ».

L'institution des biens réservés permet à la femme de préconstituer une partie de la communauté qu'elle administre seule, directement dans son intérêt et celui de la famille.

Toutefois, dans la pratique, l'on observe des abus dans la mise en œuvre de la liberté de gestion des biens acquis par la femme en communauté de biens et qui sont sous son administration directe.

Les biens paraphernaux dans le cadre des régimes dotaux

En droit comparé français, dans le régime dotal, la gestion des biens dits paraphernaux limite les pouvoirs d'administration du mari en interdisant tous les actes de disposition ou les aliénations. Il convient de rappeler que ce régime n'existe pas en droit camerounais.

Les autorisations judiciaires et les mandats donnés à la femme

La femme peut aussi demander à être autorisée à administrer la communauté, notamment lorsque le mari est absent ou dans l'impossibilité de le faire, sous peine de nullité également. Ces autorisations judiciaires et mandats relèvent du régime primaire.

Les autres pouvoirs de la femme sur les biens communs

Des pouvoirs ménagers de la femme mariée : La femme mariée a le pouvoir d'engager des dépenses ménagères. À ce titre, elle est titulaire d'un mandat tacite appelé mandat domestique. Les actes passés par la femme dans ce cadre lient le mari qui en reste débiteur solidaire.

Du pouvoir de contrôle et de substitution : La femme a le pouvoir de contrôle sur tous les actes d'administration du mari. Ce qui implique l'obligation pour le mari d'informer la femme de sa gestion quotidienne.

Le pouvoir de représentation du mari : La femme a également le droit de se substituer au mari en cas de défaillance[147]. Il en est ainsi lorsque le mari est dans l'impossibilité d'administrer la communauté soit pour cause de maladie et

[147] Par exemple lorsque le mari met en péril les biens communs.

d'éloignement. Cette représentation peut être judiciaire ou non. Il convient dans ce cadre de ne pas oublier le pouvoir d'accomplir les actes conservatoires.

2- Les limitations conventionnelles

Les limitations conventionnelles aux pouvoirs d'administration unilatérale du mari relèvent quant à eux du droit commun. Car le principe est qu'on ne peut disposer librement que de ce dont on est le titulaire légitime. En cas d'abus, le mari qui a disposé d'un bien dont il n'était pas propriétaire peut être contraint grâce aux mécanismes fondés sur la gestion d'affaires, la théorie de l'apparence, etc. Au demeurant, le régime légal contient des règles qui sont impératives.

Telle n'est pas la situation dans un régime conventionnel de communauté dans lequel les époux déterminent, conformément au principe de la liberté des conventions matrimonial, l'ensemble des règles devant gouverner la composition de la communauté ou les acquêts, ainsi que celles régissant la gestion de leur masse commune. Les époux peuvent avoir recours aux clauses particulières et consentir entre eux des avantages matrimoniaux, soumis à différents régimes juridiques.

À la différence de l'administration à main unique propre au régime légal de la communauté des meubles et acquêts, le principe est généralement celui de la cogestion ou de la gestion communauté des biens communs ou acquêts par les époux dans le régime de la communauté conventionnelle. Ce principe s'applique notamment aux actes graves, dans le régime de la communauté réduite aux acquêts ou le régime de participation aux acquêts. Le notaire devra également y faire attention au moment de l'établissement du contrat de mariage.

La femme a tantôt des pouvoirs directs sur les biens communs relatifs à l'entretien du ménage et l'administration des biens réservés, tantôt des pouvoirs indirects exercés à travers son contrôle ou sa substitution.

Les pouvoirs de la femme sur les biens réservés

La femme a, pour l'administration des biens réservés, les mêmes pouvoirs que le mari pour l'administration des biens communs ordinaires. Elle détient les pouvoirs de gestion et de disposition, soumis aux mêmes restrictions que son mari. Elle répond des éventuelles fautes commises dans l'exercice de ses responsabilités, conformément à l'article 1424 du Code civil qui stipule : « *Les amendes encourues par le mari pour crime n'emportant pas mort civile, peuvent se poursuivre sur les biens de la communauté, sauf la récompense due à la femme ; celles encourues par la femme ne peuvent s'exécuter que sur la nue-propriété de ses biens personnels, tant que dure la communauté.* » Par ailleurs, elle ne peut disposer des biens réservés que dans la mesure où le mari peut disposer des biens communs ordinaires, conformément aux articles 1421 et suivants du Code civil[148].

II- Les sanctions des règles relatives aux pouvoirs des époux

Les sanctions expriment la nécessité de contrôle de l'exercice des pouvoirs de gestion des époux. L'exercice abusif des pouvoirs de gestion peut engager la responsabilité de l'auteur au plan civil. Comme il s'agit de la gestion économique de la famille, il est important de protéger son ordre public économique contre les comportements répréhensibles de chacun des époux. Ces sanctions sont requises aussi bien dans la gestion des biens communs (***A***) que dans celle des biens propres à chaque époux (***B***).

A- Dans l'administration des biens communs

Dans le cadre de la gestion des biens communs, il existe un pouvoir de contrôle de gestion réciproque de l'administration de ces biens. Puisque, c'est le mari qui est le gérant de principe de la communauté, afin d'éviter tout abus, chaque époux dispose de la faculté d'ester en justice (**1**) d'une part, et de demander la nullité des actes de gestion (**2**) d'autre part.

1- La faculté d'ester en justice pour chaque époux

Le droit d'ester en justice de chaque époux est assez étendu. Il permet de garantir à chacun d'avoir un droit de regard sur la gestion des biens. Il y a l'exigence de la bonne foi, et le principe de l'administration en bon père de famille. Dès lors qu'il des cas de fraude ou des fautes de gestion mettant en cause les intérêts du ménage ou de l'un des époux, plusieurs possibilités sont ouvertes :

- **La possibilité pour la femme de demander** la séparation judiciaire des biens[149]. Cette séparation judiciaire constitue une limite au principe de l'immutabilité du régime matrimonial étudié plus haut.
- **La possibilité pour chaque époux de demander** en justice à être substitué à son conjoint dans l'exercice de ses pouvoirs lorsque celui-ci est temporairement hors d'état de manifester sa volonté ou s'il commet une fraude ou une inaptitude atteste du caractère approprié de cette mesure[150].

[148] Le mari administre seul les biens de la communauté. Il peut les vendre, aliéner et hypothéquer sans le concours de la femme.
[149] L'art 1443 al. 2 précise que toute séparation volontaire est nulle.
[150] Si le mari est hors d'état de manifester sa volonté, la femme peut, dans les conditions prévues. à l'art. 219, être habilitée par justice à le représenter dans l'exercice des pouvoirs qu'il tient des art. 1421 et 1428 (art. 1427 C. civ.).

- **En cas de dépassement des pouvoirs** de la part d'un époux, la sanction réside dans la nullité de l'acte à la demande du conjoint ou des héritiers, à moins que la nullité ne soit couverte par la ratification[151].

2- L'action en nullité des actes de gestion

L'action en nullité vise pour chaque époux à demander l'annulation d'un acte de gestion dès lors que l'époux intéressé a connaissance du vice qui a entaché l'acte. Si le vice en question vise à protéger l'intérêt général, alors la nullité aura un caractère absolu. Cette cause ne peut être couverte, car elle est d'ordre public. Dans ce cas, le juge ne dispose pas de pouvoir d'appréciation.

En revanche, si le vice tend à protéger un intérêt particulier, seul l'époux lésé par ledit vice doit intenter l'action en nullité, qui est dans ce cas une nullité relative. La charge de la preuve revient à la personne qui l'invoque. Les éléments sont soumis au pouvoir d'appréciation du juge.

L'action en nullité est ouverte aux conjoints pendant deux ans à partir du jour où il a eu connaissance de l'acte. L'annulation ne peut être demandée plus de deux ans après la dissolution de la communauté. Passé ce délai, l'action est prescrite, s'il s'agit d'une cause de nullité relative, ce qui n'est pas le cas lorsqu'il s'agit d'une cause de nullité d'ordre public.

B- L'administration des biens propres des époux

Les biens sont soumis à la libre gestion de chaque époux. Il s'ensuit que chaque propriétaire peut exercer toutes les prérogatives que lui confère la propriété. Positivement, chacun peut en faire usage et disposer librement. Sauf que, la propriété n'est pas absolue : elle est soumise au respect des lois et des règlements. Ainsi, bien que la gestion soit généralement indépendante et exclusive (1), elle peut parfois engendrer une responsabilité légale (2).

1- Le principe de la libre et exclusive gestion

Le principe est celui de la libre et l'exclusivité gestion personnelle des biens propres. Chaque époux a l'administration et la jouissance de ses biens propres et peut en disposer librement. Comme le précise l'article 544 : « *La propriété est le droit de jouir et disposer des choses de la manière la plus*

---

[151] Si l'un des époux a outrepassé ses pouvoirs sur les biens communs ou les biens réservés, l'autre, à moins qu'il n'ait ratifié l'acte, peut demander sa nullité (cf. : CS arrêt n° 84/C du 18 juin 1998, affaire madame ELLA née MONEYANG Honorine c/ NKOUNTCHE TCHE Jean Claude. Il s'agissait de la vente d'un immeuble commun par le mari après le divorce malgré l'opposition de la femme devant le notaire. La femme avait été déboutée de son action en nullité de la vente.)

absolue, pourvu qu'on n'en fasse pas un usage prohibé par les lois ou par les règlements. »[152]

Mais, le principe de la gestion personnelle et libre des biens propres connaît quelques tempéraments. Ainsi, l'article 1428 C. civ. dispose que « le *mari a l'administration de tous les biens personnels de la femme. Il peut exercer toutes les actions mobilières et possessoires qui appartiennent à la femme. Il ne peut aliéner les immeubles personnels de la femme sans son consentement. Il est responsable de tout dépérissement des biens personnels causé par défaut d'actes conservatoires* ». Il en résulte que le mari, comme gérant de la communauté globale, ne peut aliéner les biens de la femme. Cette action constitue une violation de la protection. Elle peut être tenue pour responsable en vertu de l'article 1382[153]. Comme on l'a vu plus haut, elle dispose du pouvoir de solliciter l'annulation de l'acte posé par le mari, et d'obtenir la restitution de son bien. Dans l'impossible, elle peut obtenir réparation. Il faut qu'il y ait un préjudice dont la cause est imputable à son auteur.

2- Le mandat et la responsabilité des époux

Lorsque l'un des époux confie l'administration de ses biens propres à l'autre, les règles du mandat sont applicables. Cependant, l'époux mandataire est dispensé de rendre compte des fruits, à moins que la procuration ne l'y oblige expressément. Donc, qu'il n'existe aucune présomption de rendre compte réciproquement de la gestion du mandat. Ce qui paraît être une source d'insécurité. Le mandant doit disposer du pouvoir de contrôle tacite tant sur le mandat que sur le mandataire. Puisque le mandat est donné dans un cadre spatial, temporel et matériel précis. Dans ce sens, l'obligation de rendre compte s'entend comme une simple question de bon sens.

Lorsque l'un des époux prend en main la gestion des biens propres de l'autre en vertu d'un mandat tacite, ce mandat couvre ses actes d'administration et de jouissance et tous les actes de disposition. L'époux mandataire n'est comptable que des fruits existants et non des fruits consommés, sauf fraude.

En cas d'immixtion dans la gestion des biens propres du conjoint au mépris d'une opposition constatée, on est responsable et comptable de tous les fruits perçus. Dès lors, la responsabilité pour faute ou sans faute peut être engagée contre l'époux auteur sur le fondement des articles 1382 et 1383. Le premier fixe le cadre général de responsabilité civile : « *Tout fait quelconque de l'homme, qui cause à autrui un dommage, oblige celui par la faute duquel il est arrivé, à le réparer.* » Tenu d'administrer les biens de la femme en bon

[152] Il s'agit notamment des biens dont l'époux détient la nue-propriété. À défaut, il n'en sera question d'un droit de jouissance.
[153] Cette disposition pose le fondement de la responsabilité civile. Deux type de responsabilité, la responsabilité pour faute et la responsabilité sans faute dans l'article 1383.

père de famille, le mari peut être poursuivi en dommages et intérêts pour faute de gestion ayant causé un préjudice à
la femme. Il existe une forte activité prétorienne en la matière dans les rapports entre les partenaires en présence ou non du mariage[154].

Conclusion du chapitre 1

En tout état de cause, la gestion de la communauté se partage entre les époux, dans un cadre inégalitaire au profit du mari. Les règles de gestion sont assez rigides et ne laissent pas assez de liberté aux époux. Toutefois, le contrôle de gestion permet d'assurer un certain équilibre des pouvoirs. La recherche exagérée de l'intérêt économique ne viderait-elle pas le mariage de sa substance humanitaire et sociale ?

---

[154] Elles commencent au moment où la promesse de mariage est devenue officielle. Voir commentaire de F. ANOUKAHA, L. ELOMO-NTONGA et S. OMBIONO in *Tendances jurisprudentielles du droit des personnes et de la famille de l'ex-Cameroun oriental* p. 26 ; Le demandeur dans une action en justice pour rupture
abusive de fiançailles doit prouver la faute du défendeur : Aff. Mangmi Lucienne contre Lontho Jean ; TPD New-bell et Bassa-Douala ; jugement n° 192 du 9 décembre 1976. Voir commentaire de F. ANOUKAHA, L. ELOMO-NTONGA et Ombiono Siméon in *Tendances jurisprudentielles du droit des personnes et de la famille de l'ex-Cameroun oriental* p.27 ; Les fiançailles rompues, la dot doit obligatoirement être remboursée. Il n'y a pas compensation entre l'obligation de paiement de dommages-intérêts pesant sur le fiancé fautif et la restitution de la dot par la demanderesse qui aurait eu gain de cause : Aff. Essomba contre demoiselle Meyo, CS A. n° 135 du 25 mai 1971 – Bull. 24 p.2985 ; Aff. Ndedi Madeleine contre Mana Mana Grégoire, TPD jugement n° 355 du 17 février 1977. Voir commentaire de François Anoukaha, Elomo-Ntonga Lisette et Ombiono Siméon in *Tendances jurisprudentielles du droit des personnes et de la famille de l'ex-Cameroun oriental* p.28.

CHAPITRE 2 :

L'ORGANISATION ET LE FONCTIONNEMENT DU RÉGIME DE LA SÉPARATION DES BIENS

Le régime de la séparation de biens n'est pas très courant en Afrique en général et au Cameroun en particulier. Il s'apparente à un genre d'égoïsme et d'individualisme, ce qui constitue une rupture nette par rapport à la conception communautaire du mariage dans les sociétés d'Afrique subsaharienne. En effet, ce régime tend à distendre les liens affectifs entre les époux et à renforcer les liens patrimoniaux.

De fait, il apparaît donc une rupture non seulement idéologique, mais aussi structurelle entre la réalité juridique du régime de la séparation de biens et les appréhensions dont il est l'objet. Le fait réel étant ici que, lors de l'entrée en mariage, le déséquilibre des patrimoines des époux renforce toujours la figure titulaire du mari. Dans ce cadre, le choix du régime de la séparation de biens par les époux s'assimile à bien des égards, comme le triomphe de la nature individualiste soit du mari soit des conjoints. Mieux, le choix de ce régime est généralement opéré par des personnes plus avisées en matière de choix de régimes matrimoniaux.

Selon le droit camerounais, les modalités d'organisation et de gestion du régime de la séparation des biens sont définies dans le Code civil aux articles 1536 et 1539. En effet, l'article 1536 dispose que : « *Lorsque les époux ont stipulé par leur contrat de mariage qu'ils seraient séparés de biens, la femme conserve l'administration, la jouissance et la libre disposition de ses biens personnels.* » Il en ressort que le régime de séparation a un caractère essentiellement conventionnel. Ce caractère est expressément d'ordre public. L'on ne peut parler de régime de séparation sans une convention. Cette dernière, dans sa formation, est régie par les règles de droit commun prévues aux articles 1108 du Code civil.

Il est important qu'il existe plusieurs formes de régime séparatiste. À côté du régime de la séparation des biens pure et simple, qui constitue le prototype des régimes séparatistes, le Code civil prévoit deux autres régimes que sont le régime sans communauté et le régime dotal.

Le régime de la séparation des biens est défini comme le régime dans lequel chacun des époux conserve l'administration, la jouissance et la libre disposition de ses biens. Il exclut en principe toute communauté. Toutefois, les époux ont l'obligation de contribuer aux charges du ménage. La séparation de biens se caractérise, en théorie du moins, par une extrême simplicité. Aucune union d'intérêts pécuniaires n'est créée entre les époux ; le mari n'a aucun droit ni aucun pouvoir sur les biens de sa femme en conséquence :

De ce qui précède, l'approche consistera à examiner les règles d'organisation bipartite des biens (**Section 1**) et celles relatives à l'administration des biens des époux séparés en biens (**Section 2**).

Section 1- Les règles d'organisation bipartite des biens dans le régime de séparation

La législation camerounaise permet aux époux d'opter pour la communauté ou la séparation de biens. En cas de séparation de biens, l'article 1529 du Code civil organise le régime.

En effet, la séparation de biens pure et simple s'oppose nettement à la communauté, puisqu'elle ne comprend pas de masse commune. Chacun des époux possède ses propres biens et les administre librement.

D'abord exclusivement conventionnel en droit positif camerounais, le régime de séparation des biens peut exceptionnellement être imposé à un couple lorsqu'un jugement prononce la séparation de corps entre deux époux. Le législateur camerounais n'a fait que l'évoquer, sans l'organiser ; on peut donc en déduire qu'il renvoie implicitement son organisation au Code civil français, une loi d'emprunt.

Contractuelle ou judiciaire, la séparation de biens constitue, relativement aux autres régimes, le type le plus séparatiste, le plus individualiste, celui sous lequel l'indépendance des époux prend son plus ample déploiement. Il faut toutefois relever que cette séparation s'atténue quand même dans la vie du couple dont elle épouse souvent les contingences. Elle n'est donc pas absolue.

La composition des biens dans le régime de la séparation est très encadrée. Les règles d'organisation peuvent être analysées à travers le principe de la séparation des patrimoines des époux (**I**) et ses tempéraments (**II**).

I- Le principe de la séparation des patrimoines des époux

Le principe de la séparation des patrimoines combiné au principe de la séparation des pouvoirs constitue un critère de distinction entre les régimes communautaires et les régimes séparatistes. Il s'agit d'un principe caractéristique du régime de la séparation des biens. Il convient de donner les caractéristiques du principe (**A**) et son étendue (**B**).

A- Un principe caractéristique des régimes séparatistes

Ces caractéristiques permettent de déterminer les caractères généraux (**1**) et les avantages et les inconvénients du régime de la séparation (**2**).

1- Les caractères généraux du régime de la séparation des biens

Le régime séparatiste est celui qui ne contient pas en principe de masse commune de biens entre époux. Il est surtout un régime conventionnel qui se caractérise par la séparation rigoureuse des intérêts patrimoniaux des époux et par la force des époux dans la jouissance et la disposition de leurs biens. Les époux ont les mêmes pouvoirs sur leurs biens que n'importe quel propriétaire, ce qui permet à la femme mariée d'exercer pleinement sa capacité.

Cependant, même dans ce régime, les époux peuvent convenir d'avoir une unité d'administration et de jouissance. Les époux régis par le régime de séparation de biens doivent contribuer aux charges du ménage, le régime matrimonial primaire étant obligatoire. Chaque époux peut engager non seulement ses biens, mais solidairement ceux de son conjoint lorsqu'il passe des contrats relatifs aux charges du ménage et à l'entretien des enfants. En dehors de ces domaines, chaque époux est tenu du passif né de son chef.

Dans le régime de type séparatiste sans communauté : Il est régi par les articles 1 530 à 1 535 du Code civil. C'est un régime de nature hybride, car il se rapproche à la fois du régime de séparation de biens et du régime de la communauté. Comme dans le régime de la séparation des biens, il n'y a pas de biens communs dans le régime sans communauté. Chaque époux conserve ainsi la propriété de ses biens meubles et immeubles acquis avant et pendant le mariage. De même, chaque époux est responsable des dettes qu'il a contractées avant ou pendant le mariage sous réserve des dettes concernant les règles relatives aux dettes liées à l'éducation des enfants et à l'entretien du ménage. Cette séparation des patrimoines n'entraîne pas une séparation de gestion ou des pouvoirs. En effet, d'après l'article 1 530 du Code civil : « *La clause portant que les époux se marient sans communauté ne donne point à la femme le droit d'administrer ses biens, ni d'en percevoir les fruits. Ces fruits sont censés être apportés au mari pour soutenir les charges du mariage* ». C'est dire que les biens personnels de la femme dans le régime sans communauté ne sont pas administrés par elle-même. C'est au mari qu'il revient le pouvoir de poser les actes d'administration et conservatoires sur ces biens.

Mais le mari n'a pas le pouvoir d'en disposer : seule la femme, parce qu'elle conserve la nue-propriété de ses biens, peut le faire à condition d'obtenir au préalable le consentement de son mari et en cas de refus une autorisation judiciaire.

À la dissolution de ce régime, le mari est tenu de restituer à la femme tous ses biens. Si, parmi ceux-ci se trouvaient des choses dont on ne peut faire usage sans les consommer, le mari doit rendre leur prix estimé au jour de leur acquisition ou du contrat de mariage. Tenu d'administrer les biens de la femme en bon père de famille, le mari peut être poursuivi en dommages et intérêts pour faute de gestion ayant causé un préjudice à la femme.

Globalement, le régime de la séparation des biens entraîne une double conséquence :

Chaque époux assure en toute indépendance l'administration et conserve l'entière propriété, non seulement de ses biens présents, de ceux qui lui échoient par succession, donation ou legs, mais aussi de toutes les acquisitions qu'il fait à titre onéreux pendant le mariage.

Il y a séparation complète du passif des époux. Chaque créancier n'a de droit de poursuite que sur les biens de l'époux qui est son débiteur. La femme reste tenue de contribuer, dans la mesure de ses facultés aux charges du mariage.

Le régime dotal : il peut être défini comme un régime de séparation de biens dans lequel chaque époux conserve en principe la propriété et l'administration de son patrimoine, mais dans lequel les biens de la femme sont divisés en deux catégories gérées de manière différente.

La composition et la gestion des biens dans le régime dotal

Dans le régime dotal, chaque époux conserve en principe la propriété de ses biens présents et futurs. Cependant, les biens de la femme sont répartis en deux catégories à savoir :

Les biens dotaux : ce sont des biens que la femme a choisi d'apporter à son mari afin de l'aider à assumer les charges du ménage. Ces biens sont administrés par le mari et sont en principe inaliénables s'agissant surtout des immeubles ;

Les biens paraphernaux : ils renvoient au reste des biens qui demeurent entre les mains de la femme et sur lesquels elle a les mêmes pouvoirs qu'une femme séparée de biens à savoir l'administration, la jouissance et la libre disposition, conformément à l'article 1 574 du Code civil : « *Tous les biens de la femme qui n'ont pas été constitués en dot sont paraphernaux.* » À la dissolution du régime dotal, le mari est tenu de restituer à la femme tous les biens dotaux. Il est également tenu de toutes les fautes de gestion ayant entraîné la détérioration des biens dotaux.

2- Les avantages et les inconvénients

Le régime de séparation de biens présente des avantages et des inconvénients.

Comme avantages : le régime de la séparation des biens est le seul régime qui permette à la femme mariée de conserver le plein exercice de sa capacité civile ; Il ne comporte pas les mêmes difficultés de liquidation que le régime de communauté[155].

Comme inconvénients : On reproche à ce régime son caractère indépendant et trop facilement égoïste[156]. On lui reproche également de favoriser les fraudes des époux envers les tiers en permettant de faire passer à la tête de l'un tous les biens de l'autre époux lorsque ce dernier est en passe de devenir insolvable.

B- La consistance de la séparation des patrimoines

Séparatiste, ce régime ne préside à la formation d'aucune masse de biens commune, laissant en propre à chaque époux tous ses biens ; il établit ainsi une séparation des patrimoines d'autant plus que, chaque masse regroupant l'universalité des droits et obligations de son propriétaire, le régime aboutit à séparer corrélativement l'actif (**1**) et le passif (**2**) de chacun des époux. La contribution est fixée librement entre les époux par le contrat de mariage[157].

1- La séparation de l'actif

Avec l'absence de la communauté, il n'existe que les biens personnels à l'un ou l'autre des époux, au mari ou à la femme. On entend par propre, d'une manière générale, les biens que les époux possédaient au jour du mariage, des biens qu'ils acquièrent pendant le mariage, soit à titre onéreux, soit à titre gratuit. En conséquence, si les époux acquièrent en commun un bien, il ne sera pas commun au sens juridique exact du terme (c'est-à-dire un acquêt), mais indivis et donc soumis aux règles de l'indivision ordinaire. De même à la dissolution du régime, il n'y a pas de masse partageable, chaque époux reprend ses biens personnels.

La séparation des biens exclut toute masse commune en principe. Ainsi, chaque époux conserve la pleine propriété de ses biens personnels. Il s'agit des biens présents, des biens futurs, et des revenus des biens personnels. Les gains et salaires demeurent également la propriété exclusive de l'époux. C'est un principe général qui veut que chaque époux conserve la propriété de ses biens présents et futurs.

L'actif est alors composé de : d'une part, des biens acquis avant la célébration du mariage, et, d'autre part, des biens acquis au cours du mariage,

---

[155] Lorsqu'il existe des enfants d'un précédent mariage, ce régime est le meilleur pour éviter les discussions entre eux et le second conjoint.

[156] Volontiers admis par les anglo-saxons, il convient aux femmes qui sont capables de gérer elles-mêmes leur fortune et n'est favorable qu'à celle dont les gains et les revenus sont supérieurs à ceux du mari.

[157] (Art. 1537 et 1575 C. civ.

tant à titre onéreux qu'à titre gratuit. Parce que les époux sont seuls propriétaires des biens qu'ils ont acquis avant ou au cours de l'union matrimoniale, ils conservent toutes les attributions du droit de propriété.

Sous le régime de la séparation de biens, l'instauration d'une communauté étant exclue, les éléments d'actif acquis séparément, à commencer par les revenus, ne peuvent pas, par hypothèse, alimenter une troisième masse de biens.

Les applications de la séparation font observer certaines difficultés à deux niveaux : sur l'acquisition de la propriété.

Sur l'acquisition des biens :

Sous le régime de la séparation de biens, faute d'instauration d'une communauté, les éléments d'actif que les époux acquièrent séparément, à commencer par leurs revenus, n'ont pas vocation à alimenter une troisième masse de biens.

C'est la raison pour laquelle ils en conservent nécessairement la propriété à titre individuel, sans que l'enrichissement que leur procure l'acquisition faite ne puisse, par un transfert de valeur, profiter au patrimoine du conjoint. Tel sera notamment le cas des gains et salaires, des revenus de propres et plus généralement de tous les biens acquis à titre onéreux ou à titre gratuit au cours du mariage.

Sur le plan purement patrimonial, les époux séparés de biens sont regardés comme des tiers l'un pour l'autre. Et les rapports pécuniaires qu'ils entretiennent entre eux sont, pour l'essentiel, régis par le droit commun.

L'acquisition d'un bien par un époux financé par le conjoint

La plupart du temps, lorsqu'un époux se porte acquéreur d'un bien, il le fait au moyen de ses propres deniers, de sorte que ce bien lui appartiendra en propre, sans qu'il lui soit besoin d'accomplir les formalités d'emploi ou de remploi requises sous le régime légal.

Sous le régime de la séparation de biens, chaque époux reste propriétaire, par principe, des biens qu'ils acquièrent au moyen de leurs deniers personnels.

Il est des cas néanmoins où l'époux qui réalisera l'acquisition ne sera pas nécessairement celui qui l'aura financée. Il peut, en effet, arriver que cette acquisition soit financée par le conjoint. Lorsque cette situation se présente, la question alors se pose de la propriété du bien. Revient-elle à l'époux qui s'est porté acquéreur ou à celui qui a financé l'acquisition ?

Plusieurs situations doivent être distinguées :

L'époux acquiert le bien au moyen de deniers fournis par le conjoint en dehors de tout contrat : Le principe est que, lorsqu'un bien est acquis par l'un ou l'autre époux, il appartient non pas à l'époux qui a financé l'acquisition, mais, à celui au nom duquel cette acquisition a été faite.

Aussi, c'est le titre qui confère la qualité de propriétaire et non le financement qui ne confère aucun droit de propriété sur le bien. Dans un arrêt du 9 octobre 1991, la Cour de cassation a affirmé en ce sens que « *sous le régime de la séparation de biens, l'époux qui acquiert un bien pour son compte à l'aide de deniers provenant de son conjoint, devient seul propriétaire de ce bien* » (Cass. 1re civ. 9 oct. 1991, n°90-15.073).

Dans un arrêt du 31 mai 2005, la première chambre civile a encore jugé que *« sous le régime de la séparation de biens, le bien appartient à celui dont le titre établit la propriété sans égard à son financement »* (Cass. 1re civ. 31 mai 2005, n°02-20.553). Tout au plus, l'époux qui a financé le bien pourra *« obtenir le règlement d'une créance lors de la liquidation du régime matrimonial, s'il prouve avoir financé en tout ou partie l'acquisition »* (Cass. 1re civ. 23 janv. 2007, n°05-14.311).

L'époux acquiert le bien au moyen de deniers fournis par le conjoint dans le cadre d'un contrat de mandat : Dans cette hypothèse, l'époux qui se porte acquéreur endosse la qualité de mandataire ou, le cas échéant, de gérant d'affaires. Pour déterminer à qui revient la propriété du bien objet de l'acquisition, il y a lieu de faire application des règles du mandat.

Or, ces règles désignent le mandant comme étant seul propriétaire du bien acquis. L'époux qui a réalisé l'opération est, en effet, réputé avoir agi en représentation de son conjoint.

L'époux acquiert le bien au moyen de deniers fournis par le conjoint dans le cadre d'un contrat de prêt :

Dans cette hypothèse, quand bien même les deniers ont été fournis par le conjoint, le bien acquis demeure la propriété exclusive de l'époux qui s'est porté acquéreur. La raison en est que la remise de fonds en exécution d'un contrat de prêt opère un transfert de propriété. De plus, puisque les fonds prêtés appartiennent en propre à l'époux emprunteur, le bien qu'il acquiert avec ces fonds subit le même sort. Il doit donc rembourser son conjoint selon les règles qui régissent les créances entre époux.

L'époux acquiert le bien au moyen de deniers fournis par le conjoint dans le cadre d'une donation :

Dans ce cas, la situation varie suivant le droit antérieur[158] d'une part, et suivant le droit positif[159]. Les juridictions regardaient plutôt cette opération comme une donation déguisée, le déguisement se caractérisant par le fait que la libéralité se dissimule sous les apparences d'un autre acte, notamment d'un acte à titre onéreux.

Par conséquent, il a été conclu que la donation concernait non pas les fonds eux-mêmes, mais plutôt l'objet acquis grâce à ces derniers. En cas d'annulation de la libéralité, qui était le scénario prévu par l'ancien article 1099, alinéa 2, du Code civil, la propriété du bien en question revenait dans le patrimoine du conjoint qui en avait assuré le financement (le donateur) et non à l'époux bénéficiaire de la donation (le donataire)[160].

L'acquisition d'un bien selon les règles de l'accession

L'accession est envisagée à l'article 712 du Code civil comme un mode d'acquisition originaire de la propriété, tant mobilière qu'immobilière. Plus précisément, elle est l'expression du principe aux termes duquel « l'accessoire suit le principal » (*accessorium sequitur principale*).

Les règles qui régissent l'accession visent, en effet, à étendre l'assiette du droit de propriété aux accessoires de la chose qui en est l'objet.

L'article 546 du Code civil dispose en ce sens *« la propriété d'une chose soit mobilière, soit immobilière, donne droit sur tout ce qu'elle produit, et sur ce qui s'y unit accessoirement, soit naturellement, soit artificiellement. »* La particularité du *« droit d'accession »* dont est investi le propriétaire est qu'il lui confère un droit de propriété sur les accessoires de la chose, sans qu'il ait

---

[158] Lorsqu'un époux reçoit de son conjoint des fonds à titre gratuit et qu'il remploie ces fonds à l'acquisition d'un bien, ce bien devrait, par le jeu de la subrogation réelle, lui appartenir en propre. Telle n'est pourtant pas la solution qui avait été retenue par la jurisprudence sous l'empire du droit antérieur.

[159]Depuis l'adoption de la loi n° 2004-439 du 26 mai 2004 relative au divorce, les solutions dégagées par la jurisprudence s'agissant de l'anéantissement des donations entre époux n'opèrent plus. En effet, cette loi a aboli, d'une part, le principe de révocabilité des donations entre époux et d'autre part, le principe de nullité des donations déguisées.

[160] Par exemple : Un époux achète, avec les deniers donnés par l'autre, un immeuble, puis le revend à un tiers ou lui consent des droits sur cet immeuble. Dans cette hypothèse, comme vu précédemment, la jurisprudence considérait que l'époux donateur était réputé « avoir toujours été le seul propriétaire de l'immeuble acquis de ses deniers » au motif qu'il s'agirait là d'une donation déguisée. L'annulation de cette donation entraînait alors l'anéantissement de toutes les mutations intervenues subséquemment à l'acquisition de l'immeuble par le donataire, ce qui, par voie de conséquence, était de nature à léser gravement les droits des tiers de bonne foi qui donc voyaient l'opération qu'ils avaient conclue remise en cause.

besoin d'accomplir un acte de volonté ou une prise de possession du bien, à l'instar de l'occupation.

Aussi, l'assiette de son droit de propriété a-t-elle vocation à s'étendre à tout ce que produit la chose, à tout ce qui s'unit à elle et à tout ce qui s'y incorpore.

Pour exemple, le propriétaire d'un fonds acquiert automatiquement la propriété de toutes les constructions élevées sur ce fonds, tout autant que lui reviennent les fruits produits par les arbres qui y sont plantés. À cet égard, régulièrement, la Cour de cassation rappelle que les règles de l'accession sont pleinement applicables aux époux séparés de biens.

2- La séparation des passifs[161]

Dans un régime de séparation de biens, le principe de la séparation des patrimoines des époux implique que, sur le plan de l'obligation comme sur celui de la contribution, chacun des époux n'est tenu que des dettes personnelles et jamais des dettes de son conjoint.

La séparation du passif est posée en droit des régimes séparatistes comme un principe d'organisation du patrimoine du couple. La règle simple inscrite à l'article 1536, alinéa 2, dispose que « *Lorsque les époux ont stipulé par leur contrat de mariage qu'ils seraient séparés de biens, la femme conserve l'administration, la jouissance et la libre disposition de ses biens personnels.* » L'interprétation simple de cette disposition indique que chacun des époux reste seul responsable du passif né de son chef, avant ou pendant le mariage, hors des cas prévus à l'article 220.

Il ressort de cette disposition que les époux séparés de biens sont tenus de payer les dettes nées de leur propre chef, avant ou après la célébration du mariage.

Pratiquement, cela signifie que les dettes contractées par un époux seul ne sont exécutoires que sur son patrimoine propre, à l'exclusion des biens personnels de son conjoint. Sous le régime de la séparation des biens, en raison de l'absence de masse commune, la distinction entre l'obligation et la contribution à la dette est inopérante[162].

Les créanciers de l'époux débiteur de l'obligation ne peuvent poursuivre l'autre conjoint aux fins de paiement. Il n'y a pas de solidarité entre les conjoints. Les obligations sont donc conjointes. Lorsque les époux ont souscrit une dette ensemble sans clause de solidarité, ladite dette est conjointe. C'est une obligation de droit commun.

---

[161] A. BAMDE, *La répartition du passif sous le régime de la séparation de biens : principe et exceptions*, www.aurelienbamde.com, Consulté le 16 mars 2025 à 18h.
[162] Idem.

En application de l'article 1309, « *l'obligation qui lie plusieurs créanciers ou débiteurs se divise de plein droit entre eux.* »

Aussi existe-t-il, une corrélation entre l'actif du conjoint débiteur et son passif. Car l'actif répond du passif. En effet, ce sont les biens de l'époux qui a personnellement contracté la dette qui répond du passif, tant au point de vue de l'obligation à la dette, que sur le plan de la contribution.

Autrement dit, dans l'hypothèse où une obligation comporte plusieurs sujets, le principe instauré par le législateur est la division de l'obligation en autant de rapports indépendants qu'il existe de créanciers ou de débiteur.

La conséquence tirée de l'article 1309, alinéa 2, donne une double indication :

Chacun des créanciers n'a droit qu'à sa part de la créance commune. Par conséquent, il ne peut réclamer de chaque époux débiteur que la part de la dette qui lui est propre. Pour obtenir un paiement complet de sa créance, le créancier devra, en conséquence, diviser ses poursuites envers chaque conjoint pris individuellement.

Chaque époux débiteur n'est tenu que de sa part de la dette commune. Cela signifie que chacun des époux n'est obligé qu'à concurrence de sa part dans la dette. Le conjoint débiteur sera libéré de son obligation dès qu'il aura exécuté la part de son obligation.

La Cour de cassation a eu l'occasion de préciser qu'il était indifférent que l'époux poursuivi en paiement des loyers ait quitté les lieux, le critère déterminant étant le maintien du lien matrimonial.[163] Or, tant que ce lien perdure, l'article 1751 du Code civil continue de produire ses effets. Même en l'absence de solidarité légale ou conventionnelle, c'est au créancier de prouver que la dette contractée est solidaire. Par conséquent, si l'opération a été souscrite par les deux époux, mais que la preuve de la solidarité n'est pas apportée, cette obligation est imputée à chacun d'eux[164].

II- Les tempéraments à la séparation des biens

Le principe de la séparation des patrimoines n'est pas absolu. Il admet plusieurs atténuations. Pour comprendre ces tempéraments, il convient d'examiner tour à tour les difficultés d'application liées au mode de preuve (**A**) et l'existence d'une masse de biens communs (**B**).

[163] Cass. 2e civ. 3 octobre 1990 n° 88-18.453)

[164] Cass. Com. 19 mai 1982, n° 80-15-797).

A- Les difficultés d'application liées au mode de preuve

La vie conjugale implique que les époux mettent en commun les biens qu'ils acquièrent séparément. Sous l'effet du temps, les biens, en particulier les meubles, qui leur appartiennent en propre, sont alors susceptibles de se confondre avec ceux qui appartiennent au conjoint et réciproquement.

Cette hypothétique situation pourrait rendre l'attribution de la propriété des biens confondus particulièrement difficile pour les époux mariés sous le régime de la séparation de biens. Par conséquent, la preuve de la propriété revêt une importance cruciale pour les époux concernés.

Des conflits surviendront notamment à la dissolution du mariage, les époux se disputant, au moment du partage, la propriété de tel ou tel bien. Afin de régler ces conflits, à tout le moins de les prévenir, le législateur a inséré dans le Code civil une disposition qui traite de la preuve de la propriété sous le régime de la séparation de biens.

Cette disposition instaure un dispositif qui distingue selon que les époux ont ou non stipulé dans leur contrat de mariage des présomptions de propriété (1) ou non (2).

1- La preuve en présence de présomptions de propriété

Lorsque les époux sont mariés sous le régime de la séparation de biens, la principale difficulté soulevée par la composition des patrimoines réside dans la détermination de la propriété de tel ou tel bien.

Pour résoudre cette difficulté, les époux avaient pris l'habitude d'insérer systématiquement dans leur contrat de mariage une clause de style visant à instituer une présomption d'indivision en cas de doute qui surviendrait sur la propriété d'un bien.

Aujourd'hui, cette clause est devenue inutile. Elle a été intégrée à l'article 1538 du Code civil, qui prévoit désormais que *« les biens sur lesquels aucun des époux ne peut justifier d'une propriété exclusive sont réputés leur appartenir indivisément, à chacun pour moitié. »*

Reste que, en cas de litige, cette issue sera, la plupart du temps, envisagée par les époux comme un dernier recours. Ces derniers chercheront toujours à prouver que le bien disputé leur appartient de manière exclusive. Afin de faciliter cette preuve, ils disposent de la faculté d'aménager, en amont, leur régime matrimonial. L'objectif recherché par les époux sera donc de prévenir toute difficulté de reconstitution des masses lors de la liquidation de leur régime matrimonial.

Pour ce faire, il est d'usage d'instituer conventionnellement des présomptions de propriété qui consistent à stipuler que telle catégorie de biens est réputée appartenir à tel époux. Ces présomptions seront le plus souvent stipulées pour les meubles corporels, les difficultés tenant à la preuve se concentrant, pour l'essentiel, sur cette catégorie de bien.

S'agissant des effets attachés aux présomptions de propriété, il n'est pas douteux qu'elles jouent dans les rapports entre époux, mais pas seulement. L'article 1538, alinéa 2 du Code civil, prévoit, en effet, que « *les présomptions de propriété énoncées au contrat de mariage ont effet à l'égard des tiers aussi bien que dans les rapports entre époux, s'il n'en a été autrement convenu* ».

Il résulte de cette disposition que les clauses instituant une présomption de propriété sont opposables *erga omnes*, ce qui implique que les époux sont fondés à s'en prévaloir à l'égard des tiers. Plus précisément, les présomptions de propriété joueront, tant à l'égard des créanciers de l'époux au profit duquel elles sont stipulées, qu'à l'égard des créanciers du conjoint.

La question qui alors se pose est de savoir s'il s'agit là de règles de propriété, ce qui aurait pour conséquence de conférer un caractère irréfragable aux présomptions de propriété ou si elles poursuivent une finalité seulement probatoire, de sorte qu'elles pourraient souffrir de la preuve contraire.

Pour le déterminer, il convient de se reporter à l'alinéa 3 de l'article 1538, qui prévoit que « la preuve contraire sera de droit, et elle se fera par tous les moyens propres à établir que les biens n'appartiennent pas à l'époux que la présomption désigne, ou même, s'ils lui appartiennent, qu'il les a acquis par une libéralité de l'autre époux. ».

Aussi, est-il fait interdiction aux époux de conférer un caractère irréfragable aux présomptions de propriété stipulées dans leur contrat de mariage. Il s'agit là d'une règle d'ordre public. Ces présomptions doivent donc pouvoir être renversées, par tous moyens, par les tiers, ce qui fait d'elles des règles, non pas de propriété, mais de preuve.

Dans un arrêt du 19 juillet 1988, la Cour de cassation a jugé en ce sens, au visa de l'article 1538, alinéa 2e du Code civil, « *qu'il résulte de cet article que la preuve contraire des présomptions de propriété énoncées au contrat de mariage est de droit et se fait par tous les moyens propres à établir que les biens n'appartiennent pas à l'époux que la présomption désigne ; que ce texte ne distingue pas entre la propriété privative et la propriété indivise ayant pu exister entre les époux* » (Cass. 1re civ. 19 juill. 1988, n° 86-10.348).

Ainsi, non seulement une présomption de propriété peut, en tout état de cause, être combattue par la preuve contraire, mais encore la preuve peut être rapportée par tous les moyens.

Il est donc fait interdiction aux époux, non seulement de conférer un caractère irréfragable aux présomptions de propriété stipulées dans leur contrat de mariage, mais encore de restreindre les modes de preuves légalement admis.

Au nombre de ces modes de preuves, la présomption de propriété pourra être combattue par la production de témoignages ou de simples indices établissant que le bien disputé n'appartient pas à l'époux au profit duquel cette présomption est stipulée.

Dans un arrêt du 30 juin 1993, la Cour de cassation a reconnu la validité de l'utilisation d'une convention conclue entre époux pour établir la propriété exclusive d'un bien par l'un d'entre eux.

Au soutien de sa décision, elle a affirmé que *« sous le régime de la séparation de biens, un époux peut prouver, par tous moyens, qu'il a la propriété exclusive d'un bien et écarter par la preuve contraire les présomptions de propriété stipulées par le contrat de mariage ; qu'un acte établi au cours du mariage entre époux séparés de biens, pour reconnaître à l'un d'eux, la propriété personnelle de certains biens, ne constitue pas une convention modificative du régime matrimonial, mais un simple moyen de preuve destiné à écarter ces présomptions. » (Cass. 1re civ. 30 juin 1993, n° 90-17.602).*

On peut également mentionner un arrêt de la Cour de cassation daté du 21 juin 1983, dans lequel elle décide que la confusion des biens permet d'annuler une présomption de propriété sur un bien qu'il serait impossible d'identifier comme appartenant à l'un ou l'autre des époux. (Cass. 1re civ. 21 juin 1983, n° 82-13.542)

2- La preuve en l'absence de présomptions de propriété

En l'absence de présomption conventionnelle de propriété, la charge de la preuve pèse sur l'époux qui revendique la propriété d'un bien. L'article 1538, alinéa 1er du Code civil, prévoit en ce sens que « *tant à l'égard de son conjoint que des tiers, un époux peut prouver par tous les moyens qu'il a la propriété exclusive d'un bien.* » Il peut être observé que, si la règle énoncée par cette disposition ne vise que le cas où celui qui se prévaut de la propriété d'un bien est un époux, elle s'applique également à l'hypothèse où c'est un tiers qui cherchera à attribuer la propriété d'un bien à l'un ou l'autre époux. Il y aura notamment intérêt lorsqu'il voudra exercer des poursuites sur ce bien, au titre d'une créance qu'il détient contre son débiteur.

Prouver la propriété d'un bien n'est pas une tâche facile. Pour y parvenir, il convient, en effet, d'établir irréfutablement la légitimité du rapport d'appropriation d'un bien. Or, cela suppose d'être en mesure de remonter la chaîne des transferts successifs de propriété jusqu'au premier propriétaire, ce qui, *a priori*, est impossible.

Quoi qu'il en soit, cette preuve doit être rapportée par l'époux qui revendique la propriété d'un bien, faute de quoi, conformément au troisième alinéa de l'article 1538 du Code civil, le bien revendiqué sera réputé appartenir indivisément à chacun des époux pour moitié.

Aussi, la propriété d'un bien se prouvera différemment selon le mode d'acquisition de ce bien. Il convient, en particulier, de distinguer les modes d'acquisition originaires[165] des modes d'acquisition dérivés.

Dans le premier cas, la preuve de la propriété consistera donc ici à établir les circonstances de création de ce lien entre le propriétaire et la chose :

En cas d'acquisition d'un bien par occupation, il s'agira de démontrer l'entrée en possession de la chose et la volonté d'en être le propriétaire ;

En cas d'acquisition par prescription, il s'agira de démontrer que la possession est caractérisée, tant dans ses éléments constitutifs, que dans ses caractères ;

En cas d'acquisition par accession, il conviendra de rapporter la preuve du fait d'accroissement ou de production.

Dans le second cas, il s'agit du mode d'acquisition qui confère à l'acquéreur un droit de propriété par voie de transfert du droit. Autrement dit, le bien appartenait, avant le transfert de sa propriété, à une autre personne, de sorte que l'acquéreur détient son droit d'autrui.

Ce mode d'acquisition de la propriété procède toujours de l'accomplissement d'un acte juridique, tel qu'un contrat, un échange, un testament, une donation, etc. Dans cette configuration, un rapport juridique doit nécessairement se créer pour que l'acquisition emporte le transfert de la propriété. La preuve de la propriété consistera ici à établir l'existence d'un transfert de propriété, et plus précisément à remonter le fil des transmissions, ce qui ne sera pas sans soulever des difficultés en matière mobilière.

S'agissant des modes de preuves admis quant à établir la propriété d'un bien, l'article 1538 du Code civil prévoit que la preuve peut être rapportée « *par tous moyens* ». Cela signifie que tous les modes de preuves sont admis. Est-ce à dire qu'ils se valent tous ? Il n'en est rien.

Le titre de propriété est, sans aucun doute, le mode de preuve qui est pourvu de la plus grande force probante.

Reste qu'il ne sera établi, en général, que pour les immeubles, étant précisé que la jurisprudence considère que « sous le régime de la séparation de biens,

---

[165] Il s'agit du mode d'acquisition qui confère à l'acquéreur un droit de propriété qu'il ne tient pas d'autrui. Le droit dont il est titulaire n'a été exercé par personne et résulte d'un fait juridique. Tel est le cas de l'occupation, de la prescription, de la présomption de propriété ou encore de l'accession. Dans cette configuration, l'acquisition de la propriété n'exige pas que l'acquéreur noue un rapport juridique avec une autre personne.

le bien appartient à celui dont le titre établit la propriété sans égard à son financement. » (Cass. 1re civ. 31 mai 2005, n° 02-20.553).

Autrement dit, il est indifférent que le bien ait été financé par un époux en particulier : le titre prime en tout état de cause sur la finance. C'est donc l'époux titulaire du titre qui endosse la qualité de propriétaire du bien.

S'agissant des meubles, cette question ne se posera pas, à tout le moins qu'à titre exceptionnel, dans la mesure où il est rare qu'un titre de propriété soit établi lors de l'acquisition de cette catégorie de biens.

Parfois, les meubles acquis avant le mariage feront l'objet d'une énumération dans le contrat de mariage, ce qui permettra d'éviter que les époux se disputent la propriété de ces biens lors de la liquidation de leur régime matrimonial.

En ce qui a trait aux meubles achetés pendant le mariage, à moins qu'ils aient été spécifiquement inclus dans une donation ou un testament, la possession devrait être considérée comme le mode de preuve de la propriété par défaut.

Pour qu'elle soit efficace, elle doit répondre aux critères énoncés dans l'article 2261 du Code civil, qui stipule que *« pour pouvoir prescrire, il faut une possession continue et non interrompue, paisible, publique, non équivoque, et à titre de propriétaire. »* Cela signifie que la possession doit être exempte de tout défaut pour être considérée comme valide. En d'autres termes, elle doit être utile.

Par *« utile »*, on entend *« apte à servir de base à une prescription acquisitive »*. On dit alors que la possession est utile *ad usucapionem*, soit par l'usucapion.

Si la situation des époux séparés de biens ne fait pas obstacle à la réunion des trois premiers caractères de la possession utile (continue, paisible et publique), il en va différemment de l'exigence tenant à l'absence d'équivoque.

Par hypothèse, les époux, quel que soit le régime matrimonial auquel ils sont soumis, partagent une communauté de vie, ce qui implique qu'ils mettent en commun leurs biens meubles.

Aussi, s'avérera-t-il délicat de déterminer si le possesseur détient la chose à titre exclusif ou si la possession est partagée.

Cette situation conduit, en pratique, à une confusion des biens meubles, ce qui est de nature à rendre la possession équivoque.

Compte tenu de la difficulté à établir l'absence d'équivoque de la possession pour les biens meubles, la Cour de cassation a jugé, dans un arrêt du 7 novembre 1995, que *« les règles de preuve de la propriété entre époux séparés de biens, édictées par l'article 1538 du Code civil, excluent l'application de l'article 2279 [nouvellement 2276] du même Code* » (Cass. 1re civ. 7 nov. 1995, n° 92-10.051).

Ainsi, pour la Première chambre civile, la règle énoncée à l'article 2276 du Code civil, qui confère un titre de propriété à celui qui possède – de bonne foi – un meuble, est paralysée sous l'effet du régime de la séparation de biens.

Bien que vivement critiquée par les auteurs, cette position a été confirmée dans un arrêt du 27 novembre 2001 (Cass. 1re civ. 27 nov. 2001, n° 99-10.633).

Dans ces conditions, la preuve de la propriété devra se faire selon d'autres moyens, ce qui pourra consister à produire des témoignages et plus généralement toutes sortes d'indices. Ces indices pourront notamment résulter de factures, bien qu'il ne s'agisse pas d'un écrit au sens du droit de la preuve.

Dans un arrêt du 10 mars 1993, la Cour de cassation a jugé en ce sens, au visa de l'article 1538 du Code civil, *« qu'une facture, même non acquittée, est de nature à établir, sauf preuve contraire, l'acquisition d'un bien par celui au nom duquel elle est établie »* (Cass. 1re civ. 10 mars 1993, n° 91-13.923). Elle ajoute, dans cette même décision, *« que la propriété d'un bien appartient à celui qui l'a acquis sans qu'il y ait lieu d'avoir égard à la façon dont l'acquisition a été financée »*.

Les factures ne sont pas les seuls indices susceptibles de prouver la propriété d'un bien acquis par un époux séparé de biens. En effet, la jurisprudence a également reconnu la validité de preuves, telles que les certificats de garantie ou d'origine (CA Versailles 12 déc. 1988).

Pour les véhicules immatriculés, la preuve de leur propriété pourra résulter de la carte grise qui a été établie au nom d'un époux (CA Paris, 4 févr. 1982).

En droit commun de la preuve, on accorde une faible valeur probante aux documents qui ne remplissent pas les conditions d'un écrit, car ils ne prouvent, tout au plus, que le paiement par celui au nom duquel ils sont établis. À l'analyse, il en va différemment lorsque la preuve est rapportée dans le cadre matrimonial.

La jurisprudence reconnaît, en effet, aux indices que sont les factures, les certificats et autres documents contractuels, la valeur d'une présomption simple, en ce sens qu'ils permettent d'établir la propriété du bien jusqu'à la preuve contraire. C'est là une certaine faveur qui est consentie aux époux séparés de bien pour lesquels le fardeau de la preuve se trouve ainsi allégé.

B- L'existence d'une masse de biens communs

L'effet automatique du mariage indique que l'on ne peut concevoir le mariage sans une mise en commun d'une certaine masse de bien. Une vie commune telle que l'exige le mariage a un caractère d'ordre public. C'est pour cette raison que l'abandon de foyer constitue une infraction. Les obligations patrimoniales sont exigées des époux en dehors de tout régime matrimonial.

À cet effet à la suite de l'article 214, le législateur dispose que : *« Chacun des époux contribue aux charges du mariage suivant les conventions contenues dans leur contrat et, s'il n'en existe point à cet égard, dans la proportion fixée à l'article 214. »*[166] et *« Si tous les biens de la femme sont paraphernaux, et si la contribution de la femme aux charges du mariage n'est pas réglée par le contrat, elle contribue à ces charges dans la proportion fixée à l'article 214. »*[167] Il en résulte que l'existence du mariage implique celle d'une masse de biens communs.

Les biens paraphernaux, également connus sous le nom de biens propres, sont des biens acquis avant le mariage. En principe, ceux-ci sont à la gestion exclusive de la femme ; ils ne font pas partie des biens de la communauté. Cependant, à cause du mariage, le législateur oblige les époux et, notamment, la femme à y faire des prélèvements pour la communauté. Il s'agit d'une imposition d'un régime primaire qui constitue un effet automatique du mariage. Le régime primaire c'est celui qui vise à assurer le fonctionnement harmonieux du ménage. Le principe de la répartition des charges entre les époux n'est donc pas absolu[168].

À défaut de stipulation conventionnelle, les époux contribuent aux charges du ménage en proportion de leurs facultés respectives (art. 214 al.1 et 1575 c. civ.). Quant au règlement de la contribution, il s'agit de déterminer les droits et les obligations du mari, chef de famille (art. 213c.civ.). En cette qualité, il lui appartient de subvenir aux dépenses du ménage et de les régler. C'est donc lui qui supporte l'excédent de ces dépenses sur la part contributive de la femme. Par ailleurs, l'ingérence d'un époux dans l'administration des biens de l'autre, susceptible de degré, accentue les correctifs à la structure du régime de séparation de biens (article 1430 C. civ. : ingérence du mari). L'ingérence

---

[166] Article 1537 C.civ ;

[167] Article 1575 C.civ.

[168] Ainsi, les dérogations suivantes au principe de la contribution : 1°) – D'abord, il n'existe pas en cas de séparation de corps, puisqu'il n'y a plus de vie commune ; 2°) – il n'y a pas lieu non plus à répartition des charges quand l'un des époux ne possède rien et n'exerce aucune industrie lucrative. Dans ce cas, l'article 1448 al.2 précise que, si le mari, après la séparation judiciaire, est sans ressources aucunes, la femme doit supporter toutes les charges du ménage ; 3°) – si, sans motif plausible, l'un des époux quitte le domicile commun, l'autre n'est plus obligé de contribuer aux dépenses d'entretien de l'époux fugitif.

s'entend comme une participation active et non pas d'une simple présence soit à l'acte d'aliénation, soit à la quittance.

La séparation des patrimoines connaît quelques atténuations. Le Code civil prévoit une exception au principe de séparation des patrimoines lorsque le bien appartient aux époux en indivision. Cette indivision peut provenir soit de l'acquisition conjointe d'un bien (1), soit de présomptions d'indivision (2).

1- L'acquisition conjointe d'un bien

Il n'est pas rare que les époux qui ont séparé leurs biens effectuent des achats conjoints, en particulier lorsqu'il s'agit d'acquérir un bien qui a une valeur patrimoniale importante, comme la résidence familiale ou une résidence secondaire.

Lorsqu'ils acquièrent un bien ensemble, il leur appartient en indivision. Il est précisé que les quotes-parts attribuées à l'un et l'autre peuvent être déterminées dans l'acte constatant l'acquisition. À défaut, les époux sont réputés être propriétaires du bien indivis à parts égales.

Quoi qu'il en soit, les biens acquis conjointement par les époux séparés de biens ne composent, en aucune façon, une troisième masse de biens à l'instar de la communauté instaurée sous le régime légal.

Il s'agit de biens soumis au seul droit de l'indivision qui se compose de deux corps de règles :

Les règles générales énoncées aux articles 815 et suivants du Code civil qui s'appliquent en l'absence de convention contraire.

Les règles spéciales énoncées aux articles 1873-1 et suivants du Code civil lorsqu'une convention relative à l'exercice des droits indivis a été conclue entre les époux.

Il peut être observé que, dès lors que l'acte d'acquisition constate que le bien a été acquis conjointement par les époux, il est réputé leur appartenir en copropriété, peu importe qu'il ait été financé par un seul des époux.

Dans un arrêt du 14 novembre 2007, la Cour de cassation a validé en ce sens une décision de Cour d'appel. Après avoir relevé qu'aux termes de l'acte de vente, le terrain avait été acquis indivisément par les époux séparés de biens, chacun pour moitié, la Cour d'appel avait décidé que l'épouse, propriétaire pour moitié du terrain, « devait être présumée propriétaire pour moitié de l'immeuble qui y avait été édifié, les modalités de financement de la construction de cet immeuble n'étant pas, à elles seules, de nature à établir la preuve contraire » (Cass. 1re civ. 14 nov. 2007, n° 06-18.395).

2- Les présomptions d'indivision conventionnelles

La vie conjugale implique que les époux mettent en commun les biens qu'ils acquièrent séparément. Sous l'effet du temps, les biens, en particulier les meubles, qui leur appartiennent en propre, sont alors susceptibles de se confondre avec ceux qui appartiennent au conjoint et réciproquement.

Cette situation est, par hypothèse, de nature à rendre pour le moins difficile l'attribution à l'un ou à l'autre époux de la propriété des biens qui ont été confondus. Afin de faciliter la preuve de la propriété de ces biens, le législateur a institué une règle qui, lorsqu'il existe une incertitude quant à la propriété d'un bien, fait présumer que ce dernier appartient aux époux en indivision.

Cette règle, qui est issue de la loi n° 65-570 du 13 juillet 1965, est énoncée à l'article 1538 du Code civil qui prévoit que « les biens sur lesquels aucun des époux ne peut justifier d'une propriété exclusive sont réputés leur appartenir indivisément, à chacun pour moitié ».

Par le jeu de cette présomption est ainsi instituée une masse indivise de biens qui, à certains égards, se rapproche de la masse commune instituée sous les régimes communautaires. Elle s'en distingue néanmoins en ce que les biens qui la composent sont soumis au seul droit de l'indivision. Il en résulte que le sort de cette masse indivise n'est pas lié à la durée du mariage. Plus précisément, cette masse peut cesser d'exister avant la dissolution du mariage, ce qui n'est pas le cas de la communauté qui est instituée pour toute la durée de l'union matrimoniale.

En effet, l'article 815 du Code civil prévoit que « nul ne peut être contraint à demeurer dans l'indivision et le partage peut toujours être provoqué, à moins qu'il n'y ait été sursis par jugement ou convention. » La situation d'indivision peut donc cesser à tout instant du mariage.

À l'analyse, la présomption d'indivision est un dispositif qui permet d'atténuer le principe de séparation des patrimoines qui préside au régime de la séparation de biens. Selon les observations de Gulsen Yildirimn, elle « *permet d'introduire un facteur d'équité dans l'établissement de la composition des patrimoines des époux.* » D'autres auteurs soulignent qu'« il est significatif de voir ainsi s'établir une union des intérêts pécuniaires, subrepticement en quelque sorte, et à la faveur d'une absence de preuve. Cela autorise à penser qu'une certaine communauté de meubles est peut-être, elle aussi, dans la nature des choses » [6].

En ce qui concerne les conséquences de cette présomption, elle s'applique dans les rapports entre époux, de même que dans les rapports avec des tiers.

Dans les rapports entre époux : La présomption d'indivision conduira les époux à se partager le bien lors de la dissolution du mariage. Le partage donnera lieu à la réparation du bien en deux parts égales, celui-ci étant présumé appartenir conjointement aux époux pour moitié.

Dans les rapports avec les tiers : La présomption d'indivision leur est opposable, de sorte que s'applique l'article 817 du Code civil aux termes duquel il leur est fait interdiction de saisir la quote-part indivise de l'époux débiteur.

En vertu du principe de la liberté des conventions matrimoniales, les époux peuvent inclure dans leur contrat de mariage une clause instituant une présomption d'indivision qui pourra s'appliquer à une ou plusieurs catégories de biens. Depuis que la loi a institué une présomption d'indivision pourvue d'une portée générale, la stipulation d'une telle clause a grandement perdu de son intérêt. Il est à noter qu'on peut recourir à ce dispositif contractuel pour les meubles qui garnissent le logement familial et plus généralement tous les lieux où les époux résident.

En droit comparé, sous l'empire du droit antérieur à la loi du 13 juillet 1965, on s'était demandé si les présomptions d'indivision conventionnelles étaient opposables aux tiers. L'article 1538, al. 2e du Code civil tranche désormais cette question en prévoyant que « *les présomptions de propriété énoncées au contrat de mariage ont effet à l'égard des tiers aussi bien que dans les rapports entre époux, s'il n'en a été autrement convenu.* »

La conséquence de l'opposabilité des présomptions d'indivision conventionnelles aux tiers est le renversement de la charge de la preuve. Autrement dit, c'est au créancier saisissant d'établir que le bien sur lequel il exerce ses poursuites appartient exclusivement à l'époux débiteur. Dans un arrêt du 29 janvier 1974, la Cour de cassation a jugé en ce sens que la clause de présomption d'indivision figurant dans le contrat de mariage des époux séparés de biens est opposable au créancier, de sorte qu'il appartient à ce dernier d'administrer la preuve du droit de propriété exclusif de son débiteur sur les biens litigieux (Cass. 1re civ. 29 janv. 1974, n°72-12.670).

Section 2- Les règles d'administration des biens des époux séparés en biens

Dans sa rédaction initiale, le Code civil prévoyait que la femme mariée était frappée d'une incapacité d'exercice générale de sorte que, pour aliéner ses biens propres, elle devait obtenir le consentement de son mari.

Bien qu'au Cameroun, le droit positif en la matière n'a pas encore connu une véritable évolution, il convient de relever des évolutions faites en droit français.

Il a fallu attendre la loi du 13 février 1938 pour que les femmes mariées obtiennent une incapacité civile, ce qui leur a permis, par voie de conséquence, de jouir d'une certaine indépendance patrimoniale. La loi du 13 juillet 1965 a franchi un pas supplémentaire vers l'émancipation de l'épouse de la tutelle de son mari.

Animé par la volonté d'instaurer une égalité dans les rapports conjugaux, le législateur a reconnu à la femme mariée le droit de gérer ses biens personnels, quel que soit le régime matrimonial applicable.

Cette règle a été énoncée dans l'ancien article 223 du Code civil, qui stipulait que « la femme a le droit d'exercer une profession sans le consentement de son mari, et elle peut toujours, pour les besoins de cette profession, aliéner et obliger seule ses biens personnels en pleine propriété. »

Vingt ans plus tard, le législateur a souhaité parachever la réforme qu'il avait engagée en 1965, l'objectif était de supprimer les dernières marques d'inégalité dont étaient encore empreintes certaines dispositions.

Dans ce contexte, il a saisi l'occasion pour la toiletter la règle énoncée à l'article 223 qui reconnaissait à la femme mariée le pouvoir d'administrer et de disposer de ses biens propres sans le consentement de son mari. Transférée à l'article 225 du Code civil, la nouvelle règle, toujours en vigueur aujourd'hui, prévoit que « *chacun des époux administre, oblige et aliène seul ses biens personnels.* » Si, à l'analyse, la loi du 23 décembre 1985 n'a apporté aucune modification sur le fond du dispositif, sur la forme, elle a « bilatéralisé » la règle.

Désormais, l'article 225 du Code civil attribue à chaque époux un pouvoir de gestion exclusive de ses biens personnels, ce qui comprend tant les actes d'administration que les actes de disposition. À cet égard, pour les époux séparés de biens, cette disposition est reprise en des termes similaires à ceux de l'article 1536, al. 1er du Code civil.

De ce qui précède, l'on relève une double caractéristique des règles de gestion. D'abord, on peut noter les pouvoirs d'administration concurrente des époux (I) comme principe. Ensuite, il faut constater que ce principe est limité (II).

I- Les pouvoirs d'administration concurrente des époux sur les biens propres

L'article 1536, al. 1er du Code civil prévoit que « lorsque les époux ont stipulé dans leur contrat de mariage qu'ils seraient séparés de biens, chacun d'eux conserve l'administration, la jouissance et la libre disposition de ses biens personnels. ». Il en résulte un principe de la séparation des pouvoirs (**A**) et une étendue des pouvoirs de gestion des époux (**B**).

A- Le principe de la séparation des pouvoirs

L'article 1356 al.1 du Code civil énonce que, dans le régime de séparation de biens, chacun des époux conserve l'administration, la jouissance et la libre disposition de ses biens personnels. Il consacre, de ce fait, la totale indépendance des époux séparés de biens. Cela signifie concrètement que chacun peut agir sur tous ses biens pour tous les actes qu'il veut, même les plus graves, et que, réciproquement, aucun des époux n'a de pouvoir d'intervention dans les affaires de l'autre. La mise en œuvre de ce principe est facilitée par le principe de l'autonomie bancaire généralement consacrée. Elle est en revanche battue en brèche parce que l'existence d'une vie commune entraîne des conséquences parfois inévitables. Néanmoins, l'on retrouve toujours l'exclusivité des pouvoirs sur ses biens (**1**) et les pouvoirs de défendre ses biens (**2**).

1- L'exclusivité des pouvoirs sur ses biens

Le principe de la séparation des pouvoirs exprime la reconnaissance de l'autonomie des époux. Ceci implique que chaque époux bénéficie de tous les attributs du droit de propriété. En effet, l'article 544 du Code civil dispose que « *la propriété est le droit de jouir et disposer des choses de la manière la plus absolue, pourvu qu'on n'en fasse pas un usage prohibé par les lois ou par les règlements.* »[169] Il en résulte que l'on peut tirer deux enseignements en rapport avec les régimes matrimoniaux.

Premièrement, les biens propres des époux sont soumis à leur gestion exclusive, ce qui signifie qu'ils n'ont pas besoin d'obtenir le consentement de l'autre pour les administrer ou en disposer. Ils jouissent s'agissant de la gestion de leurs biens propres d'une autonomie des plus totales. Surtout, cette autonomie est conférée aux deux époux, ces derniers étant placés sur un pied d'égalité.

Il n'est plus besoin pour la femme mariée d'obtenir le consentement de son mari pour disposer de ses biens propres, comme c'était le cas lorsqu'elle était frappée d'une incapacité d'exercice générale.

Secondairement, les époux sont investis sur leurs biens propres des pouvoirs les plus étendus.

En effet, ils sont autorisés à accomplir d'une part, des actes d'administration. Pour mémoire, les actes d'administration se définissent

---

[169] Contrat de construction - destruction des constructions avant la fin des travaux- inexécution du contrat - réparation - contestation des droits réels immobiliers du « propriétaire » - défaut de titre foncier -
défaut de qualité- existence d'une convention entre africain du 25 août 1968 - validité. CS Arrêt n° 98/cc du 10 février 2005, aff. La SCGTE c/ OLINGA Alphonse. Par René Njeufack Temgwa - Université de Dschang - Juridis Pér. n° 64, p.43

comme les actes d'exploitation ou de mise en valeur du patrimoine de la personne dénuée de risque anormal.

Il s'agit, autrement dit, de tout acte qui vise à assurer la gestion courante d'un ou plusieurs biens sans que le patrimoine de son propriétaire s'en trouve modifié de façon importante.

Par actes de disposition, il faut entendre les actes qui engagent le patrimoine de la personne, pour le présent ou l'avenir, par une modification importante de son contenu, une dépréciation significative de sa valeur en capital ou une altération durable des prérogatives de son titulaire.

Autrement dit, les actes de disposition correspondent aux actes les plus graves qui ont pour effet de modifier le patrimoine du propriétaire du bien sur lequel porte l'acte considéré.

2- Le pouvoir de défendre ses biens

La propriété donne le pouvoir aux titulaires des pouvoirs les plus étendus sur ses biens. Il exerce exclusivement ces pouvoirs. Mais, il détient aussi d'importants pouvoirs pour interdire ou limiter les atteintes à son droit de propriété.

Pour ce faire, il doit rapporter la preuve qu'il est propriétaire soit des biens mobiliers ou immobiliers afin de faire sanctionner la violation.

D'une part, au risque d'enrichissement d'un époux au détriment de l'autre et, d'autre part, à la difficulté pour les époux de rapporter la preuve de leurs biens mobiliers.

S'agissant du risque d'enrichissement d'un époux au détriment de l'autre

Sous le régime de la séparation de biens, les époux conservent la propriété des biens qu'ils acquièrent, qu'il s'agisse des revenus perçus, des économies réalisées, ou encore des biens acquis à titre onéreux ou à titre gratuit.

Les époux ne peuvent donc retirer aucun profit de l'enrichissement de leur conjoint.

Cette situation est particulièrement défavorable pour l'époux dont les ressources sont les plus faibles, voire qui ne travaille pas.

Certes, l'équilibre sera partiellement rétabli via l'obligation de contribution aux charges du mariage qui pèse sur chaque époux à proportion de leurs facultés respectives.

Néanmoins, l'époux, dont l'activité est la moins lucrative, ne pourra, en aucune manière, solliciter lors de la dissolution du mariage un partage des richesses qui ont été acquises par son conjoint, y compris lorsque, par son industrie personnelle, il aura participé à la production de ces richesses.

Tout au plus, il sera fondé à demander l'octroi d'une prestation compensatoire.

Lorsque les conditions seront réunies, il pourra encore solliciter une indemnisation sur le fondement de l'enrichissement injustifié.

Ces correctifs ne permettront toutefois jamais de compenser les disparités créées entre époux quant à l'accumulation des richesses captées au cours du mariage.

Et pour cause, comme souligné par un auteur « *la séparation de biens n'est un régime juste que s'il existe une égalité économique entre les époux et même une égalité dans l'aisance, voire la fortune.* »[170]

Au fond, vouloir rétablir un équilibre patrimonial entre époux reviendrait à nier l'essence même du régime de la séparation de biens.

Or, rien ne leur interdisait, lorsqu'ils se sont mariés, d'opter pour un régime communautaire ou un régime mixte, tel que le régime de la participation aux acquêts.

S'agissant des difficultés relatives à la preuve de la propriété des biens mobiliers.

La vie conjugale implique que les époux mettent en commun leur mobilier.

Sous l'effet du temps, les meubles qui appartiennent à un époux sont susceptibles de se confondre avec ceux apportés et acquis par le conjoint.

Cette situation est, par hypothèse, de nature à rendre pour le moins difficile l'attribution de la propriété des biens qui ont été confondus.

Sous le régime de la séparation de biens, il appartient à chaque époux de rapporter la preuve de la propriété de ses biens.

Cette preuve devrait être relativement facile à établir pour les biens faisant l'objet d'une inscription hypothécaire ou d'une immatriculation. En revanche, il sera peut-être plus compliqué de le faire pour des biens meubles courants.

De plus, lorsque viendra le moment de liquider le régime matrimonial, cela risque de donner lieu à des conflits entre les conjoints concernant la possession de certains biens.

Afin de départager les époux qui ne parviennent pas à trouver un accord amiable, le législateur a institué une présomption d'indivision.

---

[170] J. FLOUR et G. CHAMPENOIS, *Les régimes matrimoniaux*, éd. Armand Colin, 2001, n° 732, p. 684.

Aussi, en application de cette présomption, les biens sur lesquels aucun des époux ne peut justifier d'une propriété exclusive sont réputés leur appartenir en indivision, à chacun pour moitié.

La liquidation du régime donnera ainsi lieu à un partage du bien présumé indivis, situation qui n'est, a priori, satisfaisante pour aucun des deux époux.

B- L'étendue des pouvoirs de gestion des époux

Les pouvoirs de gestion des époux s'étendent des actes de jouissance (**1**) aux actes de disposition (**2**).

1- Les actes de jouissance

Par jouissance de la chose, il faut entendre le pouvoir conféré au propriétaire de percevoir les revenus, les fruits que le bien lui procure.

Pour le propriétaire d'un immeuble, il s'agira de percevoir les loyers qui lui sont réglés par son locataire. Pour l'épargnant, il s'agira de percevoir les intérêts produits par les fonds placés sur un livret. Pour l'exploitant agricole, il s'agira de récolter le blé, le maïs ou encore le sésame qu'il a cultivé.

L'article 225 du Code civil semble redondant par rapport aux règles spécifiques de chaque régime matrimonial, notamment l'article 1536, alinéa 1er, applicable aux époux séparés de biens.

Qu'il s'agisse, en effet, d'un régime communautaire ou d'un régime séparatiste, tous confèrent aux époux le droit d'administrer et de disposer seul de leurs biens propres.

Aussi, pour la doctrine, le principal intérêt de cette disposition réside dans son intégration dans le régime primaire, ce qui en fait une règle d'ordre public.

Il en résulte que les époux ne peuvent pas y déroger par convention contraire. Il leur est donc fait interdiction de stipuler dans un contrat de mariage :

Soit qu'un époux renonce à la gestion de ses biens propres, hors les cas de mandat, ce qui reviendrait à faire revivre la clause d'unité d'administration définitivement abolie par la loi du 23 décembre 1985.

Soit qu'un époux se réserve le droit d'engager les biens propres de son conjoint pour les dettes contractées à titre personnel.

L'autonomie patrimoniale des époux repose ainsi sur un socle de droits irréductibles, ce qui permet, non seulement de leur garantir une certaine indépendance, mais encore de faire obstacle à toute tentative de remise en cause de l'égalité qui préside aux rapports conjugaux.

2- Les actes de disposition

Par actes de disposition, il faut entendre les actes qui engagent le patrimoine de la personne, pour le présent ou l'avenir, par une modification importante de son contenu, une dépréciation significative de sa valeur en capital ou une altération durable des prérogatives de son titulaire.

Autrement dit, les actes de disposition correspondent aux actes les plus graves qui ont pour effet de modifier le patrimoine du propriétaire du bien sur lequel porte l'acte considéré.

II- Les limites de la gestion concurrente

Les articles 1536, alinéas 1 et 2, ainsi que 225 du Code civil reconnaissent à chaque époux le pouvoir de gérer ses biens propres. Ce pouvoir est toutefois assorti de plusieurs limites. Ces dernières peuvent résulter de l'intervention du juge ou des époux, des présomptions de pouvoirs ou encore de la nécessité de protéger le domicile conjugal. On peut donc regrouper ces limites autour de deux catégories : celles qui ont un lien avec la volonté (A) et celles qui concernent la judiciarisation du pouvoir et la protection du domicile familial (B).

A- Les limites pouvant se rapporter à la volonté des époux

Dans cette partie, l'on examinera tour à tour le jeu des présomptions de pouvoir (**1**) et les interventions des époux (**2**).

1- Le jeu des présomptions de pouvoirs

Le mariage fait présumer une sorte de gestion commune. Il en résulte qu'il existe une forte présomption puisque le principe de la gestion exclusive n'est pas visible.

Autre limite au principe de gestion exclusive des biens propres : les règles instituant des présomptions de pouvoirs conférant aux époux la faculté de disposer librement, à titre individuel, de certains biens. Tel est notamment le cas des présomptions instituées en matière bancaire et mobilière ou encore en matière d'exploitation commune d'une entreprise commerciale, artisanale, libérale ou agricole :

S'agissant de la présomption de pouvoir instituée en matière bancaire. Les textes, et notamment ceux qui relèvent du régime primaire, instituent un certain nombre de présomptions. Elles attribuent aux époux des pouvoirs de gestion sur les biens qu'ils détiennent individuellement (222 C. civ.) et sur les fonds déposés sur leur compte bancaire personnel (art. 221 C. civ.). Des présomptions de pouvoirs ont également été instituées à la faveur du conjoint du chef d'une entreprise commerciale, artisanale, libérale com.) ou encore agricole.[171]

L'article 221, al. 2e du Code civil prévoit que *« à l'égard du dépositaire, le déposant est toujours réputé, même après la dissolution du mariage, avoir la libre disposition des fonds et des titres en dépôt. »* Cela signifie que la présomption des pouvoirs persiste même après la dissolution du régime matrimonial. Toutefois, cette présomption peut être renversée par celui qui l'invoque. Par conséquent, la charge de la preuve ne revient pas au conjoint qui bénéficie de la présomption.

Ainsi, une présomption de pouvoir est établie au profit de l'époux titulaire d'un compte ouvert en son nom personnel, qui peut effectuer toutes les opérations sur ce compte sans avoir à obtenir l'autorisation de son conjoint.

Pratiquement, cette présomption dispense le banquier d'exiger la fourniture de justifications s'agissant des dépôts et des retraits qu'un époux est susceptible de réaliser sur son compte personnel. Plus précisément, elle a pour effet de réputer l'époux titulaire du compte *« avoir la libre disposition des fonds et des titres en dépôt. »*

S'agissant de la présomption de pouvoir instituée en matière mobilière

L'article 222 du Code civil prévoit que *« si l'un des époux se présente seul pour faire un acte d'administration, de jouissance ou de disposition sur un bien meuble qu'il détient individuellement, il est réputé, à l'égard des tiers de bonne foi, avoir le pouvoir de faire seul cet acte. »*

Est ainsi instituée une présomption de pouvoir en matière mobilière, laquelle n'est autre que le corollaire de la présomption qui joue en matière bancaire.

Concrètement, cela signifie que la responsabilité du tiers ne saurait être recherchée au motif qu'il n'aurait pas exigé de l'époux avec lequel il a traité des justifications sur ses pouvoirs.

Les époux sont réputés, à l'égard des tiers, avoir tous pouvoirs pour accomplir les actes d'administration, de jouissance et de disposition sur les biens meubles qu'ils détiennent individuellement.

S'agissant de la présomption instituée en matière d'exploitation commerciale, artisanale et libérale

Lorsque le conjoint d'un commerçant ou d'un artisan a opté pour le statut de conjoint collaborateur au sens de l'article L. 121-4 du Code de commerce, la loi lui confère un pouvoir de représentation du chef de l'entreprise.

---

[171] Le Code civil français : art. 321-1 C. rur.). (L. 121-6 C.

L'article L. 121-6 du Code de commerce prévoit en ce sens que « *le conjoint collaborateur, lorsqu'il est mentionné au registre du commerce et des sociétés, au répertoire des métiers ou au registre des entreprises tenu par les chambres de métiers d'Alsace et de Moselle, est réputé avoir reçu du chef d'entreprise le mandat d'accomplir au nom de ce dernier les actes d'administration concernant les besoins de l'entreprise.* »

Le pouvoir de représentation conféré au conjoint collaborateur s'ajoute à ceux dont il est investi au titre de son régime matrimonial. L'intérêt d'autoriser le conjoint du commerçant ou de l'artisan à accomplir des actes de gestion de l'entreprise est double :

D'une part, cela permet de protéger le patrimoine du conjoint qui n'est pas engagé par les actes qu'il accomplit dans le cadre de la gestion de l'entreprise, dans les mesures où ces actes sont réputés avoir été passés par l'exploitant lui-même.

D'autre part, cela permet de protéger les tiers qui, lorsqu'ils traitent avec le conjoint du chef d'entreprise, ont la garantie que les actes conclus avec ce dernier ne pourront pas être remis en cause.

Ce sont ces deux raisons qui ont conduit le législateur à instituer, lors de l'adoption de la loi n° 82-596 du 10 juillet 1982, une présomption de mandat au profit du conjoint collaborateur.

S'agissant de la présomption instituée en matière d'exploitation agricole

L'article L. 321-1 du Code rural institue une présomption de mandat en cas de participation des époux à une même exploitation agricole, quand bien même cette exploitation appartient en propre à un seul époux. Cette disposition prévoit en ce sens que le mandataire est réputé avoir reçu le pouvoir « *d'accomplir les actes d'administration concernant les besoins de l'exploitation.* »

Ainsi, l'époux mandataire est-il autorisé à accomplir des actes de gestion de l'entreprise pour le compte de son conjoint et, s'il est copropriétaire, pour son propre compte ?

Autrement dit, il ne lui est pas nécessaire, et c'est là une dérogation au droit commun de justifier d'un mandat exprès ou tacite, pour agir dans les rapports avec les tiers. À l'instar du mandataire social de l'entreprise, le pouvoir de représentation dont le mandataire est titulaire lui est directement conféré par la loi.

2- L'intervention d'un époux dans la gestion des biens de son conjoint

Dans la vie du mariage, il peut arriver qu'un époux s'immisce dans les affaires de son époux. Cela peut se faire de manière purement fortuite ou de façon explicitement aménagée. Il en résulte qu'il existe plusieurs hypothèses d'intervention d'un époux dans la gestion du patrimoine de son conjoint. Ces hypothèses peuvent tendre à la fois sur l'administration courante que sur le pouvoir de disposition.

Si, cette immixtion intervient, le plus souvent, dans le cadre de la relation de confiance qui s'est instaurée entre les deux, il est des cas où le conjoint ne sera pas animé d'une intention des plus nobles.

En outre, la question de l'étendue et de la légitimité des actes accomplis sans le consentement exprès du conjoint se posera. Conscient de la grande variété des pratiques conjugales susceptibles d'être adoptées dans la vie du ménage, dès 1965, le législateur s'est emparé du sujet en envisageant trois hypothèses, en droit français. C'est à travers les articles 1539, 1540 et 1541 que le législateur a tenté d'encadrer cette immixtion :

- Le mandat confié par un époux à l'autre quant à la gestion de ses biens propres ;
- La prise en main par un époux de la gestion des biens propres de l'autre au su de celui-ci et sans opposition de sa part ;
- L'ingérence d'un époux dans les opérations d'aliénation des biens propres de son conjoint et d'encaissement du prix de vente.

a- Le mandat confié par un époux à l'autre quant à la gestion de ses biens propres

L'article 1539 du Code civil prévoit que « *si, pendant le mariage, l'un des époux confie à l'autre l'administration de ses propres, les règles du mandat sont applicables.* » Il en ressort une consécration légale de l'intervention d'un époux dans la gestion des biens de son conjoint. Cette intervention est conditionnée par le mandat. En effet, un époux peut donner mandat à son conjoint quant à la gestion de ses biens propres. Leurs rapports sont alors régis, précise le texte, par le droit commun du mandat que l'on retrouve aux articles 1984 à 2010 du Code civil.

Par mandat, il faut entendre l'acte par lequel une personne, le mandant, donne à une autre, le mandataire, le pouvoir de faire quelque chose et en son nom. Selon les dispositions de l'article 1984, le contrat de mandat n'est valide que sous la condition d'acceptation du mandataire. Cette acceptation est prouvée par l'apposition de sa signature sur le contrat de mandat[172].

Sur la forme du mandat

---

[172] Cession immobilière - mandat - irrégularité absence de titre du mandataire. CS Arrêt n° 34/cc du 4 décembre
2003, aff. Ngongo Enyegue Marc c/ Atangana Paul & autres. Par René Njeufack Temgwa, Université de Dschang - Juridis Pér. N° 64, p.42

Si, conformément à l'article 1985 du Code civil, le mandat peut être donné par acte authentique ou par acte sous seing privé, voire par lettre, il est également admis qu'il puisse ne pas être exprès et donc être tacite. Dans cette dernière hypothèse, il suffira d'établir la volonté de l'époux de confier la gestion de ses biens propres à son conjoint.

À cet égard, le mandat tacite peut, une fois prouvé, porter non seulement sur des actes d'administration et de jouissance, mais aussi sur des actes de disposition. Il pourra, en outre, être soit général, soit spécial. Cela signifie qu'il peut s'occuper de la gestion de l'ensemble du patrimoine propre du mandant, ou bien de celle d'un ou de plusieurs biens propres en particulier.

Sur les effets du mandat

Dans les rapports avec les tiers : Le mandant ne sera engagé personnellement que pour les actes accomplis par son conjoint que dans la limite des pouvoirs qui lui ont été conférés.

Lorsque cette condition est remplie, il est engagé comme s'il avait accompli l'acte en personne. Il en résulte que la dette ne sera exécutoire que sur ses seuls biens propres à l'exclusion des biens personnels du mandataire.

Si l'agent a dépassé les limites de l'autorité qui lui a été confiée, l'acte en question est nul, à moins que les conditions du mandat apparent soient réunies ou que les présomptions de pouvoirs instituées par le régime primaire et le régime légal puissent s'appliquer.

Dans les rapports entre époux :

Conformément à l'article 1991 du Code civil, l'époux mandataire est tenu d'accomplir le mandat tant qu'il en demeure chargé, et répond des dommages-intérêts qui pourraient résulter de son inexécution.

Par ailleurs, il est tenu de même d'achever la chose commencée au décès du mandant, s'il y a péril en la demeure. Si le mandataire répond des fautes de gestion à l'égard du mandant, cette responsabilité est tempérée en raison de la gratuité du mandat.

Enfin, comme tout mandataire, l'époux qui agit en vertu d'un mandat, est tenu de rendre compte de sa gestion, et de faire raison au mandant de tout ce qu'il a reçu en vertu de sa procuration, quand même ce qu'il aurait reçu n'eût point été dû au mandant.

L'article 1539 du Code civil précise néanmoins que cette obligation de rendre compte ne porte pas sur les fruits produits par la chose en gestion, lorsque la procuration n'oblige pas expressément l'époux mandataire.

Autrement dit, en cas de reddition des comptes, l'époux mandataire n'a pas à justifier auprès du mandant de l'utilisation qui a été faite des fruits, tant existants que consommés.

C'est là une dérogation qui est portée au droit commun du mandat.

Sur l'extinction du mandat

L'un des motifs d'expiration d'une procuration est son annulation par le mandant. Il est important de noter que cette règle est d'ordre public et est clairement établie à l'article 218 du Code civil, qui stipule que l'époux qui a confié une procuration à son conjoint « peut, dans tous les cas, révoquer librement ce mandat. »

Il peut également arriver que le mandat soit expressément limité aux plans temporel, spatial, ou matériel. Sur le plan temporel, le mandat prend fin automatiquement à l'expiration du temps, il devient donc caduc entre les mains du mandataire. Pour continuer à agir, le contrat doit être renouvelé. Négativement, tous les actes posés par le mandataire peuvent être annulés.

Sur le plan spatial, le cadre géographique peut être défini. Il peut s'agir d'un mandat qui se limite à représenter l'époux seulement au plan national, ou international, soit dans une localité donnée. L'époux ne peut pas dépasser la limite de l'espace spécifié dans le mandat.

Sur le plan matériel, l'objet du mandat doit être clairement défini. Dès lors que l'objet et la cause ont disparu, le mandat n'a pas lieu d'être. Le contrat de mandat obéit aux conditions de formation de droit commun prévues dans les dispositions des articles 1108 et suivants du Code civil.

Si, dès lors, la technique du mandat permet de réintroduire la clause d'unité d'administration qui était envisagée aux anciens articles 1505 à 1510 du Code civil, lesquels ont été abrogés par la loi du 13 juillet 1965, c'est sous la réserve que cette clause soit toujours révocable.

Ainsi, un époux peut parfaitement être investi du pouvoir de gérer l'intégralité des biens du ménage (actif propre et commun). Néanmoins, son pouvoir sera nécessairement précaire dans la mesure où il pourra toujours être remis en cause par son conjoint.

b- L'intervention d'un époux en dehors d'un mandat au su et sans opposition du conjoint

L'article 1540 du Code civil prévoit que « quand l'un des époux prend en main la gestion des biens propres de l'autre, au su de celui-ci, et néanmoins sans opposition de sa part, il est censé avoir reçu un mandat tacite, couvrant les actes d'administration et de jouissance, mais non les actes de disposition. »

Selon cette règle, lorsqu'un conjoint agit au nom de l'autre sans l'autorisation expresse de ce dernier, il est présumé avoir reçu l'autorisation implicite de le représenter.

Cependant, certaines conditions doivent être remplies pour que cette représentation implicite soit effective :

Conditions de validité du mandat présumé

L'absence d'opposition du conjoint : Pour que le mandat présumé puisse produire ses effets, l'article 1540 du Code civil exige que le conjoint ne s'y soit pas opposé. Plus précisément, le texte stipule, à son alinéa 3, qu'il doit s'agir d'une « opposition constatée ».

Dans les rapports entre époux, cette opposition pourra se traduire par la réprobation exprimée par un époux quant à l'immixtion générale de son conjoint dans ses affaires.

Dans les rapports avec les tiers, cette opposition devra porter spécifiquement sur l'acte que l'époux représenté entend contester. Parce qu'il s'agit d'un fait juridique, la preuve pourra être rapportée par tous moyens. À cet égard, on peut remarquer que le défaut d'opposition du conjoint fait présumer, de façon irréfragable, qu'il a donné mandat.

Le cantonnement aux actes d'administration et de jouissance : l'article 1540 du Code civil prévoit expressément que le mandat présumé n'autorise le mandataire qu'à accomplir, pour le compte de son conjoint, des actes d'administration et de jouissance.

Les actes de disposition sont donc exclus du périmètre de ce mandat. C'est là une différence avec le mandat tacite consenti dans le cadre de l'article 1540 du Code civil qui, dès lors qu'il est établi, peut porter sur des actes de disposition.

Aussi, dans l'hypothèse où un acte serait accompli en dépassement des limites du mandat présumé, il encourt la nullité. À cet égard, certaines décisions ont donné lieu à des débats sur la qualification d'acte de disposition de certaines opérations. La question s'est notamment posée de savoir si la conclusion d'un bail rural était couverte par le mandat présumé reconnu au conjoint par l'article 1540 du Code civil. Dans un arrêt du 16 septembre 2009, la Cour de cassation a répondu par la négative à cette question.

Elle a estimé, dans cette décision, que « *consentir un bail rural de neuf ans constitue un acte de disposition* » (3e civ., 16 sept. 2009, n° 08-16.769).

La position adoptée ici par la Cour de cassation doit, sans aucun doute, être transposée au bail commercial, dans la mesure où, comme pour le bail rural, le preneur est titulaire d'un droit au renouvellement, ce qui est de nature à diminuer significativement la valeur vénale du bien donné à bail.

En tout état de cause, il est admis par la jurisprudence qu'une irrégularité dans un acte peut être couverte par une ratification a posteriori (3e civ., 29 avr. 1987, n° 85-17.813).

Cette ratification peut être expresse ou tacite, pourvu qu'elle ne soit pas équivoque.

Effets du mandat présumé

Lorsque les conditions de validité du mandat présumé sont réunies, il produit les mêmes effets que n'importe quel mandat :

Dans les rapports avec les tiers : L'époux qui savait que son conjoint avait agi sera personnellement engagé par l'acte.

Autrement dit, il sera tenu responsable comme si c'était lui qui avait accompli l'acte, mais uniquement pour les actes d'administration et de jouissance. Quand le conjoint a commis un acte de disposition, l'époux représenté ne sera pas engagé.

Dans les rapports entre époux : Conformément à l'article 1991 du Code civil, l'époux mandataire est tenu d'accomplir le mandat tant qu'il en demeure chargé, et répond des dommages-intérêts qui pourraient résulter de son inexécution.

Par ailleurs, il est tenu de même d'achever la chose commencée au décès du mandant, s'il y a péril en la demeure. Si le mandataire répond des fautes de gestion à l'égard du mandant, cette responsabilité est tempérée en raison de la gratuité du mandat.

Quant à l'obligation de rendre compte, l'article 1540 prévoit que, s'agissant des fruits, l'objet de cette obligation se limite, en principe, aux seuls fruits existants.

Le texte précise que, par exception, *« pour ceux qu'il aurait négligé de percevoir ou de consommer frauduleusement, il ne peut être recherché que dans la limite des cinq dernières années. »*

Cela diffère considérablement du mandat tacite prévu par l'article 1540 du Code civil, qui est exempté de toute obligation de rendre compte des fruits générés par la chose.

En effet, pour ce mandat, l'époux mandataire n'a pas à rendre compte auprès du mandant ni des fruits existants ni des fruits consommés.

Lorsque le mandat n'est pas clairement établi, l'époux mandataire doit rendre compte des fruits existants.

En ce qui concerne les fruits qu'il aurait frauduleusement consommés ou qu'il aurait oublié de percevoir, il en est responsable pendant les cinq dernières années, à condition que le mandant demande une reddition de comptes pendant cette période.

À défaut, l'époux mandataire se trouvera libéré de son obligation.

Le sort des actes accomplis au mépris de l'opposition du conjoint

Lorsqu'un époux accomplit un acte sur un ou plusieurs biens propres de son conjoint au mépris de l'opposition formulée par celui-ci, cette situation emporte plusieurs conséquences.

Dans les rapports avec les tiers : L'acte accompli au mépris de l'opposition du conjoint lui est inopposable. Il en résulte que ce dernier n'est pas engagé personnellement à l'acte, lequel est susceptible d'être frappé de nullité.

Dans les rapports entre époux

L'article 1540, al. 3e prévoit que *« si c'est au mépris d'une opposition constatée que l'un des époux s'est immiscé dans la gestion des propres de l'autre, il est responsable de toutes les suites de son immixtion et comptable sans limitation de tous les fruits qu'il a perçu, négligé de percevoir ou consommés frauduleusement. »* Deux enseignements peuvent être retirés de cette disposition :

Premièrement, l'époux qui a agi au mépris de l'opposition de son conjoint engage sa responsabilité auprès de ce dernier. Il pourra donc être tenu d'indemniser son conjoint pour les préjudices causés par l'acte contesté.

Secondairement, la dispense d'obligation de rendre compte des fruits autres que ceux existants est privée d'effet.

En outre, l'époux qui agit en violation de l'opposition de son conjoint doit rendre compte de tous les produits issus de la chose, y compris ceux qu'il a encaissés, ignorés de percevoir ou détournés illégalement pendant une période maximale de cinq ans.

Les remèdes à l'irrégularité de l'acte accompli au titre d'un mandat présumé

Lorsqu'un acte accompli par un époux sur les biens propres de son conjoint ne répond pas aux conditions de l'article 1540, cela ne signifie pas pour autant qu'il encourt la nullité. D'autres dispositifs sont, en effet, susceptibles de prendre le relais et de couvrir l'irrégularité dont est frappé l'acte accompli au titre du mandat présumé.

La ratification *a posteriori* de l'acte

Il est admis par la jurisprudence que l'irrégularité de l'acte puisse être couverte par une ratification a posteriori[173], c'est cette solution qui a été retenue par la

---

173 (3e civ., 29 avr. 1987, n° 85-17.813).

troisième chambre civile de la Cour de cassation en 1987. Cette ratification pourra être expresse ou tacite, pourvu qu'elle ne soit pas équivoque. Il existe alors une présomption de validité tant que la preuve contraire n'a pas été rapportée.

Le mandat apparent

Un acte irrégulier accompli au titre d'un mandat présumé pourra produire ses effets à l'égard des tiers sur le fondement du mandat apparent (V. en ce sens 3e civ. 18 mars 1998, n° 96-14.840).

Le tiers devra néanmoins établir l'existence d'une croyance légitime dans les pouvoirs de son cocontractant, ce qui semble être exclu lorsqu'il aura eu connaissance de l'opposition formulée par le conjoint.

Le mandat apparent ne pourra donc être invoqué que pour couvrir une irrégularité résultant de l'accomplissement d'un acte de disposition.

La gestion d'affaires

La jurisprudence admet que l'irrégularité de l'acte accompli au titre d'un mandat présumé puisse être couverte par la gestion d'affaires (V. en ce sens 1ère civ. 15 mai 1974).

Toutefois, là non plus, elle ne pourra pas jouer, lorsque le conjoint se sera opposé à l'accomplissement de l'acte (1301 C. civ.)

La gestion d'affaires ne pourra donc trouver à s'appliquer que dans l'hypothèse où l'époux mandataire aura accompli un acte de disposition.

c- L'intervention d'un époux dans les opérations d'aliénation des biens propres de son conjoint et d'encaissement du prix de vente

Sous le régime de la séparation de biens, le remplacement d'un bien propre par un autre ne requiert pas l'accomplissement de formalités d'emploi ou de remploi : la subrogation réelle opère, en toute hypothèse, de plein droit.

C'est une différence avec le régime légal, qui subordonne le renouvellement des patrimoines propres des époux à l'accomplissement de ces formalités, faute de quoi le bien acquis au mépris de la règle tombe en communauté. L'absence d'exigence d'accomplissement de formalités d'emploi ou de remploi est exprimée à l'article 1541 du Code civil, qui prévoit que « *l'un des époux n'est point garant du défaut d'emploi ou de remploi des biens de l'autre* ». Cette disposition assortit toutefois le principe d'une réserve : « *à moins qu'il ne se soit ingéré dans les opérations d'aliénation ou d'encaissement, ou qu'il ne soit prouvé que les deniers ont été reçus par lui, ou ont tourné à son profit* ». En d'autres termes, lorsqu'un époux séparé de biens s'est immiscé dans les affaires de son conjoint, il est garant du défaut d'emploi ou de remploi des biens de ce dernier.

Lorsque, notamment, il a perçu les derniers appartenant à l'autre et qu'il les a utilisés à son avantage personnel et non pour les dépenses relevant des charges du mariage, il devra les lui restituer, sauf à ce qu'il soit en mesure de prouver l'intention libérale de son conjoint.

B- La judiciarisation des pouvoirs des époux et la protection du domicile familial

Il s'agira dans cette partie d'exposer l'aménagement judiciaire des pouvoirs (**1**) et la protection du domicile familial (**2**).

1- L'aménagement judiciaire des pouvoirs des époux

Si, comme aiment à le rappeler certains auteurs, le mariage est envisagé par le droit comme ce qui « *confère à la famille sa légitimité* »[174] et plus encore, comme son « acte fondateur »[175], il demeure malgré tout impuissant à la mettre à l'abri des épreuves qui se dressent sur son chemin.

Pour paraphraser le titre d'un film désormais devenu célèbre mettant en scène deux familles qui évoluent dans des milieux sociaux radicalement opposés : la vie maritale n'est pas un long fleuve tranquille.

Nombre d'événements sont susceptibles d'affecter son cours, à commencer par ce qu'il y a de plus ordinaire, mais pas moins important : la maladie, les disputes et plus généralement toutes ces situations qui font obstacle au dialogue dans le couple.

Or, sans dialogue, sans échange, sans compromis, le couple marié ne peut pas fonctionner, à tout le moins s'agissant de l'accomplissement des actes les plus graves, soit ceux qui requièrent le consentement des deux époux.

Que faire lorsque le couple rencontre des difficultés qui peuvent aller du simple désaccord à l'impossibilité pour un époux d'exprimer sa volonté ?

Pour permettre au couple de surmonter ces difficultés, le législateur a mis en place plusieurs dispositifs énoncés aux articles 217, 219 et 220-1 du Code civil. Parmi ces dispositifs qui visent spécifiquement à régler les situations de crise traversées par le couple marié, on compte :

L'autorisation judiciaire

Cette mesure est envisagée à l'article 217 du Code civil[176]. Lorsqu'elle est prononcée, elle permet à un époux d'accomplir un acte en son nom personnel en

---

[174] F. TERRE, *Droit civil La famille*, éd. Dalloz, 2011, n° 325, p. 299

[175] Ph. MALAURIE et H. FULCHIRON, *La famille*, Defrénois, coll. « Droit civil », 2006, n° 47, p. 25.

[176] L'époux qui veut faire un acte de disposition pour lequel le concours ou le consentement de l'autre époux est nécessaire, peut être autorisé par justice à disposer sans le concours ou sans le consentement de son conjoint, si celui-ci est hors d'état de manifester sa volonté, ou si son refus n'est pas justifié par l'intérêt de la famille. L'acte de disposition passé dans les conditions prévues par l'autorisation de justice est opposable à l'époux dont le concours ou le consentement fait défaut. (Article 217 du Code civil).

se dispensant de recueillir le consentement de son conjoint. Il peut être observé que cette mesure ne pourra être adoptée que dans des cas très exceptionnels lorsque les époux sont mariés sous le régime de la séparation de biens.

Elle n'intéresse, en effet, que les actes qui requièrent le consentement des deux époux.

Or, sous le régime de la séparation de biens, les époux jouissent d'une autonomie de gestion des plus totales. Seuls les actes de disposition portant sur le logement de famille sont soumis à cogestion, ainsi que ceux qui font l'objet d'une indivision.

La représentation judiciaire

La mesure de représentation judiciaire est envisagée à l'article 219 du Code civil. Ce texte prévoit que *« si l'un des époux se trouve hors d'état de manifester sa volonté, l'autre peut se faire habiliter par justice à le représenter, d'une manière générale, ou pour certains actes particuliers, dans l'exercice des pouvoirs résultant du régime matrimonial, les conditions et l'étendue de cette représentation étant fixées par le juge. »*

Il ressort de cette disposition qu'un époux peut donc se faire habiliter judiciairement à l'effet d'agir en représentation de son conjoint, soit d'accomplir des actes au nom et pour le compte de ce dernier sur ses biens propres.

La sauvegarde judiciaire

En droit français, la réforme de l'article 220-1 du Code civil dispose, en effet, que *« si l'un des époux manque gravement à ses devoirs et met ainsi en péril les intérêts de la famille, le président du tribunal de grande instance peut prescrire toutes les mesures urgentes que requièrent ces intérêts. »*

Aussi, dans l'hypothèse, où la gestion par un époux de ses biens propres serait de nature à mettre en péril les intérêts de la famille, le juge serait investi du pouvoir d'intervenir. Reste que pour donner lieu à la prescription de mesures urgentes, la mise en péril des intérêts de la famille doit avoir pour cause, prévoit le texte, des manquements graves aux devoirs du mariage.

Or, on voit mal comment la gestion illégale des biens propres pourrait constituer une violation des devoirs du mariage. À supposer que cela soit le cas, ce qui correspondra à des situations très marginales, le juge ne pourra prescrire que des mesures temporaires dont la durée ne peut pas excéder trois ans.

À l'analyse, tandis que les deux premières mesures (autorisation et représentation judiciaires) visent à étendre les pouvoirs d'un époux afin de lui permettre d'accomplir seul un acte qui, en temps normal, supposerait l'accord de son conjoint, la troisième mesure (sauvegarde judiciaire) a, quant à elle, pour effet de restreindre le pouvoir de l'époux qui manquerait gravement à ses devoirs et mettrait en péril les intérêts de la famille.

Dans tous les cas, les mesures susceptibles d'être prises affectent l'indépendance des époux séparés de biens.

S'agissant de la possibilité offerte à un époux sous le régime légal d'obtenir le dessaisissement des pouvoirs de son conjoint sur ses biens personnels (art. 1429 C. civ.), elle n'est pas envisagée pour le régime de la séparation de biens.

2- La protection du domicile familial

L'article 215, al. 3e du Code civil prévoit que *« les époux ne peuvent l'un sans l'autre disposer des droits par lesquels est assuré le logement de la famille, ni des meubles meublants dont il est garni. »*

Il ressort de cet article que l'accomplissement d'actes de disposition sur la résidence familiale est soumis à codécision. Aussi, quand bien même le logement de famille appartient en propre à un époux, celui-ci doit obtenir le consentement de son conjoint pour réaliser l'acte envisagé.

En vertu du mariage malgré tout, la séparation du domicile conjugal bénéficie d'une grande protection, de même que les biens mobiliers qui sont à l'usage commun. Cette protection est indifférente de la propriété. Elle ne tient pas compte de l'acquéreur a priori. Il s'agit d'une mesure de sauvegarde de la famille, dont le domicile constitue un des éléments fondamentaux.

C'est d'ailleurs pour cette raison que le principe d'inviolabilité du domicile est constitutionnellement consacré. Le préambule de la constitution du Cameroun fait donc du domicile un droit fondamental. La violation de cette règle est sanctionnée par la nullité relative de l'acte accompli par un époux en dépassement de ses pouvoirs.

L'article 215, alinéa 3, prime ainsi les articles 225 et 1536, alinéa 1er, du Code civil, qui s'effacent donc lorsque le bien en présence est le logement familial. Il faudra toutefois qu'il endosse cette qualification, ce qui ne sera notamment pas le cas pour une résidence secondaire.

L'importance juridique du domicile est cruciale. En effet, la notion même de « domicile » dans le langage courant est plus large que la notion purement juridique de domicile[177]. Alors que la notion de domicile est plus abstraite ou fictive, celles de résidence ou d'habitation sont beaucoup plus concrètes.

Le domicile d'une personne est le siège légal de cette personne, c'est une notion de droit, c'est « *le lieu de son principal établissement* » relativement à « *l'exercice de ses droits civiques* » aux termes de l'article 102 du Code civil. Il en résulte que le domicile est substantiellement lié à l'existence juridique de la personne. D'où la valeur fondamentale du domicile familial, qui est le domicile des époux et de ceux qui y résident. D'ailleurs, c'est en ces lieux que

[177] Y. BUFFELANLANORE, *Droit civil : Introduction, Biens, Personne, Famille*, LMD, 2019-2020, pp.465 et s.

se font les notifications. À cet égard l'on distingue généralement le domicile élu, du domicile légal[178].

Le domicile est une modalité de détermination de la compétence juridictionnelle. La détermination du domicile a pour fonction sur le plan territorial et sur le plan personnel un moyen de mise en œuvre du droit à la justice, et du droit d'accès au juge[179]. En ce sens, le domicile est un principe de détermination de la compétence du juge en cas de litige[180]. C'est ce qui ressort des commentaires de commentaires de François ANOUKAHA, Lisette ELOMO-NTONGA et Siméon OMBIONO de la jurisprudence en la matière. Les auteurs relèvent que le principe admet des exceptions[181] seulement en cas de force majeure.

Ceci étant, le domicile apparaît comme une véritable institution tant en droit des personnes qu'en droit de la famille. Comme élément d'individualisation, des personnes doivent présenter certaines garanties, d'où certains caractères : « *il doit être unique, fixe et obligatoire*. »[182]

Conclusion du chapitre 2

Au demeurant, le régime de la séparation présente à la fois des avantages et des inconvénients. Il est sans aucun doute celui qui confère aux époux la plus grande indépendance.

Chacun gère son patrimoine en toute autonomie sans que l'accomplissement de certains actes soit subordonné à l'accord du conjoint, exception faite du logement familial

Les principaux inconvénients du régime de la séparation de biens tiennent, d'une part, au risque d'enrichissement d'un époux au détriment de l'autre et, d'autre part, à la difficulté pour les époux de rapporter la preuve de leurs biens mobiliers.

---

[178] Droit de la défense - Election de domicile Notification faite à une adresse erronée – Violation – Cassation. CS – arrêt n° 104/cc du 17 septembre 1998. Consortium SIEMENS c/ SOCATRAP. Revue cam. du droit des affaires n° 5, p.105.

[179]Détermination du domicile : le domicile est le lieu du principal établissement d'un individu, celui où se situe le centre de ses intérêts. Il permet de désigner le tribunal compétent en cas de litige. Mais cette dernière règle connaît des exceptions, notamment en cas de force majeure : Aff. Mbarga Moïse ; Cour suprême, arrêt n° 11 du 26 octobre 1978. Voir commentaires de François ANOUKAHA, ELOMO-NTONGA Lisette et OMBIONO Siméon. In "Tendances jurisprudentielles du droit des personnes et de la famille de l'ex-Cameroun oriental", p. 11

[180]Domicile – domicile commercial – bureaux – violation au sens de l'art. 299 C. pén. – oui. TPI Ydé – jugement n° 3300/Co du 29 juin 1995. Aff. MP et Nwatchap Louis c/ Ngatcheye Jean, Siewe Mbain Urbain et autres. Voir commentaires du Professeur François ANOUKAHA, agrégé des facultés de droit in Juridis pér. n° 27, p.61.

[181] Ibid.

[182] Y. BUFFELANLANORE, *Droit civil : Introduction, Biens, Personne, Famille*, LMD, 2019-2020, pp.473-476.

Conclusion du titre 1

Lorsqu'ainsi un époux exerce une profession commerciale, artisanale, libérale ou agricole séparée, il est totalement libre dans la gestion de son entreprise.

En tout état de cause, si l'adoption d'un régime communautaire s'inscrit dans le droit fil de l'esprit du mariage en ce qu'il répond à l'objectif de mutualisation des ressources, le choix d'un régime séparatiste apparaît, de prime abord, moins en phase avec cet objectif.

Reste que, au fond, comme l'écrivait Portalis, le mariage vise à instituer une *« société de l'homme et de la femme qui s'unissent pour perpétuer leur espèce, pour s'aider par des secours mutuels à porter le poids de la vie et pour partager leur commune destinée »*[183].

[183] A. BAMDE, *La répartition du passif sous le régime de la séparation de biens : principe et exceptions*, www.aurelienbamde.com, Consulté le 16 mars 2025 à 18h.

TITRE 2 :

LA DISSOLUTION ET LA LIQUIDATION DES RÉGIMES MATRIMONIAUX

La dissolution et la liquidation des régimes matrimoniaux constituent des processus juridiques fondamentaux, visant à régler les conséquences patrimoniales du mariage lorsque celui-ci prend fin, que ce soit par divorce, séparation de corps, ou décès de l'un des époux. Ces deux notions, bien que souvent abordées ensemble, présentent des spécificités distinctes, tant dans leur définition que dans leur portée. La dissolution, désigne d'une part la rupture du lien conjugal, marquant la fin de la vie commune et l'extinction du régime matrimonial. D'autre part, la liquidation s'assimile à un processus par lequel les biens et les dettes accumulées au cours du mariage sont partagés entre les époux, en fonction des règles du régime matrimonial applicable.

La distinction entre la dissolution et la liquidation est essentielle pour comprendre leur complémentarité et leurs implications juridiques. La dissolution d'un régime matrimonial survient automatiquement lorsque les époux mettent fin à leur mariage, que ce soit par divorce, séparation de corps ou décès. Elle marque l'arrêt de la communauté de vie et met fin à l'application du régime matrimonial en vigueur. Toutefois, cette dissolution ne règle pas directement la question des biens et des dettes : elle prépare le terrain pour la liquidation, qui consiste à répartir le patrimoine en fonction des règles définies par le régime matrimonial. Par conséquent, la liquidation ne peut intervenir qu'après la dissolution.

Ces deux notions revêtent des caractéristiques. La dissolution des régimes matrimoniaux se distingue par son caractère juridique formel : elle est la conséquence d'un événement précis et entraîne immédiatement la cessation des effets du mariage. Elle se réalise généralement par un jugement de divorce, mais elle peut aussi être constatée en cas de séparation de fait prolongée ou de décès d'un époux. À l'inverse, la liquidation, bien qu'indissociable de la dissolution, se caractérise par un processus de décompte et de partage des biens. Elle suppose l'évaluation des biens propres, des biens communs ou encore des dettes à répartir. Les modalités de cette liquidation dépendent en grande partie du régime matrimonial adopté par les époux, qu'il s'agisse de la séparation de biens, de la communauté de biens ou encore du régime de la participation aux acquêts. Chaque régime impose des règles spécifiques pour déterminer la part de chacun dans le patrimoine commun et la manière dont les biens seront répartis.

La dissolution et la liquidation ont une influence considérable sur les régimes matrimoniaux, car elles modifient non seulement le statut juridique des époux, mais aussi les aspects patrimoniaux du mariage. La dissolution met fin à l'unité conjugale, mais ce n'est qu'à travers la liquidation que le patrimoine des époux est redistribué de manière concrète. Cette redistribution peut être source de tensions, surtout dans le cadre des divorces conflictuels, car elle oblige à la valorisation et à la répartition des biens acquis durant le mariage. Par exemple, dans un régime de communauté, les biens sont généralement partagés en deux parts égales, mais des exceptions peuvent s'appliquer en fonction des circonstances. En revanche, dans un régime de séparation de biens, chaque époux conserve la propriété de ses biens, ce qui simplifie la liquidation, mais la dissolution du mariage demeure tout de même une étape décisive pour la fin de l'union.

Ainsi, la dissolution et la liquidation des régimes matrimoniaux sont des étapes cruciales qui, tout en étant étroitement liées, nécessitent d'être abordées séparément afin de saisir pleinement leurs enjeux juridiques et leurs conséquences pratiques. La dissolution met fin au lien conjugal, tandis que la liquidation organise la distribution des biens et dettes accumulés pendant le mariage, avec des implications financières et patrimoniales qui doivent être soigneusement prises en compte.

En somme, les époux, souvent accompagnés de leurs avocats, doivent naviguer à travers les fondamentaux de la dissolution (**Chapitre I**) et la liquidation (**Chapitre II**) des régimes matrimoniaux avec une attention particulière, car chacune d'elles peut entraîner des conséquences de grande envergure sur leur avenir respectif.

CHAPITRE 1 :

LES FONDAMENTAUX DE LA DISSOLUTION

La dissolution des régimes matrimoniaux découle souvent du non-respect des obligations et des devoirs auxquels les époux sont astreints dans le cadre de leur union. Le mariage n'est pas seulement une institution sociale ou juridique, mais aussi un contrat qui impose aux conjoints des responsabilités mutuelles et réciproques. Ces obligations englobent la fidélité, l'assistance, le respect de l'autre, ainsi que la cohabitation. Lorsque l'un ou l'autre des époux ne respecte plus ces devoirs, la dissolution du mariage peut devenir inévitable. En effet, les manquements à ces obligations altèrent la relation de couple, créant des tensions et des conflits qui, à terme, peuvent mener à la rupture du lien matrimonial.

L'un des devoirs fondamentaux du mariage est la fidélité. Le non-respect de ce principe, sous la forme d'infidélité, constitue une violation grave des obligations conjugales. La fidélité est perçue comme un engagement moral et juridique essentiel à la stabilité du mariage. Lorsqu'un conjoint trompe l'autre, il porte atteinte à la confiance et à l'intimité qui devraient caractériser l'union. Cette trahison engendre souvent une rupture irrémédiable du lien conjugal, car la victime de l'infidélité se sent profondément lésée, non seulement sur le plan affectif, mais aussi dans ses droits fondamentaux. Ainsi, l'infidélité est une cause majeure de dissolution du mariage, car elle remet en cause la base même de la relation conjugale.

Le devoir de respect mutuel est un autre pilier essentiel du mariage. Lorsque ce devoir est bafoué, notamment par des attitudes irrespectueuses, des humiliations, des moqueries ou des dénigrements réguliers, l'équilibre du couple se trouve sérieusement perturbé. Le manque de respect peut se traduire par une altération de la communication et par une diminution du sentiment de sécurité et d'affection dans le couple. Un conjoint qui ne respecte pas l'autre en violation de ce devoir engendre une situation où l'amour et l'estime mutuels se dissipent progressivement. L'incapacité à maintenir ce respect peut mener à la rupture de la relation, car sans respect, il devient difficile de maintenir la coopération et la convivialité nécessaires à la vie conjugale.

Le devoir de cohabitation est également crucial. Le mariage implique une obligation de vie commune, et l'abandon du foyer conjugal par l'un des époux constitue une violation directe de cette obligation. L'isolement d'un des conjoints, volontaire ou forcé, crée un climat de négligence et de rejet, où le lien marital se distend. L'absence prolongée d'un époux, sans justification valable, peut être perçue comme un abandon de la relation, ce qui provoque souvent la demande de divorce. Ce manquement a un impact profond sur la stabilité émotionnelle du couple, car il rend impossible l'entretien de la relation quotidienne, qui repose sur la proximité, l'échange et le soutien mutuel.

Un autre devoir fondamental du mariage est l'assistance matérielle et morale entre les époux. Ce devoir englobe la solidarité en cas de difficulté, que ce soit sur le plan financier, émotionnel ou psychologique. Si l'un des conjoints refuse de soutenir l'autre dans une période difficile, qu'elle soit liée à des problèmes de santé, financiers ou autres, cela constitue une grave défaillance dans le respect des obligations conjugales. Cette défaillance peut provoquer un sentiment d'abandon et d'injustice chez l'époux qui souffre, ce qui peut conduire à une rupture.

Bien plus, la violence conjugale est une autre cause majeure de dissolution des régimes matrimoniaux, car elle constitue une transgression flagrante des devoirs de respect, d'assistance et de solidarité. Les violences, qu'elles soient physiques ou psychologiques, dégradent l'union conjugale et exposent la victime à des risques graves. La violence met fin à la possibilité d'une cohabitation harmonieuse et détruit la confiance nécessaire pour la préservation du lien matrimonial. Dans ce contexte, la victime peut demander la dissolution du mariage pour faute, ce qui peut également être accompagné de mesures de protection légale. La violence conjugale représente une rupture définitive de l'engagement marital et de ses obligations fondamentales, justifiant pleinement une demande de divorce.

En outre, l'incompatibilité d'humeur, bien qu'elle ne soit pas nécessairement synonyme de faute, peut également résulter d'une incapacité des conjoints à respecter leurs devoirs réciproques. Lorsque les époux ne parviennent plus à se comprendre, à communiquer de manière respectueuse, ou à faire preuve de patience et de tolérance face aux difficultés, l'harmonie conjugale s'effondre. Le mariage repose sur une entente mutuelle et la capacité de chaque époux à remplir ses obligations, notamment de respect, de soutien et de communication. L'incapacité à s'adapter à l'autre, ou la persistance de conflits non résolus, peut rendre impossible la vie commune et entraîner la dissolution du mariage.

Eu égard à ce qui précède, l'examen de la dissolution des régimes matrimoniaux se fera d'abord par les causes communes (Section 1), puis par les conséquences (Section 2).

Section 1- Les causes de la dissolution

Le terme dissolution dans le langage courant renvoie à l'action de mettre fin à quelque chose [184]en revanche, dans le jargon juridique, elle renvoie à la rupture d'un lien dans des cas spécifiques avec des conséquences déterminées[185]. Les causes de la dissolution du régime matrimonial trouvent, en partie, leur fondement juridique dans le Code civil dans sa version applicable en République du Cameroun, sous la section III du chapitre intitulé, « *De la dissolution de la communauté et de quelques-unes de ses suites* »[186]. L'article 1441 du Code civil applicable, qui ne vise précisément que la dissolution de la communauté, dispose alors que « *la communauté se dissout par la mort naturelle, la mort civile, par le divorce, par la séparation de corps, par la séparation de biens* »[187].

Pour parcourir les causes de dissolution du régime matrimonial, plusieurs approches sont possibles. On peut distinguer les causes de dissolution en deux catégories, les causes liées à la disparition du mariage et celles non liées à la disparition du mariage. Toutefois, une approche autre pourrait aussi être mobilisée pour nous conduire à faire une distinction secondaire entre les causes communes ou classiques, et les causes modernes ou spécifiques de dissolution du régime matrimonial en droit camerounais, sous le prisme du droit communautaire OHADA et les nécessités de la vie des époux. C'est cette deuxième démarche que nous allons privilégier dans les lignes qui suivent.

La dissolution du régime matrimonial peut intervenir pour plusieurs causes, quel que soit le régime (communauté ou séparatiste). Certaines sont liées à la disparition du mariage, et d'autres sont indépendantes de la dissolution du mariage. Dans certains cas, certains facteurs n'interviennent que pour le régime de communauté, alors que d'autres sont généraux à tous les régimes. S'agissant de la communauté, le Code civil prévoit plusieurs causes de dissolution de la communauté : « la communauté se dissout *1°-par la mort naturelle ; 2°par la mort civile, 3°par le divorce, 4°par la séparation de corps, 5°par la séparation de biens* »[188]. Ces causes peuvent être classées en deux grands groupes en fonction de leurs effets par rapport au mariage ; on a d'une part, les causes de dissolution liées à la disparition du mariage (**I**) et d'autre part, les causes non liées à la disparition du mariage (**II**).

---

[184] H. MAZEAUD, *Le régime matrimonial légal et les conventions matrimoniales*, Dalloz, Paris, 2002, p.102.
[185] A. MALAURIE et H. FULCHIRON, *Droit patrimonial de la famille*, Defrénois, Paris, 2019 Section sur les régimes matrimoniaux, p. 135.
[186] Articles 1441 et suiv. du Code civil.
[187] Article 1441 du Code civil.
[188] Art. 1441 du Code civil.

I -Les causes de dissolution liées à la disparition du mariage

Le mariage se concrétise pleinement que par l'existence des conjoints. Cette existence est porteuse d'une obligation majeure du mariage à savoir l'obligation de communauté de vie. Dès lors que l'existence d'un des époux devient sujette à caution, la subsistance du mariage et du régime matrimonial devient questionnable.

En droit, on distingue quatre causes de dissolution du mariage qui entraînent la dissolution du régime matrimonial. Ces causes peuvent être regroupées en deux catégories : celles qui concernent la personne des époux (A) et celles qui concernent l'acte de mariage (B).

A - Les causes touchant à la personne des époux

Le régime matrimonial repose sur l'existence physique du conjoint, qui constitue l'un des piliers essentiels à l'exécution des obligations découlant du mariage. En effet, le mariage impose aux époux un certain nombre de devoirs réciproques, notamment celui de cohabiter, de contribuer aux charges du mariage, de vivre dans le respect et l'entraide mutuels. Dès lors, l'existence même du conjoint est une condition sine qua non à la poursuite du régime matrimonial et à l'accomplissement de ces obligations. Lorsque survient une rupture de cette existence, par le biais du décès, de la disparition ou de l'absence de l'un des époux, la dissolution du régime matrimonial devient inévitable, car elle modifie fondamentalement les relations juridiques entre les époux.

Dans tous ces cas, le principe fondamental est que l'existence du conjoint est indispensable à l'exécution des obligations liées au mariage. Dès lors que cette existence est suspendue, que ce soit par le décès, la disparition ou l'absence, le régime matrimonial ne peut plus perdurer de la même manière. Les devoirs du mariage sont altérés, voire rendus impossibles. La dissolution du régime matrimonial, dans ces circonstances, n'est donc qu'une conséquence logique, permettant de réorganiser la situation juridique et patrimoniale des époux, selon les règles prévues par le droit civil. Il est donc essentiel de comprendre que la présence physique du conjoint conditionne le bon fonctionnement du mariage sur le plan juridique, et toute rupture de cette existence impose une révision des relations et des obligations initialement établies.

Le Code civil dans son article 1441 précise que ces causes sont soit le décès (**1**), soit l'absence ou la disparition (**2**)

1 -Le décès

Le décès ou la mort est un terme qui a fait couler beaucoup d'encre du fait qu'il existe deux types de mort : la mort physique et la mort civile.

La mort physique est un concept philosophique et théologique qui a été abordé par de nombreux auteurs au cours de l'histoire. Aristote considère que la mort naturelle est une étape nécessaire du cycle de la vie et de la mort[189]. En effet, il considère que la vie et la mort sont des phases interdépendantes du processus naturel, et que la mort est une condition nécessaire pour assurer la pérennité de l'espèce. Saint Augustin, quant à lui, considère la mort naturelle comme une conséquence du péché originel, et il voit dans la mort une punition pour les fautes commises par l'humanité[190]. Selon lui, la mort est une marque de la corruption de l'humanité, et elle est une conséquence de la séparation de Dieu. Thomas d'Aquin, en revanche, considère la mort naturelle comme une partie du plan divin pour l'humanité, et il voit dans la mort une transition vers la vie éternelle[191]. Selon Thomas d'Aquin, la mort est une étape nécessaire pour l'accomplissement de la volonté de Dieu, et elle est une condition pour la rédemption de l'humanité.

Les philosophes modernes, tels que Emmanuel Kant, Georg Wilhelm Friedrich Hegel et Martin Heidegger, ont également abordé le concept de mort naturelle, en le considérant comme une limite à la liberté humaine[192], une étape dans le développement de l'esprit humain5, ou une possibilité fondamentale de l'existence humaine. Selon Kant, la mort est une limite à la liberté humaine, car elle marque la fin de la vie et de la possibilité de choisir. Selon Hegel, la mort est une étape dans le développement de l'esprit humain, car elle permet la réalisation de l'esprit absolu[193].

Enfin, les philosophes existentialistes, tels que Jean-Paul Sartre et Emmanuel Levinas, ont vu dans la mort naturelle une liberté fondamentale de l'homme, ou une rencontre avec l'autre et la responsabilité pour l'autre. Selon Sartre, la mort est une liberté fondamentale de l'homme, car elle lui permet de choisir sa propre mort et de donner un sens à sa vie[194]. Levinas, quant à lui, voit la mort comme une rencontre avec l'autre et la responsabilité pour l'autre, car elle permet à l'homme de prendre conscience de sa propre responsabilité envers les autres et de la nécessité de répondre à leur appel[195].

En ce qui concerne notre travail, nous allons nous concentrer sur la mort physique, en abandonnant la notion de mort civique.

---

[189] ARISTOTE, *De Anima*, Livre II, Chapitre 4, Éditions des Belles Lettres, Paris, 1966, p. 12-15.
[190] SAINT AUGUSTIN, *De Civitate Dei*, Livre XIII, Chapitre 10, Éditions des Belles Lettres, Paris, 1959, p. 23-30.
[191] T. D'AQUIN, *Summa Theologica*, Question 75, Article 6, Éditions du Cerf, Paris, 1984, p. 45-50.
[192] E. KANT, *Critique de la raison pratique*, Première partie, Livre II, Chapitre 2, Éditions Flammarion, Paris, 1993, p. 12-18.
[193] G-W. FRIEDRICH HEGEL, *Phénoménologie de l'esprit*, Chapitre 7, Éditions Aubier, Paris, 1947, p. 23-30.
[194] J-P. SARTRE, *L'Être et le Néant*, Chapitre 3, Éditions Gallimard, Paris, 1943, p. 12-18.
[195] E. LEVINAS, *Totalité et Infini*, Chapitre 7, Éditions Nijhoff, Paris, 1971, p. 27.

Le décès correspond à la fin de la vie d'un être humain, caractérisée par l'arrêt définitif de toutes les fonctions vitales. Par conséquent, le décès sera associé à la mort cérébrale et non à la mort civile, qui était auparavant reconnue par le droit.

Le décès d'un conjoint est la cause la plus évidente et la plus irréversible de dissolution du régime matrimonial. En droit français, le mariage prend fin dès lors qu'un des époux décède. La mort fait ainsi disparaître la personne, mettant un terme définitif à la relation conjugale. Par conséquent, les obligations liées à la cohabitation et à la contribution aux charges du mariage ne peuvent plus être exécutées en raison de l'absence du conjoint. Celles-ci cessent immédiatement.

Mieux encore, le régime matrimonial doit alors être liquidé, et les biens communs, s'il y en a, seront partagés entre les héritiers du défunt et le conjoint survivant, selon les règles de la succession. Ce dernier, s'il n'a pas été exclu de la succession, va percevoir une part des biens, en fonction de la communauté de biens existante et des droits qui lui sont reconnus en qualité de conjoint survivant. Le décès ayant mis fin aux obligations personnelles du mariage, une nouvelle répartition patrimoniale s'impose, marquée par l'entrée en jeu des droits successoraux. Toute volonté ou convention contraire stipulant la continuation de la communauté est inopérante, et frappée de nullité. Même le défaut d'inventaire des biens après le prédécès d'un époux ne donne pas lieu à la continuation de la communauté et donc du régime.

D'après la loi, le décès[196] d'un époux entraîne nécessairement la dissolution du régime matrimonial. Toute volonté ou convention contraire stipulant la continuation de la communauté est inopérante, et frappée de nullité. Même le défaut d'inventaire des biens après le prédécès d'un époux ne donne pas lieu à la continuation de la communauté et donc du régime.

Mais la question se pose en doctrine s'il n'est pas possible, pour les époux, de stipuler la continuation de la communauté entre le conjoint survivant et les héritiers du prédécédé. Toute la difficulté est dans la recherche du fondement d'une telle solution qui est contraire au droit comparé allemand. Une partie de la doctrine pense que la situation est analogue à l'attribution de l'usufruit de la part du défunt au survivant, sur les biens communs, plutôt qu'une administration de la communauté.

En outre, le décès d'un époux entraîne, outre la dissolution du régime matrimonial, l'ouverture de la succession de l'époux prédécédé. La liquidation de la succession se greffe sur la liquidation du régime matrimonial, la seconde opération précédant la première. Dans certains cas, le conjoint survivant peut-être tenu à l'obligation d'inventaire.

---

[196] Article 80, al.1 Code civil.

2 -L'absence et la disparition

Le mot absence dérive du latin *absum* c'est-à-dire « *être éloigné de* » et revêt en droit une signification différente du langage courant. Pour le profane, l'absent est celui qui n'est pas présent, à un moment donné, dans le lieu où il devrait être, ce qui constitue un fait ne créant aucun doute sur son existence. L'absence, au sens juridique, est l'état de la personne dont on ignore si elle est encore en vie alors qu'aucun évènement particulier ne fait présumer le décès tel que l'envisagent les articles 112 et suivants du Code civil. De façon concrète, c'est la situation de l'individu « *qui a cessé de paraître au lieu de son domicile ou de sa résidence sans que l'on en ait eu de nouvelles* », comme le précise l'article 115 du Code civil. C'est ce défaut prolongé de nouvelles insusceptible d'interprétation qui définit techniquement l'absence. Le phénomène de l'absence soulève de délicats problèmes : que devient le patrimoine de l'absent ? Quels sont les droits des héritiers présomptifs ? Quel est le sort du mariage contracté avec l'absent ?

L'idée qui a prédominé lors de la rédaction du Code civil de 1804 est que l'absent ne doit jamais être considéré comme décédé. Il est considéré comme étant en vie, autrement la probabilité de vie est plus élevée. Il doit pouvoir revenir à tout moment et retrouver son conjoint et ses biens. La procédure de l'absence a par conséquent été organisée en trois étapes : la présomption d'absence, la déclaration d'absence et la consolidation de l'absence.

- **La présomption d'absence ou période de non-présence**

C'est une phase d'attente pendant laquelle la loi parie sur la vie et protège les droits de l'absent. L'absence ou la non-présence ne peut pas être immédiatement déclarée. Sa durée dépend du fait que le présumé absent a laissé ou pas un procureur fondé c'est-à-dire une personne mandatée à la gestion de ses intérêts. Le législateur prévoit que la période de non-présence est de 4 ans si la personne n'a pas laissé de procureur fondé et de 10 ans si elle en a laissé.

En outre, dans l'hypothèse où le présumé absent n'a pas laissé de représentant ou si celui-ci ne peut remplir sa mission, les intéressés c'est-à-dire les héritiers présomptifs, les créanciers ou le ministère public peuvent demander au tribunal de prononcer les mesures nécessaires à la protection de son patrimoine, comme la désignation d'un séquestre ou d'un administrateur. Le tribunal désigne également un notaire pour représenter le présumé absent si celui-ci est appelé à un inventaire ; à une liquidation ou à un partage. La présomption d'absence prend fin lorsque le présumé absent revient ou donne de ses nouvelles ou lorsque la preuve de son décès est rapportée. À défaut, la déclaration d'absence peut être demandée par tout intéressé.

- **La déclaration d'absence**

Le souci du législateur reste orienté vers la protection des intérêts en souffrance. À cet effet, à l'issue de la 4e ou de la 10e année selon les cas, les parties intéressées peuvent demander que l'absence soit déclarée. La juridiction compétente est le Tribunal de grande instance ou le Tribunal de premier degré du lieu du domicile de la personne présumée absente. Le tribunal ordonne alors une enquête qui aura lieu au dernier domicile ou à la dernière résidence de l'absent, et sera faite contradictoirement avec le procureur de la République. Le jugement déclarant l'absence est rendu un an après le jugement ordonnant l'enquête. Le procureur de la République transmet les deux jugements au ministre de la Justice qui les publie.

Le jugement déclarant l'absence lorsqu'il est devenu définitif entraîne des conséquences aussi bien sur le plan patrimonial que sur le plan personnel. Sur le plan patrimonial : Les héritiers présomptifs de l'absent peuvent obtenir l'envoi en possession provisoire de ses biens. Ils peuvent donc les administrer et en jouir, mais ne peuvent ni aliéner ni hypothéquer les biens immeubles de l'absent. Les personnes en possession d'envois doivent dresser un inventaire des biens qui leur sont remis et fournir une caution.

Cas particulier de l'absent marié sous le régime de la communauté. Son conjoint a le choix soit d'opter pour la dissolution de la communauté : dans ce cas, les héritiers présomptifs pourront se faire envoyer en possession des biens de l'absent ; soit d'opter pour la continuation de la communauté : dans ce cas, il administrera seul la communauté.

Au plan personnel, le mariage de l'absent n'est pas dissout. Son conjoint ne peut donc se remarier. Mais, s'il le faisait, seul l'absent réapparaissant peut, par lui-même ou par son fondé de pouvoir, muni de la preuve de son existence, demander la nullité de ce mariage. En cas d'absence déclarée du père, c'est la mère qui aura la surveillance des enfants mineurs et exercera tous les droits quant à leur éducation et à l'administration de leurs biens.

Sur le plan financier, si l'absent revient, les héritiers doivent restituer à la fois le capital et une partie des revenus. Cette part varie en fonction du délai de retour : 1/5 si l'absent revient avant 15 ans, 1/10 si le retour a lieu après 15 ans.

Le cas échéant, l'absence se consolide. 30 ans après la déclaration d'absence ou alors 100 ans depuis la naissance de l'absent, les intéressées peuvent demander la consolidation de leurs droits. C'est l'envoi en possession définitif des biens de l'absent. Cela signifie qu'ils peuvent aliéner ces biens et en acquérir totalement et définitivement les fruits. En cas de retour de l'absent, ils restitueront le capital dans l'état où il se trouvera et les biens acquis en remploi de ceux qui auraient été aliénés. La transmission définitive des biens entraîne la dissolution de la communauté si l'époux avait choisi de la poursuivre. Cependant, le mariage demeure. L'article 77 de l'ordonnance de

1981 ne retient que la mort et le divorce judiciairement prononcé comme cause de dissolution du mariage.

- **La disparition**

La disparition vise la situation de la personne dont on n'a pas retrouvé le corps, mais qui s'est exposé à un péril la dernière fois où elle a été vue. Normalement, ce péril provoque la mort, seulement la non-représentation du cadavre interdit de conclure avec certitude au décès.

Le Code civil prévoit des hypothèses de disparition. Il y a disparition au cours ou à la suite d'un événement tel qu'un cataclysme naturel, une opération de guerre, une mesure d'extermination ou de représailles prises par l'ennemi, une expédition coloniale, une catastrophe ferroviaire, maritime ou aérienne, un incendie, une explosion ou un accident collectif ou individuel dont les victimes ou certaines d'entre elles n'ont pu être retrouvées. Cette liste prévue par législateur doit être considérée comme simplement indicative.

La procédure de disparition commence par un procès-verbal établi par une autorité remplissant les fonctions d'officier d'état civil. Généralement, c'est l'officier d'état civil du lieu de la disparition. Ce procès-verbal est signé par l'officier d'état civil et par les témoins des circonstances de la disparition. Il est transcrit sur le registre d'état civil et transmis au ministère de tutelle de l'autorité qui l'a établi. En principe, c'est le ministre de l'Administration territoriale. Mais pour les militaires disparus en cas de guerre, c'est le ministère de la Défense. Si le ministre compétent estime que les circonstances de la disparition ou les résultats de l'enquête autorisent à présumer la mort, il prend une décision déclarant la présomption de décès. Il la transmet au procureur général qui doit saisir d'office le tribunal afin que le décès soit déclaré. Les parties privées disposent également du droit de poursuivre la déclaration judiciaire du décès. Leur requête est communiquée pour avis au ministre compétent, à la demande du ministère public.

Entre le moment de la disparition et celui de la déclaration du décès, les intérêts du disparu sont protégés comme en matière de présomption d'absence. L'affaire est instruite et jugée en chambre de conseil. Le tribunal peut même ordonner une enquête complémentaire sur les circonstances de la disparition ou du décès du présumé disparu. Le tribunal déclare le décès, et en fixe la date, compte tenu des circonstances de la cause, et à défaut, au jour de la disparition. Lorsque plusieurs personnes auront disparu au cours d'un même événement, leurs décès pourront être déclarés par un jugement collectif.

Lorsque le jugement déclaratif de décès est rendu, le disparu est considéré comme mort. Par conséquent, son mariage est dissout et sa succession s'ouvre. Mais, malgré la grande probabilité de la mort, la réapparition potentielle du disparu est toujours possible. Si le disparu réapparaissait : il ou le ministère public ou tout intéressé pourra poursuivre l'annulation du jugement déclaratif de décès. Malheureusement, son retour ne fait pas tomber de plano le jugement. Il recouvre ses biens dans l'état où ils sont ainsi que le prix de ceux qui ont été aliénés et les biens acquis en remploi. Le régime matrimonial auquel le jugement déclaratif de décès avait mis fin reprendrait son cours. Toutefois, son rétablissement ne peut porter atteinte aux droits acquis par des personnes autres que le conjoint, les héritiers dont l'acquisition est subordonnée au décès du disparu. L'annulation du jugement déclaratif doit être mentionnée en marge de sa transcription.

B -Les causes de dissolution liées à l'acte de mariage

La dissolution du régime matrimonial est un moment crucial dans la vie conjugale, marquée par l'interruption du lien juridique unissant les époux. Pourtant, ce processus n'est pas toujours synonyme de rupture des relations personnelles ou affectives entre les partenaires. Dans ce contexte, il est intéressant d'examiner les causes de dissolution du régime matrimonial, en particulier celles qui visent à préserver, au moins partiellement, le maintien du lien matrimonial.

La première cause souvent évoquée est le divorce. C'est une procédure légale par laquelle les époux mettent fin à leur mariage tout en préservant, dans certains cas, des liens financiers ou patrimoniaux. Si la dissolution du régime matrimonial intervient ici, elle ne signifie pas nécessairement la fin de toutes les obligations réciproques entre les époux. En effet, des mécanismes comme la prestation compensatoire ou l'attribution du domicile conjugal peuvent continuer à maintenir un lien concret, afin de garantir une certaine protection à l'un des époux, notamment dans les cas de déséquilibre économique.

En outre, la dissolution du régime matrimonial peut procéder de l'annulation du mariage. Il s'agit de l'hypothèse selon laquelle un mariage nul ou frappé de nullité l'est pour défaut de consentement, de forme ou de capacité. Cependant, cette annulation ne remet pas toujours en cause les droits patrimoniaux des époux, surtout lorsqu'il existe des considérations relatives à la protection des enfants ou aux droits acquis pendant la période de mariage, ce qui permet de maintenir certains liens patrimoniaux.

Par ailleurs, le maintien du lien matrimonial peut ou pas dépendre des époux. Il peut donc être mis en péril par ces deniers à travers une demande de divorce[197]. En dehors de celle-ci, les époux peuvent subir l'érosion du lien matrimonial lorsque leur union est susceptible d'annulation.

À la différence des causes de dissolution du régime matrimonial liées à la personne des époux, la catégorie liée à l'acte se rapporte à la situation que

---

[197] M. NGUINI, « *Le divorce en droit coutumier* », Rev. Penant, 1979, n° 763, p. 5 et s.

l'acte de mariage peut avoir. En effet, ces causes regroupent le divorce (**1**) et l'annulation du mariage (**2**).

1 -Le divorce

Le divorce est une institution juridique visant à mettre fin à un mariage. Elle revêt une importance particulière dans les sociétés africaines, et plus précisément au Cameroun, où il est régi par des dispositions des articles 229 et suivants du Code civil[198]. Il est également influencé par des contextes culturels et sociaux spécifiques. Dans le système juridique camerounais, le divorce peut être provoqué par des causes diverses, qui se distinguent par leur nature et leurs conséquences. Il peut également être le fruit d'une procédure judiciaire comportant une phase de conciliation, et il a des effets considérables sur la garde des enfants ainsi que sur la dissolution du régime matrimonial[199].

Les causes du divorce peuvent être classées en deux grandes catégories : les causes simples et les causes péremptoires. Les causes simples se réfèrent à des motifs classiques de mécontentement conjugal, souvent liés à des conflits quotidiens ou à l'insatisfaction des besoins personnels et affectifs. Ces causes peuvent comprendre la séparation de fait, l'abandon du domicile conjugal, ou encore l'incompatibilité d'humeur[200]. Elles n'impliquent pas nécessairement une faute grave d'un des époux. Le Code civil camerounais, dans son article 232, reconnaît ces causes simples en précisant qu'« *en dehors des cas prévus aux articles. 229, 230 et 231 du présent Code, les juges ne peuvent prononcer le divorce, à la demande de l'un des époux, que pour excès, sévices ou injures de l'un envers l'autre, lorsque ces faits constituent une violation grave ou renouvelée des devoirs et obligations résultant du mariage et rendent intolérable le maintien du lien conjugal* ». Au titre des causes simples, le législateur prévoit également aux termes de l'article 231 la condamnation de l'un des époux à une peine afflictive et infamante.

En revanche, les causes péremptoires font référence à des motifs plus graves et indiscutables, tels que l'adultère[201] prévu par les dispositions des

---

[198] MOUNTAPMBEME ADAMOU, *Les effets du divorce en droit camerounais : étude comparative des systèmes anglophone et francophone*, Mémoire de Maîtrise soutenu à la Faculté de Droit et des Sciences économiques de l'Université de Yaoundé, année 1989/1990.

[199] R. R. BÉBÉ, *La problématique du partage des biens après le divorce en droit camerounais : jurisprudence des juridictions de droit coutumier*, Mémoire de Maîtrise soutenu à la Faculté de Droit et des Sciences économiques, année 1989/1990.

[200] Griefs invoqués à l'appui de la demande – appréciation souveraine par les juges du fond de leur réalité et de leur caractère de cause de divorce d'après la coutume applicable ; b) Coutume Béti – alcoolisme de la femme – violences habituelles de l'épouse sur son mari – destructions répétées par elle du mobilier du ménage – causes de divorce aux torts exclusifs de la femme. CS, arrêt n° 131/L du 13 juin 1972. Revue cam. De droit n° 5, p.61

[201] Adultère dûment constaté – cause de divorce : Aff. Dame Essengue née Etoundi Marie contre Essengue, CS A. n° 49/L du 11 mai 1978. Par F. ANOUKAHA, L. ELOMO-NTONGA

articles 229 et 230 du Code civil applicable. De façon globale, les dispositions du Code civil suscitées peuvent être invoquées à tout moment, et elles justifient le prononcé immédiat du divorce. Les causes péremptoires sont souvent plus faciles à prouver et ont des implications plus fortes sur le comportement et la responsabilité des époux. À ce titre et conformément à la règle consacrée, la preuve de l'adultère peut se faire par tout moyen.

Il convient tout de même de préciser au regard du caractère bijurial du système juridique camerounais que le vocable adultère ne revêt pas la même appréhension en droit civil que pour les Anglo-saxons.

Toutefois, compte tenu des cultures ambiantes au Cameroun, la société perçoit différemment l'adultère en distinguant lorsqu'il a été commis par l'époux ou par l'épouse. Cette considération tire son fondement de l'admission au Cameroun de la polygamie. De la sorte, l'opinion considère que l'adultère de l'époux puisse être tolérable contrairement à celui de la femme en vertu de la répression de la polyandrie non seulement par le législateur, mais également par les coutumes. Par conséquent, l'adultère rend le maintien du lien marital insupportable, rendant impossible la poursuite de la vie commune.

Dans le cadre de la procédure de divorce, la conciliation occupe une place importante en droit camerounais. Avant que le divorce ne soit prononcé, le juge peut proposer aux époux une tentative de conciliation comme prévu aux termes de l'article 238 du Code civil. L'objectif de cette démarche est de donner aux parties la possibilité de réexaminer leur relation et d'essayer de parvenir à une réconciliation, ou du moins à une séparation amiable.

Si l'un des époux manifeste encore l'intention de sauver le mariage, le juge peut suspendre la procédure de divorce et offrir une période de réflexion[202]. Cependant, si la conciliation échoue, ou si l'un des époux persiste dans la demande de divorce, le juge prononcera finalement la dissolution du mariage. Cette option vise non seulement à éviter la rupture définitive, mais aussi à préserver les liens familiaux dans la mesure du possible, notamment en ce qui concerne les enfants.

---

et S. OMBIONO in « *Tendances jurisprudentielles du droit des personnes et de la famille de l'ex-Cameroun oriental* » p.72.

[202] Réconciliation des époux en cours d'instance - La réconciliation des époux rend irrecevable toute demande en divorce, ou fait tomber la procédure déjà commencée quand elle intervient au cours de l'instance... L'exception tirée de la réconciliation peut être opposée en tout état de cause et invoquée pour la première fois en cause d'appel et même elle doit être au besoin suppléée d'office par le juge… Décision des juridictions traditionnelles - (Article 18 Décret 69-DF-544 du 19 décembre 1969 - Est suffisamment motivé l'arrêt rendu en matière coutumière en application des dispositions jurisprudentielles prises comme raisons écrites et dont les juges du fond donnent la référence. CS arrêt du 24 novembre 1977. Rapport du conseiller Nzogang, Revue cam. de droit, Série II n°s 13 & 14, p.211

Lors d'un divorce, la question de la garde des enfants est primordiale et doit être réglée dans l'intérêt supérieur de l'enfant, un principe fondamental inscrit dans la législation camerounaise. Le juge est responsable de déterminer avec quel parent les enfants vivront après la séparation, en tenant compte de plusieurs facteurs, tels que l'âge de l'enfant, la capacité de chaque parent à subvenir à ses besoins, et la stabilité de chaque foyer.

Dans le Code civil applicable, la garde partagée est envisagée comme une option, bien que la garde exclusive soit plus fréquemment attribuée au parent chez lequel l'enfant se trouve généralement. Toutefois, la garde partagée peut être ordonnée dans certains cas, lorsque cela est jugé favorable à l'enfant. Le juge peut aussi accorder un droit de visite et d'hébergement à l'autre parent. Il est important de noter que le juge peut réévaluer la situation à tout moment, surtout si les conditions de vie ou les besoins de l'enfant changent.

2 -L'annulation du mariage

Le mariage est une institution qui n'est pas clairement définie dans les textes camerounais. Cependant, la doctrine considère qu'il s'agit d'un acte juridique créant l'état d'époux. De plus, il pourrait s'agir de l'union d'un homme et d'une femme en vue de fonder une famille, conformément aux règles établies par la loi. Cette dernière affirmation laisse clairement entendre que la reconnaissance de cette institution sur le plan juridique dépend d'éléments tant de fond que de forme. L'ordonnance n° 81-02, datée du 29 juin 1981, qui régit l'état civil, a établi diverses exigences pour la conclusion d'un mariage, notamment : la différence de sexe entre les conjoints, leur âge légal, leur consentement mutuel, l'interdiction de polygamie, la publication des bans et la publicité entourant la célébration.

Ainsi, les violations à ces conditions préalables entraînent bien évidemment des sanctions qui, a priori, peuvent empêcher la célébration du mariage et prise en compte a posteriori, elles aboutissent au système de nullité (en cas d'empêchement « dir-mère »). Il faut relever qu'on parle de nullité lorsqu'un acte ou un contrat n'est pas conforme à la loi, il est nul ; cela entraîne sa disparition rétroactive. Dans quelles circonstances la nullité se produit-elle ? Des considérations qui précèdent, nous pouvons alors poser la question de savoir : Quelle est la portée juridique de la notion de nullité de mariage ? Cette interrogation souligne tout l'intérêt juridique du sujet soumis à notre analyse, car elle nous permettra d'explorer le sort que réserve le législateur camerounais au non-respect de certaines conditions du mariage. Au demeurant, la nullité est conditionnée dans son exercice bien que ses effets soient diversement appréciables. Les conditions d'exercice de la nullité de mariage :

- Le caractère relatif à ce niveau découle du degré de gravité plus ou moins réduit à ce niveau. Elle sanctionne l'atteinte portée à un intérêt privé. On peut citer ici :
- Les vices de consentement d'un des époux (l'action n'est plus possible si l'époux dont le consentement avait été vicié cohabite volontairement pendant 6 mois avec son conjoint). Consultez l'article 181 du Code civil.
- Le défaut d'autorisation préalable des parents pour les enfants mineurs (s'il y a ratification expresse par les parents, cela entraîne une consolidation du lien qui ne peut plus être attaqué par l'époux une fois devenu majeur). Confère l'article 183 du Code civil.
- Plus encore, elles sont ouvertes à tout intéressé, y compris le ministère public, car il y a une atteinte à l'ordre public. Elles se prescrivent sur 30 ans. Pour qu'on aboutisse à une nullité absolue, six cas de figure sont envisagés :
- L'absence de consentement des époux ;
- La bigamie (cours suprême, 25 mai 1975, arrêt no. 129, Bull. P.29) ;
- L'impuberté ;
- L'inceste (cours suprême, 18 juin 1963, arrêt n° 70, Bull. P.556) ;
- La clandestinité (article 191 du Code civil) ;
- L'incompatibilité de l'officier d'État civil (article 20 de l'ordonnance de 1981).

Les conditions de son exercice élucidées, qu'en est-il alors des effets de la nullité ?

Lorsqu'un mariage est entaché d'un vice et qu'une action en nullité est intentée, un jugement va être prononcé et produira certains effets. Toutefois, s'il est clairement établi que cette nullité est rétroactive, il n'en demeure pas moins que cette rétroactivité souffre d'une exception spécifique.

Les effets personnels du mariage, tel que l'alliance, sont rétroactivement effacés. L'annulation a pour essentielle mission d'anéantir le mariage non seulement pour l'avenir, mais encore pour le passé. C'est surtout à l'égard des enfants que l'effet est plus grave, car ceux-ci perdent leur légitimité et deviennent par conséquent des enfants naturels. Le régime matrimonial disparaît rétroactivement sur la base d'une société créée de fait et les intérêts des époux sont liquidés. Les donations tombent et les biens reçus doivent être restitués.

Ce cas de figure exceptionnel est matérialisé à travers l'institution du mariage putatif, qui a été imaginé par le droit canonique pour tempérer la rigueur de la rétroactivité. L'article 201 du Code civil pose la condition de la bonne foi de l'un des époux pour la déclaration d'un mariage putatif. Bien que la bonne foi des époux soit présumée, le mariage présumé est nul, mais il est traité comme une simple dissolution. Il cesse de produire les effets à compter du prononcé du jugement définitif, mais tous les effets sont concernés.

Annuler un mariage ou divorcer emporte a priori le même effet : la disparition des liens entre les époux. Il s'agit cependant de deux procédures distinctes qui n'entraînent pas les mêmes conséquences pour le couple.

Là où le divorce est une procédure personnelle qui n'a d'effet qu'entre les époux et résulte de leur initiative conjointe ou de celle de l'un d'eux, l'annulation du mariage peut être initiée par une tierce personne et son prononcé a une portée plus large.

Dans quel cas l'annulation d'un mariage peut être sollicitée ?

Contrairement au divorce qui suppose l'accord des époux sur la dissolution de l'union ou la constatation d'une faute commise dans les devoirs et obligations découlant du mariage par l'un d'eux, l'annulation du mariage peut être requise dès lors que les conditions légales du mariage n'ont pas été respectées.

Des causes de nullité relative du mariage existent, directement liées à un vice du consentement d'un des époux, à un dol ou à de la violence. Des causes de nullité absolue existent également :

- L'absence de consentement libre des deux époux, ou de l'un d'eux ;
- L'absence de consentement des pères et mères, des ascendants, ou du conseil de famille, dans les cas où ce consentement était nécessaire ;
- Si le mariage a été contracté avant que l'un des époux ait atteint dix-huit ans révolus ;
- Le mariage a été contracté en l'absence d'un des époux ;
- En cas d'inceste entre personnes qui sont à la fois ascendantes et descendantes ou qui sont alliées dans la même lignée, qui sont frère et sœur, oncles et nièces, tantes et neveux ;
- Lorsque le mariage n'a pas été contracté publiquement et qu'il n'a point été célébré devant l'officier public compétent ;
- L'absence d'une réelle intention matrimoniale (mariage blanc) ;
- Une situation de bigamie.

- Qui peut faire la demande de l'annulation de mariage et dans quels délais ?

Alors que la procédure de divorce ne peut être initiée que par les époux, l'annulation du mariage peut, en plus d'être à l'initiative de l'un ou l'autre des époux, être sous certaines conditions à l'initiative d'une personne extérieure au couple.

Lorsqu'une cause de nullité absolue du mariage peut être invoquée, tout tiers justifiant d'un intérêt à agir, comme un membre de la famille, mais également le Procureur de la République, peut demander au tribunal judiciaire d'annuler le mariage.

Dans le cadre d'une demande d'annulation du mariage fondée sur une cause de nullité relative, la demande peut être effectuée dans les 5 ans qui suivent la célébration du mariage. Au-delà, l'action est prescrite.

Pour une cause de nullité absolue, l'action se prescrit par 30 ans après le mariage.

Le divorce met fin aux devoirs et obligations entre les époux pour l'avenir et règle les conséquences patrimoniales de la dissolution de leur union, voire l'organisation de l'exercice de l'autorité parentale et du droit de visite et d'hébergement, en plus d'éventuellement fixer la résidence des enfants, prévoir le versement de pensions alimentaires, etc. Le mariage est reconnu comme ayant existé entre les époux.

À l'inverse, l'annulation du mariage, lorsqu'elle est prononcée, a pour effet que le mariage est réputé ne jamais avoir existé, empêchant la mise en œuvre de toutes les obligations directement liées aux conséquences du mariage ou du divorce.

Tout ce qui est relatif au mariage est considéré comme effacé, à l'exception d'enfants nés de l'union, où la filiation et les obligations des parents envers eux ne seront pas remises en cause.

Toutefois, lorsque le mariage dont il est demandé l'annulation est dit putatif, c'est-à-dire contracté de bonne foi par l'un des époux qui est en mesure de prouver son absence de connaissance de la cause de nullité, le juge peut concevoir de lui attribuer certains droits et le mariage pourra produire des effets malgré son annulation.

En droit, un mariage déclaré nul par la justice est considéré comme n'ayant jamais existé. Sur le plan patrimonial, la nullité du mariage entraîne l'annulation du régime matrimonial, ce qui signifie que les intérêts des époux sont réglés en fonction de leur société de fait.

Cependant, il existe une exception à ce principe : lorsque les époux ont été de bonne foi, on admet la nullité du mariage dit « putatif ». Dans ce cas, la nullité n'entraîne que la dissolution du régime matrimonial, et non sa disparition. La nullité sans effet rétroactif du mariage constitue une véritable cause de dissolution du régime matrimonial. Toutefois, si les deux époux étaient de bonne foi, l'annulation opère comme un jugement de divorce. Et si un seul des époux était de bonne foi, la situation est complexe, car le mariage n'est pas putatif à son égard.

Concrètement, le droit donne à l'époux de bonne foi deux principales voies de sortie, le choix soit pour la liquidation du régime selon les règles légales, soit pour la liquidation sur la base des règles de la société de fait.

II -Les causes non liées à la disparition du mariage

La dissolution du régime matrimonial peut intervenir sur la base des causes qui ne sont pas liées aux époux, mais plutôt au mariage. Ces causes peuvent être regroupées en deux : celles inspirées au droit judiciaire (**A**) et celles inspirées du droit des affaires (**B**).

A -Causes inspirées du droit judiciaire

La dissolution du régime matrimonial peut résulter de plusieurs causes liées soit à la gestion des biens et soit à la vie commune des époux. Ces causes peuvent découler de la manière dont les époux gèrent leurs biens, ainsi que des désaccords ou ruptures dans leur vie commune. Tout d'abord, la gestion des biens est un élément central susceptible d'engendrer de nombreux conflits pouvant mener à la dissolution du mariage. Malgré la rigueur du régime de séparation de biens, par exemple, des désaccords peuvent survenir concernant la gestion de biens communs ou l'utilisation des fonds communs, notamment si l'un des époux abuse de sa position pour gérer les biens à son seul profit. De même, dans le cadre d'un régime de communauté, la gestion des biens communs et privés peut entraîner des disputes sur la manière de répartir les ressources ou de prendre des décisions financières.

Par ailleurs, la vie commune des époux joue un rôle primordial dans la stabilité du mariage et des biens qu'il produit. En cas de séparation de corps, bien qu'il n'y ait pas de rupture juridique du mariage, les époux cessent de vivre ensemble, ce qui peut entraîner la dissolution du régime matrimonial.

1 - La séparation de biens judiciaire

La séparation de biens judiciaire est en droit, une mesure qui n'intervient que pour les époux mariés sous un régime communautaire, ou les époux mariés sous le régime dotal au sens du Code civil applicable. Et dans ce dernier cas, l'art 1443 C. civ. précise que « *la séparation de biens ne peut être poursuivie en justice que par la femme dont la dot est mise en péril et lorsque le désordre des affaires du mari donne lieu de craindre que les biens de celui-*

ci ne soient point suffisants pour remplir les droits et reprises de la femme ». Cette disposition exclut déjà la séparation volontaire des biens pendant le mariage, qui pourrait peut-être être contraire au principe de l'immutabilité du régime matrimonial, tel que le prévoit l'article 1443, alinéa 2 du Code civil.

C'est donc la femme en communauté de biens, à condition de craindre le danger du désordre des affaires de son mari, qui a qualité pour demander la séparation des biens. Le principe est que les créanciers personnels de la femme ne peuvent sans son consentement demander la séparation des biens.

Toutefois, ce n'est qu'en cas de faillite du mari, de déconfiture ou de procédure collective, qu'ils peuvent exercer les droits de la femme débitrice que jusqu'à concurrence du montant de leurs créances grâce à la subrogation personnelle[203]. Mais, les créanciers du mari peuvent s'opposer ou contester la séparation des biens prononcée et même exécutée en fraude de leurs droits, tels que le prescrit l'article 1447 du Code civil applicable.

Ensuite, il faut penser que la séparation de biens ordonnée par la justice après appréciation des motifs viendrait au cours du mariage se substituer au régime de communauté ou dotal préexistant entre les mêmes époux. Par conséquent, le régime de communauté ou dotal sera dissous, tout en permettant au mariage de continuer. L'utilité de cette institution est indéniable, elle constitue une mesure de protection de la femme contre les actes à risque du mari, ce dernier disposant des pouvoirs unilatéraux d'administration de la communauté. Et pour les créanciers cocontractants, le mari est le seul qui peut engager non seulement la communauté, mais également les propres de la femme.

En droit comparé, cette situation a beaucoup évolué depuis la réforme des régimes matrimoniaux intervenue en France en 1965 et poursuivie en 1985, en faveur de la diminution des pouvoirs du mari et d'une augmentation corrélative de ceux de la femme, notamment sur les biens communs. La séparation de biens est devenue une institution de protection des deux époux et non plus d'un seul. Le régime juridique de la séparation de biens judiciaire est défini par les lois en ce qui concerne les conditions de fond[204], les causes, les personnes habilitées à en demander l'application, les procédures à suivre[205], la procédure, les mesures de publicité, les créanciers des époux pendant l'instance et les effets[206] tels que la dissolution de la communauté,

---

[203] Article 1446 « *Les créanciers personnels de la femme ne peuvent, sans son consentement, demander la séparation de biens. Néanmoins, en cas de faillite, ou de déconfiture du mari, ils peuvent exercer les droits de leur débitrice, jusqu'à concurrence du montant de leurs créances* ».

[204] Article 1443 Code civil français.

[205] Article. 1444, 1447, Code civil français.

[206] Article 1446 et s. Code civil français.

l'échange de la communauté par la séparation de biens et la liquidation de la communauté conformément à la loi ou aux dispositions du contrat de mariage.

Avant de mettre en œuvre une séparation de biens, il est impératif d'afficher la demande[207] dans l'enceinte du tribunal, sans quoi elle sera déclarée nulle, selon l'article 1445, alinéa 1er, du Code civil en vigueur. Pour les époux commerçants, ce jugement doit aussi être publié au registre du commerce et du crédit mobilier, afin d'informer les tiers. Le jugement[208] qui prononce la séparation de biens peut remonter quant à ses effets jusqu'au jour de la demande, comme le prévoit le législateur dans les dispositions de l'article 1445, alinéa 2, du Code civil.

Au plan prospectif, la séparation des biens judiciaire peut aussi constituer une panacée, même à titre préventif, pour les époux mariés sous la forme polygamique et soumis par l'effet de la loi à la communauté des biens, notamment, à l'arrivée de la future épouse au second rang. Et dans ce cas, la première épouse aurait intérêt à demander en justice la séparation des biens en dehors de toute dissolution du mariage, lorsqu'il est établi qu'elle a effectivement contribué par ses ressources à la formation de la communauté par ses apports en dot, ses revenus professionnels ou personnels, les biens réservés, les acquêts et tous les biens propres qui entrent dans l'assiette du régime matrimonial courant.

Toutefois, pour être efficace, une telle procédure, qui pourrait impliquer autant la justice que les professionnels du notariat, doit être rigoureusement encadrée par le législateur, tant sur le plan du fond (en modifiant l'article 1443 du Code civil applicable par l'insertion d'autres cas d'ouverture de la séparation de biens judiciaire) que sur celui de la procédure et des effets juridiques escomptés. Cette procédure nuancerait en certains points de la procédure de séparation de biens judiciaire traditionnellement prévue pour les

---

[12] Il s'agit des formalités de mentions en marge prescrites en matière d'état civil. A ce titre, les articles 251 et 252 du Code civil applicable indiquent que le jugement ou l'arrêt est transcrit sur les registres de l'état civil du lieu où le mariage a été célébré et mention est faite en marge de l'acte de mariage et des actes de mariage de chacun des époux. Cette formalité est également prévue en droit comparé français notamment dans les articles 262 à 262-2 du code civil français, sur les conséquences du jugement de divorce et sur les biens des époux et son opposabilité, en cas *« d'obligation contractée par l'un des époux à la charge de la communauté, de toute aliénation de biens commun faites par un époux, postérieurement à la demande initiale »*. La sanction dans ce cas est la nullité de l'obligation contractée.

[13] Ou encore la décision d'homologation de la convention temporaire passée à ce sujet en cas de demande conjointe en séparation ou en divorce dans le cas de divorce sur demande conjointe ; mais, cette solution du droit comparé français n'est pas applicable en droit camerounais, le Code civil applicable ne prévoit que les cas de divorce pour faute, cf. Louis Bach, Op cit. p.83.

cas spécifiques des articles 1443, 1444 à l'article 1452 du Code civil applicable au Cameroun.

2-La séparation de corps judiciaire

La séparation de corps doit être judiciairement prononcée. Elle entraîne toujours la séparation des biens et constitue, dans ce sens, une cause de dissolution du régime matrimonial, même si le mariage subsiste encore pendant l'instance conduisant, le cas **échéant au divorce.** Dans ce cas, la séparation de biens est donc accessoire à la séparation de corps[60].

Cette question revêt un intérêt social et pratique en ce qu'elle permet de déterminer la fin de toute communauté ou de toute forme de collaboration entre époux, même si l'un des conjoints prend en charge les dépenses liées au loyer et à l'alimentation de l'autre, et même si l'un des conjoints conserve le logement commun.

Pour répondre à cette problématique, la doctrine distingue deux situations.

Dans un premier cas, elle admet que la communauté est dissoute entre époux à compter du jour de la demande, ou du jour même où la cohabitation et la collaboration des époux ont cessé par la faute de l'un d'eux. Dans le cadre d'une procédure de séparation, la date de dépôt de la demande est également prise en compte[209].

Ainsi, la date de dissolution du régime matrimonial est fixée au moment où l'un des époux demande la séparation de corps ou le divorce, même si les époux sont séparés depuis longtemps, c'est-à-dire cinq ans, dix ans, vingt ans, et que la séparation de corps n'a pas fait l'objet d'une décision de divorce. Sur le plan pratique, il est important que le notaire ou le juge responsable de la liquidation du régime matrimonial ou de la communauté, selon l'expression consacrée, détermine au préalable la date exacte de dissolution de la communauté entre les époux62 avant de procéder à la liquidation.

Ensuite, il est considéré que la communauté est dissoute à l'égard des tiers au jour de la publication dans les registres de l'état civil[63], de la décision définitive autorisant la résidence séparée ou la décision définitive de divorce[64]. Ces solutions légales permettent au juge ou au notaire liquidateur de régler le sort sur le plan de la liquidation du régime matrimonial, des actes juridiques passés ou obligations contractées dans la période ou le laps de temps entre la demande ou la requête initiale et la décision définitive[210].

Toutefois, la séparation de corps peut aussi cesser par la reprise volontaire de la vie commune consécutive à la réconciliation. L'article 311, alinéa 3 précise que

---

[209] C'est l'objet de l'article 262-1 du Code civil français.

[210] En ce sens, le contenu des articles 252, al. 6 du Code civil applicable au Cameroun et 262-2 du Code civil français est édifiant.

s'il y a cessation de la séparation de corps par la réconciliation des époux, la capacité de la femme est modifiée pour l'avenir et réglée par les dispositions de l'article 1449 du Code civil applicable, qui, en son alinéa 1er dispose clairement que : « *la femme séparée de biens par jugement reprend l'administration, la jouissance et la libre disposition de ses biens personnels* »[211].

En revanche, elle présente un intérêt sur le plan patrimonial, puisqu'il faut se demander quelles conséquences une telle reprise aurait sur le régime matrimonial, sur le règlement des effets pécuniaires de la séparation ou du divorce. La communauté ou, plus généralement, le régime matrimonial ayant existé entre les époux va-t-il reprendre vie, ressusciter et continuer comme si rien ne s'était passé, entretemps ou encore, la reprise volontaire met-elle fin à la séparation des biens antérieure ?

D'après l'article 311, alinéa 3 du Code civil tel qu'il est applicable, en cas de reprise de la vie commune, la capacité de la femme est modifiée pour l'avenir dans les rapports entre époux.

Pour des tiers, cette modification n'est applicable que si la reprise de la vie commune est attestée par un acte notarié authentique et publié de l'une des manières suivantes : affichage au tribunal, mention en marge de l'acte de mariage ou du jugement ou arrêt de séparation ; publication dans un journal légal ; affichage ou inscription au registre du commerce et du crédit mobilier si l'un des époux est commerçant (selon le droit OHADA et l'article 1445 du Code civil applicable). Et dans ce sens, la doctrine s'accorde pour dire que la dissolution du régime matrimonial antérieur est définitive, il ne subsiste pas en cas de reprise volontaire de toute collaboration entre époux.

À l'avenir, les conjoints peuvent opter pour un nouveau régime matrimonial, à condition de se conformer aux exigences de l'article 1397 du Code civil et de l'alinéa 3 de l'article 305 du Code civil français[212]. Or, à l'épreuve de la pratique, la reprise volontaire de la collaboration et même de la vie commune dans les systèmes juridiques africains se fait sur la base de la médiation familiale, en l'absence de tout acte notarié de reprise. L'absence d'un tel acte ne rend pas toujours aisé, la liquidation du régime nouveau, notamment en cas de communauté. Le divorce entraîne la dissolution du régime matrimonial uniquement lorsque les époux étaient unis par le régime de la communauté de biens (communauté légale ou conventionnelle), le

---

[211] Article 1449 du Code civil applicable : « *La femme séparée de biens par jugement reprend l'administration, la jouissance et la libre disposition de ses biens personnels. Elle peut être autorisée par le juge à s'acquitter de la contribution que lui impose l'article 1448 en assumant elle-même, vis-à-vis des tiers, le règlement des dépenses familiales dans la limite de cette contribution. Le mari séparé de biens ne peut plus exercer le droit d'opposition visé à l'article 223 du Code civil* ». L'article 1448 du Code civil, vise la contribution aux frais du ménage qu'à ceux de l'éducation des enfants communs.

[212] Tel est déjà la solution en droit comparé français. Cf. L. BACH, Op.cit. p.83.

régime de la participation aux acquêts ou le régime de la séparation de biens avec société d'acquêts.

En revanche, si les époux étaient plutôt mariés sous le régime de la séparation de biens, la séparation de corps en principe ne consacre qu'une situation conventionnellement organisée au préalable par les époux séparés de biens. Dans ce cas, seules les communautés ou les indivisions résultant de leur cohabitation et de leur vie commune seront soumises aux mêmes règles que celles applicables aux régimes communautaires.

B -Les causes inspirées du droit des affaires

Les événements liés au droit des affaires, tels que la création d'une société commerciale, la mise en œuvre d'une procédure collective ou les voies d'exécution, peuvent effectivement avoir des conséquences sur le mariage. Ces événements peuvent entraîner des conflits financiers, une perte de confiance ou une altération des obligations conjugales, justifiant ainsi la demande de dissolution du mariage.

Les dispositions des Actes uniformes OHADA, combinées à la jurisprudence de la CCJA, offrent un cadre pour comprendre comment ces événements peuvent affecter la stabilité conjugale et justifier une dissolution du mariage. Cette dernière peut résulter de la création d'une société commerciale, de la mise en œuvre d'une procédure collective ou de l'exercice d'une voie d'exécution.

1 - La création d'une société commerciale

La création d'une société commerciale peut affecter la vie familiale, notamment en cas de dissensions professionnelles entre époux. En vertu de l'Acte uniforme portant droit des sociétés commerciales et du groupement d'intérêt économique, la constitution d'une société nécessite souvent la participation active des époux, surtout dans les régimes matrimoniaux communautaires, où la société commerciale pourrait être une entreprise familiale commune.

Les conséquences de la gestion d'une société par un époux peuvent entraîner des conflits de gestion ou de décision, mettant à mal l'harmonie du mariage. Si l'une des parties considère que l'autre gère mal les affaires ou ne respecte pas les obligations conjugales, cela peut être un motif de rupture. En effet, l'article 81 de l'Acte uniforme OHADA relatif aux sociétés commerciales permet de stipuler les obligations des associés, qui peuvent se traduire par des conflits internes ayant des répercussions sur le mariage.

Dans une décision de 2016, la CCJA a souligné que la gestion d'une société par l'un des époux, sans concertation avec l'autre, peut entraîner des conflits qui affectent la stabilité conjugale, même si ce n'est pas en soi une cause légale de dissolution du mariage[213]. Ce jugement invite à considérer les implications des décisions prises par les époux dans la gestion des affaires de la société.

2 -La mise en œuvre d'une procédure collective ou des voies d'exécution

Les procédures collectives, régies par l'Acte uniforme OHADA portant organisation des procédures collectives d'apurement du passif, peuvent créer des tensions dans le mariage, notamment lorsqu'elles surviennent à la suite de difficultés financières graves dans les affaires d'un ou de plusieurs époux. Lorsqu'un époux se trouve placé sous une procédure de sauvegarde, de redressement ou de liquidation judiciaire, cela peut affecter directement la vie conjugale en raison du péril grave encouru et exposant les intérêts matériels, financiers et patrimoniaux du conjoint et de la famille, source de précarité et de déliquescence pour la famille. Le lien entre le régime matrimonial et les procédures collectives paraît alors plus que significatif et riche d'intérêt. Elle consiste à resserrer les directives du système, ce qui entraîne souvent des confrontations. Ces conflits peuvent survenir lorsqu'un individu exerce une profession ou gère une entreprise, ou encore lorsqu'il y a incompatibilité entre sa condition matrimoniale et la nature de son travail. Par exemple, un époux ayant des biens en commun peut-il s'engager dans n'importe quel secteur ou métier sans mettre en danger son foyer, ses partenaires commerciaux, ses collaborateurs, ou même ses clients ? Conflits d'intérêts ou de priorités entre la protection de l'intérêt de la famille, des enfants ou du conjoint du commerçant ou de l'exploitant d'artisanat ou agricole ou de l'industriel, des créanciers alimentaires d'une part et la protection des intérêts des créanciers de la liquidation.

Le choix de soustraire et de réduire le patrimoine des inventaires des époux pour régler la liquidation de l'entreprise entraîne des conséquences pour la famille. Les procédures collectives peuvent affecter le régime matrimonial pendant son fonctionnement ou à sa dissolution. Comment le droit peut-il prendre en compte le facteur causal de faute ou d'absence de faute dans la liquidation du régime, notamment si l'un des époux est responsable de la situation, ou si l'entreprise mise en redressement ou procédure de liquidation est familiale ? Cette situation peut être perçue comme une rupture de confiance, ce qui peut entraîner une demande de dissolution du mariage pour « désunion irrémédiable ».

À travers un arrêt de 2012, la Cour Commune de Justice a jugé que la mise en œuvre d'une procédure collective, notamment la liquidation judiciaire d'une société dirigée par l'un des époux, pouvait constituer un facteur de

[213] Arrêt n° 018/2016 de la CCJA.

rupture dans le mariage[214]. Ce lien de cause à effet a été retenu en particulier en raison du fait que la procédure était perçue comme le signe d'un échec majeur dans la gestion des affaires du couple.

Les voies d'exécution, telles que les saisies, les hypothèques ou les saisies de biens dans le cadre de dettes commerciales ou personnelles, peuvent également jouer un rôle majeur dans la dissolution du mariage. En effet, l'Acte uniforme portant organisation des voies d'exécution en OHADA régit les modalités de saisie et d'exécution forcée des décisions judiciaires. Si un ou des époux font face à des saisies ou à des actions en exécution forcée en raison de dettes professionnelles ou personnelles, cela peut créer une pression sur les règles du régime matrimonial.

De plus en plus, les tensions peuvent émerger si l'une des parties est responsable de la situation de dettes ou si l'époux non concerné par la procédure d'exécution estime que l'autre a agi de manière imprudente ou irresponsable. Une telle situation peut engendrer une rupture de confiance, menant à une demande de dissolution du mariage, argumentant que les actions de l'un des époux ont mis en péril l'équilibre du couple.

Dans un arrêt de 2014, la Cour a estimé que les mesures d'exécution forcée, parmi lesquelles la saisie des biens du couple pour couvrir des dettes, pouvaient être une cause légitime de dissolution du mariage[215]. Elle a précisé que la dissolution du mariage pourrait être demandée si l'une des parties était jugée responsable de l'endettement excessif, rendant ainsi la continuation de la vie commune impossible.

On est en droit de se poser la question de savoir si les difficultés des affaires, liées aux activités professionnelles commerciales, industrielles, agricoles ou artisanales, culturelles, peuvent devenir les causes de dissolution externes du mariage et donc du régime matrimonial. N'y a-t-il pas lieu de penser à règlementer au mieux les cas de changement de régime matrimonial pour répondre à ces situations ?

Section 2- Les conséquences de la dissolution des régimes matrimoniaux

La dissolution du régime matrimonial entraîne plusieurs conséquences personnelles, tant dans les rapports entre les époux qu'à l'égard des tiers.

Ici, nous insisterons sur les conséquences personnelles immédiates qui sont vécues, avant la liquidation proprement dite du régime matrimonial.

---

214 Arrêt n° 001/2012 CCJA,

215 Arrêt n°009/2014 de la CCJA

Le Code civil applicable ne règlemente pas clairement et de manière rigoureuse les effets de la dissolution du régime matrimonial. Cependant, à partir de l'article 1441, le Code met l'accent sur les causes de dissolution de la communauté et leurs effets personnels consécutifs.

Les effets personnels de la dissolution du régime matrimonial varient donc suivant les causes de la dissolution, qui sont toutes aussi diverses. Certains de ces effets ont déjà été examinés dans les parties y relatives ci-dessus développées. Il apparaît clairement que les conséquences personnelles de la dissolution du régime en cas de nullité, de divorce ou de décès entraînant la dissolution préalable du mariage, ne peuvent pas être identiques à celles de la dissolution du régime par la séparation de corps, la séparation des biens, l'absence déclarée ; ces divergences, conçues dans le cadre de la monogamie, peuvent aussi bien être envisagées en cas de dissolution de l'union polygamique, en tenant compte des particularités liées à la pluralité des conjoints.

En outre, l'article 1444 du Code civil stipule que toute séparation de biens, même judiciaire, est invalide et ne peut avoir d'effets juridiques « *si elle n'a point été exécutée par le paiement réel des droits et reprises de la femme, effectuée par acte authentique, jusqu'à concurrence des biens du mari, ou au moins par des poursuites commencées dans les trente jours qui ont suivi le jugement et non interrompus depuis.* »[216]

Autrement dit, la séparation de biens judiciaire ne sera valable que si, par acte authentique, les droits de la femme, qui, selon la loi, peut la solliciter, sont effectifs, notamment la reprise de ses biens propres, ou des biens dotaux (régime inexistant en droit camerounais, bien sûr).

En général, l'expérience de la pratique notariale révèle que certains effets peuvent être considérés comme immédiats, parce qu'ils résultent directement de la dissolution de tout régime matrimonial, tandis que d'autres sont très souvent plus tardifs, à l'instar de la liquidation du régime matrimonial[217].

Aussi, certains effets personnels peuvent être communs à toute dissolution, alors que d'autres sont spécifiques à la dissolution de telle ou telle catégorie de régime matrimonial, en considération de la cause.

Pour appréhender de manière plus concrète la situation, il convient de s'attarder à l'étude des effets personnels considérés comme immédiats (**I**), susceptibles de résulter de toute dissolution de régime matrimonial, quelle qu'en soit la cause, avant d'examiner les conséquences spécifiques de la dissolution du régime quant aux droits et obligations des époux (**II**).

---

[216] Article 1444 du Code civil applicable en droit camerounais.
[217] L. BACH, Op.cit. p.83, A. RIEG, F. LOTZ, et P. RIEG, (ouvrage collectif) *Technique des régimes matrimoniaux, Pratique notariale*, 3e éd., LITEC, Paris, 1993, p.400, n°463.

I- Les conséquences personnelles de la dissolution du régime matrimonial dans les rapports des époux

La dissolution du régime matrimonial indépendamment de la cause entraîne plusieurs conséquences qui affectent les époux directement, personnellement, matériellement, émotionnellement et affectent également leurs relations avec les tiers. Les plus importantes sont la cessation du régime matrimonial et la substitution de la communauté par l'indivision (**A**), et le sort des droits et obligations des époux (**B**).

A- La cessation du régime matrimonial et la substitution de la communauté par l'indivision

La dissolution du régime matrimonial marque nécessairement la fin de l'union légale entre les époux. Chaque conjoint récupère son indépendance juridique, ce qui peut influer sur leur relation personnelle et sur leur statut social.

Mieux encore, cette dissolution entraîne la liquidation du patrimoine commun, si le régime matrimonial prévoyait une telle gestion des biens, par exemple, dans le cas de la communauté de biens. Ce partage peut donner lieu à des conflits, notamment lorsqu'il y a des désaccords sur la répartition des biens ou des créances.

En fonction du régime matrimonial, certains droits et obligations des époux peuvent subsister après la dissolution. Par exemple, les époux peuvent continuer à avoir des obligations alimentaires si l'un d'eux se trouve dans un état nécessiteux. De plus, l'époux divorcé peut conserver certains droits sur la succession de l'autre, selon les termes du divorce et du régime matrimonial choisi.

La dissolution du régime matrimonial a également un impact sur la garde, l'autorité parentale, les droits et obligations envers les enfants. Même si le régime matrimonial est dissous, les parents doivent continuer à assumer leurs responsabilités parentales. La dissolution du mariage peut avoir un impact émotionnel significatif. Elle peut engendrer des sentiments de perte, de solitude, et parfois de stigmatisation sociale, en fonction du contexte et de la culture locale. Ainsi, la dissolution d'un régime matrimonial n'a pas seulement des répercussions matérielles, mais aussi personnelles et émotionnelles importantes dans les rapports entre les époux. Les relations sociales de chaque époux peuvent également être affectées, notamment si des amis ou des proches prennent parti. À ce titre, les époux peuvent décider de modifier leur nom de famille et domicile après la dissolution, ce qui peut affecter leurs liens sociaux et leur quotidien.

Dans certains régimes, un époux peut avoir des droits sur les assurances et les prestations sociales de l'autre. La dissolution peut entraîner la perte de ces avantages, notamment en matière de couverture santé ou de retraite. Elle s'exprime donc parfaitement par la cessation du régime matrimonial, qui n'exclut pas le maintien de l'obligation alimentaire.

1- La cessation du régime matrimonial

Le principe en droit est clair : lorsqu'un régime matrimonial se termine, il cesse complètement d'exister. Il ne persiste pas au-delà de la dissolution du mariage, qui peut être concomitante à celle du régime[218]. Toute tentative de maintenir une communauté ou un régime matrimonial après leur dissolution est vaine, car elle est frappée de nullité73.

De plus, lorsque la dissolution du régime matrimonial est concomitante à celle du mariage, aucun régime n'existe ni ne subsiste en dehors du mariage unissant les époux. On peut citer comme exemples la séparation légale, l'absence déclarée, l'annulation du mariage ou encore le décès. Et, selon l'article 1442 du Code civil applicable, en cas de dissolution du régime par le décès de l'un des époux, l'absence ou le défaut d'inventaire ne donne pas lieu à la continuation de la communauté[219]. Ce principe, dont le sens semble sans ambiguïté, peut s'étendre à tous les cas de dissolution de régime matrimonial par le décès. Par ailleurs, le régime matrimonial ne saurait survivre et continuer entre le conjoint survivant et les héritiers du défunt, en cas de décès ou de prédécès.

Néanmoins, la principale difficulté qui s'élève ici est liée à la date de la dissolution du régime. L'intérêt de déterminer la date est dans la protection des droits des époux ou de l'un d'entre eux contre les actes frauduleux de l'un ou de l'autre avant les opérations de liquidation et partage. Si la détermination de la date de la dissolution du régime ne pose pas de problème en cas de décès, tel n'est pas le cas du divorce, de l'absence déclarée ou de la séparation soit de corps, soit de bien, de fait ou judiciairement prononcée.

Mais, le Code civil applicable apporte sans ambiguïté une solution claire, qui prend en compte la nature spécifique de chaque cause de dissolution du régime. Ainsi, il consacre deux solutions distinctes selon que la dissolution prend effet dans les rapports entre époux ou l'égard des tiers.

Le principe de la pluralité des dates

---

[218] Idem.

[219] L'article 1442 du Code civil applicable dispose que le défaut d'inventaire après la mort naturelle ou civile de l'un des époux, ne donne pas lieu à continuation de la communauté, en ce sens, cf. A. RIEG, F. LOTZ, et P. RIEG, (ouvrage collectif) *Technique des régimes matrimoniaux, Pratique notariale*, Ibid, p. 400.

Dans les rapports entre époux, le Code civil retient le principe de la pluralité des dates de prise d'effets de la dissolution du régime. Il considère que le régime est dissout, soit à la date de cessation de toute cohabitation, soit à la date de l'introduction de la première demande en séparation soit de corps et de biens, soit à la date de l'introduction de la demande en séparation de biens, soit à la date de l'assignation en divorce[220].

Le sort des actes postérieurs

Les actes accomplis par les époux séparés n'entrent pas dans la communauté.

Toute reprise volontaire de vie commune entre époux après la décision définitive de séparation de corps et biens, n'a aucune incidence sur la dissolution du régime intervenue antérieurement[221]. Toutefois, selon la loi (art 1451 C. civ), les époux peuvent de leur seul consentement rétablir la communauté dissoute entre eux, dans le seul cas de la séparation de corps et de biens ou par séparation de biens judiciaire[222]. La convention de rétablissement de la communauté est soumise sous peine de nullité d'une telle convention, aux conditions de forme et de fond. Dans la forme, les époux doivent respecter les formalités d'acte authentique passé devant un notaire et de publicité. Dans le fond, la convention par laquelle les époux rétablissent la communauté ne doit pas être différente des conditions qui la réglaient antérieurement. Et dans ce cas, la communauté rétablie reprend son effet à compter du jour de la formation du mariage. Tout se passe comme si rien ne s'était passé. La sanction du non-respect de ces conditions cumulatives de validité de la convention de rétablissement de la communauté est la nullité.

L'indivision postcommunautaire

La réalité est que la dissolution du régime matrimonial, peu importe la cause, place les époux dans une situation d'indivision. Par l'effet de la

---

220 Selon l'article 1445, al. 2 du Code civil applicable, « *Le jugement qui prononce la séparation de biens, remonte, quant à ses effets, au jour de la demande* ».

221 En droit comparé français, les ex époux peuvent même fixer d'un commun accord, la date de prise d'effets de la dissolution du régime matrimonial, pour régler au mieux les effets.

222 Selon l'article 1451 du Code civil applicable, « *La communauté dissoute par séparation soit de corps et de biens, soit de biens seulement, peut être rétablie du seul consentement des deux parties* » ; al. 2 : « *Elle ne peut l'être que par acte passé devant notaire et avec minute dont une expédition doit être affichée suivant les modes de publicité en vigueur* » c'est-dire au tribunal ou registre de commerce ; al. 3 : « *En ce cas, la communauté rétablie reprend son effet du jour du mariage ; les choses sont rétablies au même état que s'il n'y avait point eu de séparation, sans préjudice néanmoins de l'exécution des actes qui, dans cette intervalle, ont pu être faits par la femme* » (sous en entendu séparée de biens), « *en conformité avec l'art. 1449* » ; al. 4 : « *Toute convention par laquelle les époux rétabliraient leur communauté sous des conditions différentes de celles qui la réglaient antérieurement est nulle* ».

dissolution, le régime matrimonial dissout se transforme de facto en indivision.

D'après un auteur[223], dans la pratique, on songe souvent à la seule indivision postcommunautaire lorsque les époux ont été mariés sous un régime de communauté. Or, l'indivision peut aussi être envisagée dans de nombreux cas de figure. Les époux séparés de biens peuvent posséder en indivision des biens particuliers affectés ou non à la communauté de vie ayant existé entre eux, ou à l'activité professionnelle de l'un d'entre eux ; les époux mariés sous le régime de la séparation de biens, ou de la participation aux acquêts, ou même en communauté de biens, peuvent posséder des biens acquis en copropriété.

Il peut en être ainsi de la copropriété du bail, du capital d'une société à responsabilité limitée, des parts sociales dans une société de personnes, d'un fonds de commerce, ou d'un immeuble bâti ou à bâtir acquis en copropriété[224]. Et dans ces différents cas, le droit des régimes matrimoniaux devrait s'assouplir pour considérer les solutions juridiques issues du régime juridique de droit commun applicable à chaque catégorie de bien suivant sa nature, ou masse de patrimoine. On peut également envisager ces cas de figure dans le mariage polygamique. C'est, par exemple, le cas complexe de l'indivision des biens propres ou des biens spécifiques acquis par deux époux (le mari et la première femme), mais possédés par suite des mariages successifs et concomitants par le mari, avec les différentes épouses selon l'ordre d'arrivée dans ledit ménage[225].

Autre hypothèse de l'indivision, c'est celle qui peut aussi naître du décès ; dans ce cas, elle est formée soit entre les héritiers de l'époux décédé et le conjoint survivant, soit entre les héritiers des deux époux décédés. Et la situation devient complexe, car, à l'indivision consécutive à la dissolution d'un régime matrimonial, vient se greffer une indivision successorale.

Ces différents cas de figure ne sont pas étrangers à la réalité du terrain, qui entraîne des difficultés et le blocage des liquidations des régimes matrimoniaux, des successions, qui compromettent l'activité économique, qui

---

223 A. RIEG, F. LOTZ, et . RIEG, (ouvrage collectif) *Technique des régimes matrimoniaux, Pratique notariale*, Op.cit., p. 400, n°464.

224 Outre, une telle copropriété est régie en ce qui concerne les biens immeubles par le droit des régimes matrimoniaux et le droit commun de la copropriété des immeubles prévue par la loi n°2010-022 du 21 décembre 2010 relative à la copropriété des immeubles, cf. Cameroun Tribune, vendredi 24 décembre 2010, n°9750/5951, pp. VIII-XI.

225 Cette situation est courante dans la pratique. Dans la vie de la plupart des ménages polygamiques, les biens de la communauté formée par le mari et la première épouse sont souvent possédés par les autres épouses qui arrivent dans le même ménage. Il se crée ipso facto entre les époux polygames, une indivision et une confusion rendant difficile toute règlementation. Toutefois, seuls les ménages polygamiques régis par les coutumes inspirées des règles de la religion musulmane ou islamique connaissent une certaine organisation.

font dépérir certains biens de valeur, ou qui provoquent les faillites des sociétés ou entreprises familiales. Il est important de règlementer l'indivision, qui constitue une solution adéquate lorsqu'il est difficile de déterminer le régime matrimonial ou de distinguer le caractère propre ou commun des biens, malgré l'application de la présomption de communauté. L'indivision prend effet à compter du jour de la disparition du régime matrimonial et comprend les biens existant à cette date. À cette masse, il faut ajouter les plus-values éventuelles, ainsi que les fruits et revenus produits pendant la durée de l'indivision. L'estimation ou le calcul se fait au jour du partage. Il faut finalement considérer que, durant l'indivision, la masse a pu subir des changements, certains biens se substituant à d'autres par l'effet de l'emploi et du remploi, ou de la subrogation réelle.

En ce qui concerne les règles de gestion de l'indivision en cas de dissolution d'un régime matrimonial, le principe est qu'elles ne sont pas spécifiques. D'après la doctrine, elles relèvent du droit commun de l'indivision. Il y a lieu d'observer qu'en droit camerounais, l'indivision est restée pendant longtemps non règlementée. Le seul cas d'indivision visé par le Code civil applicable est l'indivision successorale prévue à l'article 815[226]. À cet effet, l'article 818 du Code civil applicable donne au mari la possibilité de provoquer, sans le concours de la femme, le partage des biens meubles ou immeubles qui lui reviennent et qui tombent dans la communauté[227]. Après l'entrée en vigueur de la loi française n° 76-1286 du 31 décembre 1976 le 1er juillet 1977, des Règles d'emprunt ont émergé en pratique[228]. Finalement, face à l'inconfort causé par l'absence de réglementation juridique, le législateur camerounais a récemment adopté une loi sur l'organisation de l'indivision dans le droit camerounais.

Les règles de gestion sont les suivantes : l'accord unanime des copropriétaires est nécessaire pour toutes les décisions concernant la gestion et la disposition des biens communs, à l'exception des mesures visant à préserver ces biens en utilisant les fonds de la copropriété. Tout indivisaire peut saisir le juge de référé pour demander l'autorisation des mesures qui servent l'intérêt commun. De plus, si un bien indivis est pris en charge par un

---

226 Selon l'article 815 du Code civil applicable, *« Nul ne peut être contraint à demeurer dans l'indivision, et le partage peut toujours être provoqué, nonobstant prohibitions et conventions contraires... »*.

227 Selon l'article 818, al. 1du Code civil applicable, *« le mari peut, sans le concours de sa femme, provoquer le partage de ses objets meubles ou immeubles à elle échus qui tombent dans la communauté... »*.

228 M. DAGOT, *L'Indivision (Commentaire de la loi du 31 décembre 1976)*: JCP 77, I, 2858,2862 ; D. Martin, *Le Droit de l'indivision (Commentaire de la loin°76-1286 du 31 décembre 1976 relative à l'organisation de l'indivision)* : D. 1977, ch., p.221 et s. ; G. Morin, *Bref aperçu de la loi du 31 décembre 1976 relative à l'organisation de l'indivision*, Defrénois 1977, art. 31510 et 31514, cités par A. RIEG, F. LOTZ, et P. RIEG, (ouvrage collectif) Technique des régimes matrimoniaux, Pratique notariale, op. cit., p.401, n°465.

indivisaire sans l'opposition des autres, ce dernier est censé avoir reçu un mandat tacite pour gérer les actes d'administration. Enfin, en cas de défaut de pouvoir, les actes passés par un indivisaire peuvent engager les autres sur le fondement de la gestion d'affaires.

En ce qui concerne la durée de l'indivision, le principe est posé par l'article 815 du Code civil applicable : *« Nul ne peut être contraint à demeurer dans l'indivision ; le partage peut toujours être provoqué nonobstant prohibitions et conventions contraire... ».* Ainsi, les époux ou leurs héritiers peuvent s'ils le veulent, convenir de demeurer dans l'indivision à condition de se conformer aux règles de fond et de forme, comme la nécessité d'un écrit comportant la désignation des biens indivis, des indications sur la quote-part de chaque indivisaire. Mais, la durée déterminée ou indéterminée de la convention d'indivision ne saurait s'opposer au partage qui peut être provoqué à tout moment[229].

Toutefois, on peut admettre quelques exceptions à l'indivision consécutive à la dissolution d'un régime matrimonial. Lorsque la dissolution du régime matrimonial intervient en l'absence de dissolution du mariage, le régime dissout peut être remplacé par un nouveau régime convenu par les époux, ou par la séparation des biens. C'est le cas de la séparation de biens judiciaire. Il n'y a pas non plus d'indivision lorsque, suite à une clause d'attribution en pleine propriété, la communauté échoit au survivant des époux (clause de la communauté universelle ou d'ameublissement, etc.) ou si une libéralité est instituée (donation, légataire universel).

2- L'inopposabilité des prérogatives du mariage

La question de l'inopposabilité des prérogatives du mariage après la dissolution du régime matrimonial soulève des enjeux importants, tant sur le plan théorique qu'en pratique. Cette problématique se situe principalement dans le cadre de la séparation des biens et de la fin des effets patrimoniaux du mariage. Elle repose sur les principes relatifs aux effets des régimes matrimoniaux après leur dissolution.

Après la dissolution d'un mariage, quelle que soit la cause, les effets patrimoniaux du mariage se trouvent modifiés ou annulés. Le régime matrimonial, qui a été applicable pendant la durée du mariage, cesse d'exister en tant que tel. Cependant, cette dissolution n'emporte pas une perte totale de droits ou obligations, notamment ceux relatifs aux biens acquis pendant le mariage, à la prestation compensatoire, ou à la liquidation des biens.

Les prérogatives découlant du mariage, telles que la solidarité des dettes ou le droit à la pension de réversion, deviennent inopposables après la

---

[229] A. RIEG, F. LOTZ, et P. RIEG, (ouvrage collectif), *Technique des régimes matrimoniaux, Pratique notariale*, Op.cit., pp.401- 405.

dissolution du régime matrimonial. En effet, une fois que le régime matrimonial est dissous, ces prérogatives sont révolues, dans la mesure où elles sont attachées à la durée du mariage. Le Code civil, dans ses dispositions, prévoit les conséquences de la dissolution du mariage, et notamment la liquidation des régimes matrimoniaux.

Selon l'article 299 du Code civil, le législateur a établi que le juge réglera les effets du divorce, ce qui comprend la liquidation du régime matrimonial. Par ailleurs, l'article 304 du Code civil précise que la liquidation des biens doit être effectuée sans retard après la dissolution du mariage. Ces dispositions indiquent clairement que, une fois que le mariage est dissous, les prérogatives issues du régime matrimonial ne sont plus opposables aux parties. Autrement dit, la solidarité des dettes ou la gestion communauté des biens ne subsiste plus après la fin de l'union.

Le régime de la prestation compensatoire est un autre exemple de prérogative qui, bien qu'elle puisse survivre après la dissolution, devient une créance à part entière et n'est plus liée à l'existence du mariage. La prestation compensatoire peut ainsi être demandée même après la fin de la communauté.

La jurisprudence a également consolidé cette idée d'inopposabilité. Dans un arrêt rendu par la Cour de cassation en 2010, il a été jugé que « *les effets patrimoniaux du mariage cessent de s'appliquer dès que le divorce est prononcé* ». De même, un arrêt de la Cour de cassation en 2016 a affirmé que « *les prérogatives attachées au mariage ne peuvent être invoquées après la dissolution du régime matrimonial, notamment dans le cadre de l'action en divorce* ».

Un autre point fondamental évoqué par la jurisprudence est la question des créances issues de la liquidation du régime matrimonial. La Cour de cassation a, dans un arrêt de 2012, précisé que, même si les dettes contractées par les époux pendant le mariage restent communes, la dissolution du mariage ne permet plus de revendiquer des droits ou prérogatives qui étaient liés à cette communauté. Ce principe d'inopposabilité s'applique également aux obligations alimentaires entre époux qui ne perdurent que sous certaines conditions.

B- Le sort des droits et obligations des époux

Le sort des droits et obligations des époux en cas de dissolution du régime matrimonial est en principe fonction de la nature de la cause de dissolution.

Sans toutefois nous méprendre des conséquences de la dissolution du régime en cas de séparation des biens, nous rechercherons, essentiellement, les droits et obligations en cas de dissolution de la communauté qui, contrairement à la séparation des biens, soulève des problèmes complexes. Ici, le Code civil applicable s'est largement étendu sur les droits de la femme en communauté de biens (**1**), en cas de dissolution de la communauté légale (**2**).

1- Les effets de la dissolution à l'égard des droits et obligations de la femme en communauté de biens

Si la dissolution entraîne des conséquences plus nettes dans les rapports entre époux soumis au régime conventionnel de biens séparés, tel n'est pas le cas des époux en communauté de biens, particulièrement, de la femme en communauté de biens dans le régime légal. La faculté de renoncer à la communauté reconnue à la femme est consacrée comme le principal effet personnel de la dissolution de la communauté, spécifiquement en cas de décès, divorce ou séparation de corps. Il y a également la reprise des biens propres ou effets personnels, les avantages matrimoniaux.

- La faculté d'acceptation ou de renonciation à la communauté de la femme en communauté de biens (l'option)

Signification de la règle

Selon l'article 1453 du Code civil, la femme en union de fait ou ses héritiers peuvent accepter ou refuser la communauté au moment de sa dissolution. La loi reconnaît à la femme le droit de choisir entre la communauté et la renonciation à la communauté, et annule toute convention qui serait contraire à cette règle ou qui comporterait une clause de renonciation à cette faculté[230]. C'est un droit individuel qui ne peut être contredit par un accord. La faculté d'acceptation ou de renonciation est reconnue à la femme indépendamment de la cause de dissolution de la communauté par décès, divorce ou séparations de corps ou de biens. Cette institution est justifiée, comme dans l'ancien droit français d'avant la réforme de 1965, par le souci d'équilibre entre la prépondérance des pouvoirs du mari et le désir de protéger la femme contre les conséquences d'une mauvaise administration de la communauté.

Ainsi, pour la conjointe survivante (la veuve), la faculté de renoncer ne peut s'exercer qu'après inventaire de tous les biens de la communauté, contradictoirement devant les héritiers ou, le cas échéant, devant le notaire[231]. En cas de décès du mari, l'inventaire doit être fait dans un délai de trois mois, à compter du jour du décès du mari. Selon l'article 1457 du Code civil applicable, la renonciation est judiciaire, et ne peut intervenir que dans un délai de trois mois et quarante jours à compter du jour du décès du mari, sauf prorogation de délai

---

[230] Selon l'article 1453 du Code civil applicable, *« après la dissolution de la communauté, la femme ou ses héritiers et ayants droit ont la faculté de l'accepter ou d'y renoncer ; toute convention contraire est nulle ».*

[231] Article 1456, al.1du Code civil applicable dit que *« la femme survivante qui veut conserver la faculté de renoncer à la communauté, doit, dans les trois mois du jour du décès de son mari, faire un inventaire fidèle et exact de tous les biens de la communauté, contradictoirement avec les héritiers du mari, ou eux dûment appelés ».*

contradictoirement prononcé par le juge[232] (art. 1458 du Code civil). La femme divorcée ou séparée de corps et biens dont le jugement est devenu définitif dispose de trois mois et quarante jours pour accepter la communauté. Dans le cas contraire, elle est censée y avoir renoncé, sauf prorogation contradictoire[233].

En cas de dissolution de la communauté par le décès de la femme, la faculté de renoncer à la communauté appartient à ses héritiers qui doivent l'exercer conformément à la loi[234]. Cette faculté d'option prolonge son hypothèque légale.

Les exceptions

Toutefois, cette faculté peut se perdre dans certains cas prévus par la loi elle-même. D'après l'article 1454, si la femme s'est immiscée dans la gestion des biens de la communauté, notamment par les actes autres que conservatoires et d'administration ; dans ce cas, elle ne peut plus y renoncer. De même, la femme qui, par un acte, a pris la qualité de commerçante ne peut plus y renoncer ni se faire restituer, même en cas d'inventaire, sauf en cas de dol.

La veuve qui a recelé, diverti quelques effets de la communauté est déclarée commune malgré sa renonciation[235].

2- L'exercice du droit de reprise des biens propres ou personnels

Le droit de reprise de la femme est spécifiquement mis en exergue en cas de dissolution de la communauté par séparation soit de biens, soit de corps et de biens, par décès ou par divorce. Ainsi, selon la loi, pour la femme qui a obtenu la séparation des biens, elle a droit au paiement réel de ses droits et reprises par acte authentique. Sinon, la séparation, quoique prononcée en justice, est nulle. Elle peut exercer ce droit dans les trente jours qui suivent le jugement de séparation de biens[236]. C'est un droit personnel.

Ensuite, selon la loi, elle retrouve la capacité juridique d'administrer seule des biens. L'article 1449 du Code civil applicable dispose clairement que « *la*

---

[232] Selon l'article 1458, al.1du Code civil, *« la veuve peut, suivant les circonstances, demander au tribunal de première instance une prorogation du délai prescrit par l'article précédent pour sa renonciation ».*

[233] L'article 1463 du Code civil applicable dispose que *« la femme divorcée ou séparée de corps, qui n'a point, dans les trois mois et quarante jours après le divorce ou la séparation de corps définitivement prononcée, accepté la communauté, est censée y avoir renoncé, à moins qu'étant encore dans le délai, elle n'en ait obtenu la prorogation en justice contradictoirement avec le mari, ou lui dûment appelé ».*

[234] Selon l'article 1466 du Code civil applicable, *« dans les cas de dissolution de la communauté par la mort de la femme, ses héritiers peuvent renoncer à la communauté dans les délais et dans les formes que la loi prescrit à la femme survivante ».*

[235] D'après l'article 1460 du Code civil applicable, *« la veuve, qui a diverti ou recelé quelques effets de la communauté, est déclarée commune, nonobstant sa renonciation ; il en est de même à l'égard de ses héritiers ».*

[236] L'article 1444 du Code civil.

femme séparée de biens par jugement reprend l'administration, la jouissance et la libre disposition de ses biens personnels ». En retour, la femme qui a obtenu la séparation est tenue à un certain nombre de contraintes, notamment, elle est tenue à l'obligation de contribution aux frais du ménage et des enfants communs. La loi, à travers l'article 1448, alinéa 1er du Code civil applicable, impose à la femme qui a obtenu la séparation de biens judiciaire de « *contribuer proportionnellement à ses facultés et à celle du mari tant aux frais du ménage qu'à ceux d'éducation des enfants communs.* »

Et s'il ne reste rien au mari après la séparation des biens judiciaire, la femme est tenue, en vertu de l'alinéa 2 de cet article 1448 suscité du Code civil, de supporter entièrement ces frais du ménage et des enfants. En outre, elle peut être autorisée par le juge à s'acquitter de cette contribution vis-à-vis des tiers[237]. Enfin, la femme qui a obtenu la séparation de biens ne peut exercer les droits de survie, qu'elle conserve uniquement qu'en cas de décès de son mari[238].

En revanche, pour le mari commun en biens, séparé de biens par jugement, il ne peut plus exercer le droit d'opposition à la liberté d'exercice d'une profession séparée (art. 223 du Code civil applicable). Par ailleurs, il n'est plus garant d'après la loi, du défaut d'emploi ou de remploi du prix de l'immeuble aliéné par la femme séparée sous autorisation de la justice, sauf s'il est établi qu'il y a consenti ou que l'opération lui a été profitable (art. 1450 du Code civil applicable).

Le sort des avantages matrimoniaux

Les avantages matrimoniaux sont l'ensemble des gratifications que les époux se font entre eux dans le contrat de mariage (régime conventionnel) ou pendant le mariage (régime légal). Et dans ce dernier cas, ils peuvent prendre la forme d'une libéralité, soit par donation, ou don, soit par testament. Les avantages matrimoniaux peuvent porter sur les meubles comme les immeubles. Leur validité est néanmoins assujettie au respect de l'ordre public et des bonnes mœurs.

À la dissolution du régime matrimonial, le sort des avantages matrimoniaux varie selon la cause de la dissolution. Ainsi, en cas de dissolution du régime par le divorce, le sort des avantages matrimoniaux dépend de la situation de l'époux contre lequel le divorce ou la séparation de corps a été prononcé. L'époux contre qui le divorce a été prononcé perd tous

---

[237] Selon l'article 1449, alinéa 1 du Code civil applicable, « *La femme séparée de biens par jugement reprend l'administration, la jouissance et la libre disposition de ses biens personnels* ; al.2 : *elle peut être autorisée par le juge.*

[238] D'après l'article 1452 du Code civil applicable, « *La dissolution de la communauté opérée par le divorce ou par la séparation soit de corps et de biens, soit de biens seulement, ne donne pas ouverture aux droits de survies de la femme ; ...* »

les avantages matrimoniaux à lui consentis soit depuis le mariage, soit par contrat[239].

Tandis que « *l'époux qui aura obtenu le divorce, conservera* », selon la loi, « *les avantages à lui faits par l'autre époux* » conformément à l'article 300 du Code civil applicable. En revanche, lorsque le régime matrimonial est dissout par le prédécès de l'un des époux, les avantages matrimoniaux viennent considérablement augmenter les droits du conjoint survivant[240].

- Le droit aux frais de deuil, à la nourriture et au logement

Au plan anthropologique, le décès d'un époux dans la famille africaine, particulièrement le décès du mari contrairement à la femme, constitue souvent l'occasion des crises, et la source de la dislocation de la famille, en raison de sérieux soupçons que l'on peut faire peser sur le conjoint survivant, veuve ou veuf, quant à la cause ou l'origine du décès.

La veuve, conjointe qui survivant au décès de son mari, est très souvent soumise à des épreuves ou diverses ordalies, à l'effet d'établir sa possible culpabilité, passible de sanction, en dehors de tout procès équitable. La femme contre laquelle de tels soupçons de culpabilité sont retenus, perd toute considération en dignité, elle est exclue de la famille, chassée de la maison familiale et du village, souvent avec les enfants à sa charge, et définitivement dépouillée de tout bien. Or, le Code civil applicable, issu du droit romano germanique, accorde au conjoint survivant dont la communauté est dissoute par le prédécès d'un époux, le droit aux frais de deuil, à la nourriture et au logement.

L'article 1465 du Code civil dispose dans ce sens que la veuve a droit, pendant la période d'exercice de l'option et d'inventaire, de prendre sa nourriture sur les provisions existantes ou sur la communauté, le logement commun sans payer de loyer. Les frais funéraires, la nourriture et le logement sont à la charge de la communauté. Le conjoint survivant a droit à ces avantages pendant une période de neuf mois après le décès. Certains juristes utilisent l'expression « gain de survie » pour désigner cette période. C'est un droit exclusivement personnel au conjoint survivant, ses héritiers ne peuvent pas en bénéficier. Par contre, selon certains auteurs, les créanciers qui ont été remboursés peuvent, dans certaines circonstances, poursuivre l'exécution par

[239] Art.299 al.1du Code civil applicable dispose que : « L'époux contre lequel le divorce aura été prononcé perdra tous les avantages que l'autre époux lui avait faits, soit par contrat de mariage, soit depuis le mariage ».
[240] L. OTAL, *Le droit de la famille : Contrats de mariage, pacs, divorce, pension alimentaire, droit de visite...*, Coll. Droit pratique, éd. SUD OUEST, 2001, p.7.

voie oblique[241]. Le montant du gain de survie est fixé proportionnellement aux facultés de la communauté et à la situation du ménage.

Cependant, la pratique révèle souvent des difficultés liées au fait que, lors du décès du conjoint, plusieurs situations complexes peuvent se présenter :

Soit que les époux étaient déjà séparés de fait ou judiciairement séparés de corps depuis de longues années et n'avaient jamais repris de vie commune, et qu'aucune communauté de biens n'avait été constituée entre eux, soit qu'elle avait déjà été dissoute de fait, soit qu'au moment de la séparation de fait, les époux ne disposaient d'aucun bien commun ;

- Soit que, lors de la séparation de fait, les époux n'avaient accès qu'aux gains et aux salaires qui étaient sous leur administration personnelle, sans que le mari, chef de la communauté, soit en mesure d'exercer les pouvoirs qui lui revenaient selon le statut de base des époux (régime primaire), ou selon les pouvoirs d'administration à main unique prévus par les dispositions du Code civil applicables au régime légal de la communauté des biens et des acquêts.

II- Les conséquences de la dissolution du régime matrimonial à l'égard des tiers

Le régime matrimonial, une fois dissout, doit inévitablement produire des effets. Ces effets sont appréciables par rapport aux enfants (**A**) et au droit de suite des créanciers (**B**).

A- Les conséquences de la dissolution du régime matrimonial à l'égard des enfants

Le principe est celui de la date de publication de la décision ayant acquis l'autorité de la chose jugée. À l'égard des tiers, le Code civil applicable retient la date de publication de la décision définitive de divorce, de séparation de corps ou de séparation de biens judiciairement prononcée. De même, en cas de décès, le régime matrimonial se termine à la date d'ouverture de la succession et correspond à celle du décès de l'époux ou de l'épouse, comme indiqué sur l'acte de décès.

1- Maintien de l'obligation alimentaire à l'égard des enfants communs

L'obligation alimentaire relève de l'obligation de contribution aux charges du ménage. Elle est impérative.

---

[241] A. RIEG, F. LOTZ et P. RIEG, (ouvrage collectif), *Technique des régimes matrimoniaux, Pratique notariale*, Op.cit. pp. 405 et s.

Après la dissolution du régime matrimonial, l'obligation alimentaire envers les enfants communs demeure essentielle et repose sur le principe que la séparation des parents ne doit pas compromettre le bien-être des enfants. En pratique, cette obligation se traduit souvent par le versement d'une pension alimentaire, fixée par le juge en fonction des besoins des enfants (éducation, santé, alimentation, loisirs) et des capacités financières de chaque parent. Cette responsabilité, qui incombe aux deux parents, peut évoluer en cas de changements significatifs, tels qu'une hausse des besoins des enfants ou des modifications des ressources des parents.

2- Les contours de l'obligation alimentaire

En cas de non-respect de cette obligation, des mesures juridiques, comme des saisies ou des poursuites pour abandon de famille, peuvent être prises. Ce principe, inscrit dans l'intérêt supérieur de l'enfant, garantit que, malgré la séparation, les droits et besoins des enfants restent protégés, assurant ainsi leur développement harmonieux et leur sécurité matérielle. La cessation de l'obligation alimentaire envers les parents par alliance intervient généralement lorsque les liens familiaux qui justifiaient cette obligation disparaissent. En vérité, cette obligation de secours et d'assistance envers les parents par alliance prend fin.

C'est également dans la perspective de la problématique du statut des beaux-parents que cette question est abordée. Les liens d'alliance créés par le mariage prennent fin avec la dissolution de celui-ci, que ce soit par divorce ou annulation. Une fois ces liens juridiques dissous, l'obligation de subvenir aux besoins des beaux-parents cesse, à moins qu'une exception ne soit prévue par la loi ou un accord particulier entre les parties.

Cependant, des nuances peuvent s'appliquer en fonction des situations spécifiques. Par exemple, si un conjoint continue de profiter des biens ou des avantages des parents par alliance après la dissolution, des obligations résiduelles pourraient être envisagées sous certaines conditions. De plus, il est important de noter que cette cessation ne s'étend pas aux enfants issus de l'union, car leur lien familial avec leurs grands-parents demeure intact malgré le divorce ou la séparation. Ainsi, la fin de l'obligation alimentaire envers les parents par alliance repose sur la disparition des liens d'alliance, reflétant la nature juridique de cette obligation, qui est directement liée à l'existence du mariage.

B- Droit de suite des créanciers

Il s'agit du règlement des dettes qui forment le passif conjugal des époux, selon qu'elles sont communes ou propres à chaque époux. Dans le régime légal de la communauté des meubles et acquêts, la composition du passif est règlementée par les articles 1409 du Code civil pour le passif commun et 1410 du Code civil pour le passif propre. L'étendue du droit des créanciers dans la communauté légale est garantie à la fois sur la masse commune et sur les propres de chaque époux, suivant les méthodes de détermination des biens communs imparfaits, du passif commun provisoire et du passif commun définitif, et selon la distinction entre deux principes : l'obligation de payer une dette (c'est-à-dire l'obligation de régler une dette envers des tiers), d'une part, et l'obligation de contribuer à une dette (c'est-à-dire l'obligation de participer aux dépenses du ménage, ce qui implique le principe de solidarité pour les dettes), d'autre part.

Par ailleurs, il convient de préciser que l'examen des droits de suite des créanciers diffère selon qu'il s'agit d'un divorce (**1**) ou du décès d'un époux (**2**).

1- Le droit de suite en cas de divorce

Le droit de suite des créanciers après la dissolution du régime matrimonial par divorce est un principe fondamental en droit civil, permettant aux créanciers de poursuivre le recouvrement de leurs créances même après la séparation des époux. Ce droit est étroitement lié aux règles de la responsabilité des époux et à la nature du régime matrimonial.

Dans le cadre d'un régime de communauté, la dissolution du mariage par divorce ne met pas fin automatiquement aux obligations des époux envers leurs créanciers. En effet, selon l'article 220 du Code civil, les dettes contractées pendant le mariage, pour les besoins du ménage ou l'éducation des enfants, restent des dettes communes. Cela signifie que, même après le divorce, les créanciers peuvent exercer leur droit de suite contre les biens communs ou les biens personnels de l'un ou l'autre des époux, selon les cas. Toutefois, lors de la liquidation du régime, ces dettes devront être partagées entre les époux en fonction de leur part dans la communauté, et le créancier pourra demander à être payé à partir de cette part. L'article 269-2 du Code civil précise que les créanciers peuvent poursuivre les époux pour le paiement des créances liées à la gestion du ménage, même après la dissolution du régime matrimonial, tant que le jugement de divorce n'a pas statué sur la liquidation des biens.

En revanche, sous un régime de séparation de biens, les créanciers n'ont pas la possibilité de poursuivre les biens communs, puisqu'il n'existe pas en principe de biens communs entre les époux. Les dettes contractées pendant le mariage sont considérées comme des dettes personnelles, sauf celles pouvant résulter de l'entretien du ménage ou de l'éducation des enfants, dans lesquelles l'un ou l'autre des époux peut être tenu responsable. Dans ce cas, les créanciers pourront exercer leur droit de suite sur les biens personnels de l'époux concerné. L'article 1536 du Code civil prévoit que la séparation de biens ne crée pas de solidarité entre les époux pour les dettes, sauf en cas de dettes communes spécifiques, comme celles liées aux enfants ou à l'entretien du ménage.

La liquidation du régime matrimonial, qu'il soit communautaire ou séparatiste, intervient après le prononcé du divorce, mais elle n'éteint pas les créances existantes. En cas de créances communes ou de dettes contractées pendant le mariage, elles devront être réglées lors de cette liquidation, avec un partage en fonction des parts respectives des époux dans la communauté ou selon la situation patrimoniale individuelle des époux sous régime de séparation.

2- Le droit de suite en cas de décès de l'un des conjoints

Le décès d'un conjoint entraîne la dissolution du régime matrimonial, une situation qui soulève des questions complexes concernant la gestion des dettes et des créances. En effet, bien que la disparition d'un des conjoints mette fin au lien matrimonial, les dettes contractées pendant le mariage n'éteignent pas pour autant leurs obligations. Il convient donc de préciser le cadre juridique relatif au droit de suite des créanciers après le décès.

Le droit de suite des créanciers après la dissolution du régime matrimonial est fondé sur le principe fondamental de transmission des dettes. En effet, les dettes contractées par l'un ou l'autre des époux pendant le mariage sont toujours dues au moment du décès, en raison du principe de continuité de la personnalité juridique. Selon ce principe, les obligations d'un individu ne disparaissent pas à sa mort. Ainsi, la succession du défunt, après son ouverture, constitue l'actif susceptible de garantir le paiement des dettes. Les créanciers peuvent donc s'adresser aux héritiers pour recouvrer leurs créances, mais cela dépendra de la composition du patrimoine du défunt.

Lorsqu'un défunt laisse un héritage positif, les créanciers ont accès à un actif pour recouvrer leurs créances. Dans ce cas, les créanciers peuvent demander leur paiement en saisissant les biens de la succession, après que les dettes aient été constatées et après la déduction des charges de la succession. L'actif dans cette hypothèse constitue la garantie du paiement des dettes. Toutefois, ces créanciers devront être très vigilants et respecter les délais légaux de déclaration de créance, qui, en règle générale, sont de deux mois après l'ouverture de la succession. Sinon, une telle négligence pourrait entraîner l'irrecevabilité de la créance.

En revanche, si le patrimoine laissé est négatif, la situation se complique. En effet, lorsque la succession est déficitaire, le principe de la transmission des dettes implique que celles-ci seront également transmises aux héritiers. Cependant, les héritiers disposent de la faculté de renoncer à la succession, ce qui leur permet d'éviter la transmission des dettes excédant l'actif. Cette option est importante, car elle protège les héritiers d'une dette excessive. Les créanciers ne pourront donc pas poursuivre leurs actions en recouvrement au-delà de l'actif de la succession, sauf si des garanties personnelles sont apportées par les héritiers.

La diligence des créanciers dans l'action en recouvrement joue également un rôle crucial dans ce cadre. En effet, bien que les créanciers aient la possibilité d'exercer un droit de suite après la dissolution du régime matrimonial, cette action est conditionnée par la rapidité et la conformité aux règles juridiques. Les créanciers doivent en particulier faire acte de déclaration de créance dans les délais impartis. Passé ce délai, ils peuvent se voir désavantagés et ne pourront plus revendiquer le paiement de leur créance contre la succession, à moins que la créance ne soit de nature privilégiée ou qu'un recours soit exercé dans le cadre d'une action en responsabilité. Les créanciers doivent donc être particulièrement attentifs au respect des formalités liées à l'ouverture de la succession, ce qui conditionne leurs droits sur les biens du défunt.

En somme, le droit de suite des créanciers après la dissolution du régime matrimonial par le décès d'un conjoint se trouve régi par des principes complexes de transmission des dettes. Que le patrimoine soit positif ou négatif, que les créanciers soient diligents ou non dans l'exercice de leurs droits, chaque situation dépend de l'ouverture de la succession, de la nature des créances et de la réaction des héritiers.

Conclusion du chapitre 1

La dissolution du régime matrimonial est une étape importante de la vie conjugale, avec des répercussions à la fois sur les relations personnelles et sur le patrimoine des époux. Elle peut intervenir pour diverses raisons, tant communes que spécifiques. Les causes communes de dissolution entraînent principalement l'extinction du mariage, que ce soit par divorce ou par décès de l'un des conjoints. Cependant, la disparition du mariage peut également résulter de circonstances exceptionnelles, telles que l'annulation du mariage. En outre, il convient de distinguer entre les causes qui sont liées à la dissolution du mariage et celles qui sont liées à la disparition du mariage, car chaque situation implique des procédures juridiques distinctes et des conséquences variées.

La dissolution du mariage, qu'elle résulte d'un divorce ou d'un décès, entraîne la cessation des liens juridiques entre les époux, avec des conséquences immédiates sur leurs droits et obligations respectifs. Lorsque le divorce est prononcé, par exemple, les époux ne partagent plus les mêmes droits patrimoniaux et personnels, et leurs relations deviennent principalement comme celles de partenaires dissociés. De même, en cas de décès d'un des conjoints, les rapports patrimoniaux sont modifiés, en particulier en ce qui concerne les droits successoraux du conjoint survivant, qui peuvent varier selon les régimes matrimoniaux et les stipulations testamentaires.

Les conséquences immédiates de la dissolution des régimes matrimoniaux touchent d'abord les rapports personnels entre les époux. Si la dissolution par divorce marque la fin de la communauté de vie et l'interruption des devoirs conjugaux, elle n'efface cependant pas les liens familiaux, en particulier en ce qui concerne les enfants issus de l'union. Ces derniers doivent continuer de recevoir une attention particulière, et les époux doivent organiser leur garde, leur entretien et leur éducation de manière respectueuse des droits de chacun. En outre, la séparation des époux, qu'elle soit causée par divorce ou par décès, entraîne des ajustements dans leur statut social et, parfois, dans leurs projets de vie.

Ces changements, souvent douloureux, imposent des réorganisations sur les plans émotionnel et psychologique, ce qui peut compliquer la transition post-dissolution.

En ce qui concerne les rapports patrimoniaux, la dissolution des régimes matrimoniaux a des conséquences significatives, notamment sur la répartition des biens entre les époux. Selon le régime matrimonial applicable, les époux peuvent être amenés à partager ou à liquider leurs biens communs, ou à procéder à un partage des biens propres dans le cadre de régimes tels que la séparation de biens. Dans tous les cas, la dissolution implique une réévaluation de la situation patrimoniale de chaque époux, souvent en tenant compte des contributions respectives de chacun à la constitution du patrimoine familial, ainsi que des déséquilibres pouvant résulter de la dissolution, comme les compensations financières ou les pensions alimentaires. La liquidation du régime matrimonial, qui peut être amiable ou judiciaire, est donc un moment crucial dans la vie des époux, car elle détermine l'équité du partage des biens et peut avoir des conséquences financières à long terme.

CHAPITRE 2 :

LA LIQUIDATION DU RÉGIME MATRIMONIAL

La liquidation du régime matrimonial est l'effet principal de la dissolution du régime matrimonial, peu importe la cause et la nature de ce dernier. Elle est conditionnée par la réalisation des opérations techniques régies par les conditions de fonds et de forme, organisées par la loi, jusqu'au partage.

La liquidation du régime matrimonial consiste en une série d'opérations juridiques de fond et de forme qui visent à déterminer la masse de biens partageables, c'est-à-dire à évaluer le patrimoine (incluant les dettes) des époux pour connaître la valeur de la part revenant à chacun. Elle est régie par un ensemble de principes, entre autres : l'obligation d'inventorier les biens conjugaux des époux[242] ; la reconstitution des masses de biens[243] ; l'établissement des comptes des récompenses et indemnités[244] ; le règlement des avantages matrimoniaux ; la détermination de la masse partageable[245]. Parler de la liquidation du régime matrimonial revient à analyser l'inventaire (**Section 1**) ainsi que le partage (**Section 2**).

Section 1- L'inventaire

L'inventaire étant une étape très importante, il est nécessaire d'éclaircir la nation (I) avant d'analyser la reconstitution des masses de biens (II).

I- Notion d'inventaire

Étant un concept complexe, il semble important de commencer par présenter sa conceptualisation (**A**) et revoir son régime juridique (**B**).

A-La conceptualisation de l'inventaire

La notion d'inventaire peut être appréhendée tant comme une opération matérielle (**1**) ou comme une institution juridique (**2**).

---

[242] D. FENOUILLET, *La Répartition des biens matrimoniaux : principes et exceptions*, Paris, 2019, pp. 200-230.
[243] P. CATALA, *Le Partage des biens dans la dissolution matrimoniale*, Op.cit., p 70.
[244] A.M. LEROYER, *Les Principes fondamentaux du partage des biens*, Presses universitaires de Bordeaux, Bordeaux, 2016, p. 135.
[245] J. GHESTIN, *La Liquidation et le partage des biens matrimoniaux*, PUAM, Aix-en-Provence, 2010, p.115

1- Une opération matérielle

L'inventaire est qualifié d'opération matérielle en raison de sa nature concrète et pratique, car il implique des actions tangibles visant à recenser, identifier, évaluer et décrire les biens et dettes des époux lors de la liquidation du régime matrimonial. Contrairement à une opération juridique qui se concentre sur des aspects théoriques, comme la détermination des droits ou des obligations des parties, l'inventaire repose sur des actes physiques et mesurables. En effet, la première étape de l'inventaire consiste à procéder au recensement des biens, c'est-à-dire à identifier tous les biens et avoirs des époux, qu'ils soient communs ou personnels. Cela inclut les biens immobiliers (maisons, terrains, etc.), les biens meubles (meubles, véhicules, objets de valeur), ainsi que les comptes bancaires titres de propriété, ou toute autre forme de bien possédé par les époux, qu'il s'agisse d'un bien acquis pendant le mariage ou d'un bien propre. Ce recensement nécessite une vérification physique des biens, qui sont décrits de manière détaillée, parfois accompagnée de photos ou de documents officiels pour en établir l'identité exacte.

Ensuite, l'étape suivante consiste à évaluer matériellement ces biens. Cela implique une estimation de la valeur de chaque bien, basée sur des critères objectifs, tels que le marché immobilier ou l'état des biens. Par exemple, un expert peut être désigné pour évaluer un bien immobilier selon sa situation géographique et son état général, ou pour estimer un véhicule en fonction de son modèle et de son âge. Cette évaluation de la valeur est cruciale, car elle permet de déterminer une base sur laquelle les biens seront partagés ou répartis lors de la liquidation.

L'inventaire est donc une opération concrète et pragmatique, car il repose sur des faits observables et mesurables, garantissant ainsi que le partage des biens se fasse de manière juste et transparente. Contrairement à une simple procédure juridique où des décisions peuvent être prises sur la base d'arguments théoriques ou abstraits, l'inventaire se base sur des éléments réels, qu'il s'agisse de biens physiques ou de dettes mesurables. Il permet d'éviter toute contestation sur l'existence ou la valeur des biens et assure que la liquidation se fasse dans les règles. Ainsi, l'inventaire garantit la transparence dans le processus de liquidation du régime matrimonial, en permettant une distinction claire et objective entre les biens à partager et les biens propres à chaque époux. En résumé, l'inventaire, par sa nature factuelle et mesurable, constitue une opération matérielle essentielle à la bonne gestion du patrimoine lors de la dissolution du régime matrimonial.

L'inventaire est qualifié d'opération matérielle parce qu'il se limite à des actions concrètes et objectives, telles que le recensement, la description et l'évaluation des biens, droits et dettes d'un patrimoine. Il consiste à inspecter physiquement les biens meubles et immeubles, à les classer en biens propres ou communs selon leur origine, et à déterminer leur valeur marchande grâce à des expertises. Cette démarche n'implique pas de prise de décision juridique, mais sert de base technique pour des étapes ultérieures, comme la liquidation ou le partage. L'inventaire est donc un travail pratique et technique, documenté dans un acte officiel, sans interprétation juridique directe.

2- Une institution juridique

L'inventaire dans la liquidation du régime matrimonial est qualifié d'opération juridique en raison de ses conséquences légales et de son rôle déterminant dans la répartition des biens et des droits patrimoniaux des époux. Même si c'est une opération matérielle (recensement et évaluation des biens), elle a des effets juridiques réels, puisqu'elle sert de base à la liquidation du patrimoine. En pratique, un inventaire sert à différencier les biens communs, c'est-à-dire ceux acquis pendant le mariage, des biens personnels, c'est-à-dire ceux possédés par un seul conjoint avant le mariage, ou hérités ou donnés. Cette classification a des implications juridiques majeures, puisqu'elle établit ce qui doit être divisé entre les époux et ce qui revient à chacun d'eux. Par exemple, dans un régime de communauté des biens, les biens communs seront partagés également entre les époux, tandis que les biens propres resteront exclus de ce partage. En revanche, dans un régime de séparation de biens, chaque époux conserve la gestion exclusive de ses biens, qu'ils soient acquis avant ou pendant le mariage. Cette distinction est donc primordiale pour déterminer la manière dont les biens seront répartis lors de la dissolution du régime matrimonial, que ce soit à la suite d'un divorce, d'une séparation de corps ou du décès d'un des époux.

De plus, l'inventaire se fait souvent sous la supervision d'un *notaire* ou, en cas de conflit, d'un juge, ce qui renforce son caractère juridique. Le notaire, en tant qu'officier public, veille à ce que l'inventaire soit effectué conformément aux prescriptions légales et garantit ainsi que l'opération respecte les normes en vigueur. Son rôle est essentiel pour assurer la transparence et la justesse de l'inventaire. En cas de désaccord entre les parties, le juge peut être appelé à intervenir pour trancher les différends, notamment en ce qui concerne la valorisation des biens ou la qualification de leur nature (communs ou propres). Cette intervention judiciaire confère à l'inventaire une dimension juridique, en ce sens qu'il peut devenir un acte validé par une autorité compétente, ayant des répercussions légales importantes.

L'inventaire constitue également un acte préparatoire essentiel à la liquidation des biens, car il établit un état des lieux des avoirs et des dettes des époux. Cela permet de déterminer précisément ce qui doit être partagé et ce qui reste sous la responsabilité de chaque époux, conformément au régime matrimonial applicable. En outre, l'inventaire permet d'évaluer les biens, qu'il' agisse de biens immobiliers (comme des maisons ou des terrains), de biens mobiliers (comme des véhicules ou des meubles) ou d'autres types d'avoir (comme des comptes bancaires ou des actions), et de fixer leur valeur exacte au moment de la liquidation. Cette évaluation est fondamentale pour garantir une répartition juste et équitable* entre les époux. Par exemple, si un époux doit recevoir une compensation en nature (bien spécifique) ou en argent, la valeur des biens doit être précisément connue pour permettre un partage équilibré.

Enfin, l'inventaire a des effets juridiques notables en cas de divorce, de séparation de corps ou de décès, car il permet de fixer les droits patrimoniaux des parties et de déterminer la répartition des biens ou des dettes. Par exemple, dans le cas d'un divorce, l'inventaire permettra de clarifier quels biens doivent être partagés, et dans quelle proportion, selon le régime matrimonial choisi par les époux. En cas de décès, l'inventaire servira de base pour la liquidation de la succession, en identifiant précisément les biens à transmettre aux héritiers et en évaluant leur valeur. L'inventaire est donc un outil juridique central dans le cadre de la liquidation du régime matrimonial et de la gestion de la succession, car il permet d'assurer une répartition conforme aux règles du droit tout en prévenant les conflits entre les parties.

En somme, bien que l'inventaire repose sur des actions concrètes (comme le recensement et l'évaluation des biens), il a une dimension juridique fondamentale dans la gestion du patrimoine des époux et la liquidation du régime matrimonial. Il permet non seulement de préparer la répartition des biens de manière claire et légale, mais aussi de garantir que le partage des biens se fasse de manière équitable et conforme aux règles juridiques en vigueur.

L'inventaire est qualifié d'opération juridique parce qu'il repose sur une obligation légale encadrée par des textes, tels que le Code civil, et qu'il produit des effets juridiques déterminants. Il s'agit d'une démarche encadrée par des professionnels habilités, tels qu'un notaire ou un officier public, dont le rôle est de recenser, d'identifier et d'évaluer les biens, droits et dettes d'un patrimoine à des fins de partage ou de liquidation. Réalisé dans des situations comme la dissolution d'un régime matrimonial, un décès ou une gestion d'absence, l'inventaire a pour but de fournir une base légale pour régler équitablement les intérêts des parties concernées, qu'il s'agisse des époux, héritiers ou créanciers. Sa rédaction officielle, souvent sous la forme d'un acte notarié, confère une force probante qui peut être utilisée devant un tribunal pour résoudre les conflits éventuels. Enfin, les effets de cet inventaire, comme la distinction entre biens communs et propres ou le calcul précis des dettes, permettent de sécuriser les droits de chaque partie en garantissant la transparence et la conformité aux règles légales. C'est cette combinaison entre son fondement légal, sa réalisation par des acteurs qualifiés et ses implications juridiques claires qui fait de l'inventaire une véritable opération juridique.

B- Le régime juridique de l'inventaire

Il convient d'examiner tour à tour le fondement légal et les caractères (1) ainsi que ses modalités d'application (2).

1- Fondement légal et caractéristiques de l'inventaire

L'obligation d'inventaire est instituée par la loi. L'article 1456, en ses alinéas 1 et 2 du Code civil applicable, précise que, « *la femme survivante qui veut conserver la faculté de renoncer à la communauté, doit, dans le délai de trois mois et quarante jours, à compter du jour du décès de son mari, faire un inventaire fidèle et exact de tous les biens de la communauté, contradictoirement avec les héritiers du mari ou ceux dument appelés.*

Cet inventaire doit être par elle affirmé sincère et véritable, lors de sa clôture, devant l'officier public qui l'a reçu ».

D'après la loi, l'inventaire doit être fidèle et exact, elle porte sur tous les biens de la communauté. Elle doit être contradictoire, c'est-à-dire en présence du conjoint lors de la dissolution du régime matrimonial pendant la vie des époux ou des héritiers en cas de dissolution du régime par décès.

2- Les modalités d'application

La reconstitution de la masse et la détermination de la masse brute sont des étapes fondamentales et interconnectées dans le processus de liquidation du régime matrimonial, qu'il s'agisse de divorce, de séparation de corps ou de décès d'un époux. Ces deux étapes permettent d'établir un inventaire complet des biens et dettes du couple, garantissant ainsi un partage juste et conforme à la législation.

La reconstitution de la masse consiste d'abord à identifier tous les biens et dettes du couple. Cette opération comprend la distinction entre les biens communs (acquis pendant le mariage) et les biens propres (appartenant à un seul époux, acquis avant le mariage ou reçus par héritage ou donation). La reconstitution permet aussi de recenser toutes les dettes, en distinguant celles qui sont communes (contractées pendant le mariage) de celles qui sont propres (contractées avant le mariage ou par un seul époux). Cette phase est essentielle, car elle permet de savoir quels biens et dettes seront pris en compte dans la liquidation du régime matrimonial. Elle est donc à la fois une opération matérielle (répertorier les biens et les dettes) et juridique (classer les biens en fonction de leur nature et déterminer leur régime).

Une fois cette reconstitution effectuée, on peut alors procéder à la détermination de la masse brute. La masse brute représente la valeur totale de tous les biens du couple, qu'ils soient communs ou propres. Elle comprend ainsi tous les actifs (biens immobiliers, meubles, comptes bancaires, actions, etc.) sans tenir compte des dettes et des charges. La masse brute est donc le total des biens acquis pendant le mariage (biens communs) et avant ou indépendamment du mariage (biens propres). Elle constitue la première étape avant de procéder au calcul de la masse nette, qui correspond à la part des biens effectivement partageable entre les époux, une fois les dettes et charges déduites.

La relation entre la reconstitution de la masse et la masse brute est clairement hiérarchique. La reconstitution permet de recenser et de classifier les biens et dettes du couple, ce qui sert de base pour déterminer la masse brute. En d'autres termes, la reconstitution fournit une vue d'ensemble du patrimoine, qui est ensuite utilisé pour calculer la masse brute, c'est-à-dire la somme totale des biens à prendre en compte dans la liquidation, avant toute déduction des dettes.

C'est alors que la reconstitution de la masse est une étape préalable nécessaire pour parvenir à la masse brute, qui représente l'ensemble des biens avant toute déduction des dettes et charges. La masse brute est ensuite utilisée pour calculer la masse nette, qui constitue la valeur des biens à partager entre les époux. Ces étapes, qui s'enchaînent de manière logique et complémentaire, permettent une liquidation du régime matrimonial juste et transparente, en veillant à ce que tous les biens et dettes soient correctement pris en compte. La reconstitution de la masse et la détermination de la masse brute sont donc des moments clés pour établir une répartition équitable des patrimoines dans le respect des droits et obligations des époux.

C'est alors que la liquidation du régime matrimonial est une étape fondamentale dans le processus de séparation des patrimoines des époux, visant à établir un inventaire précis et complet des biens et des dettes. Cette procédure commence par l'identification des biens, où l'on distingue entre les biens communs et les biens propres. Les biens communs sont ceux acquis pendant le mariage, que ce soit par achat, échange ou héritage en commun, et sont partagés équitablement entre les époux. À l'inverse, les biens propres* sont ceux qui appartiennent à un seul époux, soit parce qu'ils ont été acquis avant le mariage, soit parce qu'ils ont été reçus par héritage ou donation, ou encore, dans certains cas, par des décisions judiciaires. Cette distinction est capitale, car elle détermine les biens qui seront soumis au partage et ceux qui resteront sous la propriété exclusive d'un époux. Par exemple, un bien immobilier acheté pendant le mariage avec des fonds communs sera un bien commun, alors qu'un bien reçu en héritage avant le mariage restera un bien propre.

Plus loin, après l'identification des biens, vient la valorisation de ces biens, un processus qui consiste à évaluer leur valeur marchande au moment de la liquidation. Cette évaluation peut inclure des biens immobiliers (terrains, maisons, appartements), des biens mobiliers (meubles, bijoux, œuvres d'art, voitures), ainsi que des biens financiers (comptes bancaires, actions, investissements). Pour les biens complexes ou ayant une valeur significative, une expertise peut être demandée, par exemple pour les œuvres d'art ou les biens immobiliers. Cette étape est essentielle, car elle garantit que la répartition des biens entre les époux se fasse de manière équitable, en s'appuyant sur une estimation réaliste de leur valeur actuelle.

En parallèle, il est nécessaire d'identifier les dettes du couple, qu'elles soient communes ou propres. Les dettes communes sont celles contractées pendant le mariage, comme un prêt immobilier ou des crédits à la consommation, tandis que les dettes propres peuvent être liées à des emprunts effectués avant le mariage ou à des dettes résultant d'engagements personnels d'un des époux. La prise en compte des dettes est cruciale, car elle doit être incluse dans l'évaluation globale de la masse à liquider. En effet, la liquidation ne concerne pas uniquement les biens, mais aussi les passifs, et le partage doit être effectué en prenant en considération la totalité du patrimoine, actif et passif.

Une fois que la masse de biens (les biens et les dettes) a été intégralement reconstituée, le partage des biens peut débuter, selon le régime matrimonial choisi par les époux. Dans un régime de communauté des biens, tous les biens acquis pendant le mariage sont communs et doivent être partagés équitablement entre les deux époux. Les biens propres de chaque époux restent, quant à eux, sous leur propriété exclusive. Dans un régime de séparation de biens, chaque époux conserve la gestion et la propriété de ses biens, qu'ils aient été acquis avant ou pendant le mariage, et seul le partage des biens communs sera effectué. En cas de divorce, de séparation de corps ou de décès, le notaire, en tant qu'officier public, joue un rôle central dans la procédure d'inventaire en s'assurant de sa conformité avec la législation. Il veille également à ce que l'évaluation des biens soit effectuée de manière juste et en accord avec les pratiques du marché.

Enfin, il est important de souligner que, si des désaccords surgissent lors de la reconstitution de la masse des biens, notamment concernant l'identification des biens ou la valorisation de certains actifs, un juge peut être sollicité pour trancher les différends. Par exemple, le juge pourra statuer si un bien est bien commun ou propre, ou si une évaluation doit être réajustée en fonction des preuves présentées.

Ainsi, la reconstitution de la masse des biens est une opération à la fois matérielle et juridique. Elle implique un travail minutieux pour garantir que tous les biens et dettes sont correctement recensés et évalués. La transparence et l'exhaustivité de cette procédure sont essentielles, non seulement pour assurer un partage juste et équitable des biens, mais aussi pour éviter les contestations juridiques postérieures. Elle permet aussi de clarifier la situation patrimoniale des époux et de poser les bases d'une liquidation efficace et respectueuse des droits de chacun, qu'il s'agisse de la gestion d'une succession après le décès d'un époux ou du partage des biens lors d'une séparation ou d'un divorce.

En ce qui concerne le pan de la détermination de la masse nette dans la liquidation du régime matrimonial est une étape essentielle dans le processus de partage des biens et des dettes des époux, notamment en cas de divorce, de séparation de corps ou de décès. Elle permet d'établir la valeur totale des biens à partager entre les époux, après avoir soustrait toutes les dettes et charges qui affectent le patrimoine commun. Cette procédure garantit que la répartition des biens se fait de manière juste et conforme à la loi.

La première étape pour déterminer la masse nette consiste à calculer la masse brute, qui représente la valeur totale des biens appartenant au couple, qu'ils soient communs ou propres. Les biens communs sont ceux acquis pendant le mariage, tels que les biens immobiliers, mobiliers, comptes bancaires, ou autres investissements réalisés en commun. À l'inverse, les biens propres sont ceux qui appartiennent à un seul époux, soit parce qu'ils ont été acquis avant le mariage, soit parce qu'ils ont été reçus par héritage, donation, ou autres sources personnelles.

Cette distinction est cruciale, car seuls les biens communs sont destinés à être partagés entre les époux, tandis que les biens propres restent la propriété exclusive de l'époux concerné.

Une fois la masse brute établie, il convient de prendre en compte les dettes et charges qui pèsent sur le couple. Les dettes communes sont celles contractées pendant le mariage, telles qu'un crédit immobilier ou des prêts à la consommation, et doivent être partagées entre les époux. Les dettes propres, par contre, sont celles contractées par un époux avant le mariage ou durant celui-ci, mais qui n'engagent que l'époux concerné. Par exemple, un prêt contracté par un époux pour financer un bien personnel ou des dettes liées à des investissements personnels ne sera pas partagé, mais restera à la charge de l'époux ayant contracté la dette.

La prochaine étape consiste à *soustraire les dettes et charges de la masse brute pour obtenir la masse nette. Celle-ci représente la valeur totale des biens disponibles après prise en compte des dettes du couple. Par exemple, si la masse brute des biens du couple s'élève à 50 millions de francs CFA et que les dettes et charges s'élèvent à 10 millions de francs CFA, la masse nette sera de 40 millions de francs CFA. C'est cette valeur nette qui servira de base au partage des biens.

Le partage des biens dépend du régime matrimonial choisi par les époux. Dans le cadre d'un régime de communauté de biens, les biens communs et les dettes communes seront partagés équitablement entre les époux, chaque époux ayant droit à 50 % de la masse nette. En revanche, dans un régime de séparation de biens, chaque époux conserve ses biens propres, et le partage concerne uniquement les biens communs, après déduction des dettes communes. Dans ce dernier cas, les biens propres de chaque époux ne sont pas pris en compte dans la masse nette à partager.

Dans cette procédure, le notaire joue un rôle crucial en supervisant la reconstitution de la masse nette, en assurant la conformité avec les règles juridiques et en aidant à l'évaluation des biens. Si des différends surviennent concernant l'identification des biens ou l'évaluation des actifs, un juge peut intervenir pour trancher les litiges. Le respect de cette procédure est essentiel pour éviter toute contestation, garantir un partage équitable et transparent des biens, et s'assurer que la liquidation se fait dans le respect des droits de chaque époux.

Ainsi, la détermination de la masse nette est une étape clé pour garantir un partage juste et équilibré du patrimoine des époux. Elle permet de définir clairement la valeur des biens communs à partager, tout en prenant en compte les dettes et charges, et en respectant les règles établies par le régime matrimonial applicable. Cette étape assure la transparence du processus de liquidation et permet une répartition conforme aux règles légales, tout en protégeant les intérêts des deux parties.

Le défaut d'inventaire est sanctionné par la perte de certains droits à l'époux survivant, notamment du droit de jouissance. Il en est ainsi lorsqu'il y a des héritiers mineurs, l'époux survivant perd la jouissance des revenus et peut être condamné à verser des indemnités aux mineurs en application de l'article 1442, alinéa 2 du Code civil applicable. Par ailleurs, le défaut d'inventaire après le décès naturel de l'un des époux ne donne pas non plus lieu à la continuation de la communauté en vertu de l'alinéa 1 de l'article 1442 du Code civil applicable. En cas de non-collaboration d'une partie, le notaire constate et établit un procès-verbal de carence du conjoint qui n'a pas collaboré.

II- La reconstitution des masses de bien

La reconstitution de la masse de biens dans la liquidation d'un régime matrimonial vise à préparer un partage équitable en identifiant les biens et les dettes des époux. Cette étape permet d'aborder deux aspects fondamentaux : la reprise des biens et l'établissement des récompenses. La reprise des biens consiste à distinguer les biens propres des biens communs afin que chaque époux récupère ce qui lui appartient exclusivement, comme les biens acquis avant le mariage ou reçus par donation ou succession. Ensuite, l'établissement des récompenses intervient lorsque des transferts ou des contributions ont eu lieu entre les patrimoines propre et commun. Par exemple, si un époux a utilisé des fonds communs pour augmenter la valeur de ses biens propres, il doit une récompense à la communauté, et inversement. Ces ajustements garantissent une juste répartition du patrimoine, en prenant en compte les apports et les contributions de chaque partie au cours du mariage. Ainsi, la reprise des biens (**A**) et l'établissement des récompenses (**B**) sont des mécanismes complémentaires qui assurent une transparence et une équité dans la liquidation du régime matrimonial.

A- Reprises des biens propres par les conjoints

Quelles sont les conditions et modalités de la reprise ? Il convient de déterminer le caractère des biens qui peuvent faire l'objet de la reprise et fixer les règles de preuve de la propriété d'un époux sur un bien.

1- Reprise en nature

Les reprises s'exercent sur les biens propres appartenant à chacun des époux. En effet, c'est à titre de propriétaire que chacun des époux reprend ses biens lors de la dissolution du régime. La reprise suppose alors que les biens se trouvent en nature et qu'ils sont identifiables, ce qui exclut toute fongibilité.

Si des biens nouveaux ont été acquis en remplacement, par subrogation réelle ou échange, c'est sur eux que porteront également les reprises[246].

Juridiquement, on parle dans les deux cas de reprises en nature. La reprise présente un intérêt particulier dans la liquidation de la communauté des biens. Elle apparaît plutôt comme une opération normale dans la liquidation de la séparation des biens.

Ainsi, l'article 1467 du Code civil français, plus explicite, dispose dans ce sens que « la communauté dissoute, chacun des époux reprend ceux des biens qui n'étaient point entrés en communauté, s'ils existent en nature, ou les biens qui y ont été subrogés ».

En droit coutumier africain, on peut admettre, sur le plan anthropologique, l'existence d'un droit de récupérer les biens propres en cas de dissolution de l'union. Toutefois, ce droit est uniquement accordé à la femme mariée, en union libre ou séparée de biens.

Mais, la difficulté que soulève la reprise est la preuve du caractère propre ou commun d'un bien. Et la doctrine estime qu'il ne suffit pas qu'un époux prétende que tel ou tel biens lui est propre. Encore doit-il prouver qu'il en est propriétaire[247].

---

246 A. RIEG, F. LOTZ et P. RIEG, *Technique des régimes matrimoniaux*, *Pratique notariale*, Op.cit. pp. 427 et s.
247 Idem.

2- Preuve du caractère propre des biens

Les règles de preuve sont celles qui régissent également la répartition et la composition des biens. Elles varient selon qu'on est dans le cadre d'un régime de communautaire ou de la séparation des biens.

La preuve du caractère propre ou commun des biens dans la communauté

Dans le régime de la communauté, le régime de la preuve du caractère commun ou propre, découle de l'article 1402 du Code civil, qui dispose que « *tout immeuble est réputé acquêt de communauté, s'il n'est pas prouvé que l'un des époux en avait la propriété ou la possession légale antérieurement au mariage, ou lorsqu'il lui est échu depuis à titre de succession ou donation* ».

Le principe est que tous les biens sont présumés dépendre de la communauté.

Toutefois, c'est celui des époux qui prétend que tel bien est propre, qui doit en apporter la preuve. La présomption de communauté instituée par la loi ici n'est pas absolue et la charge de la preuve est inversée dans l'intérêt de la communauté, contre les risques de fraude provenant d'un époux de mauvaise foi.

La preuve du caractère propre dans le régime de la séparation de biens.

Dans le régime de la séparation des biens, à la différence de la communauté de biens, la preuve des propres est facilitée par le contrat de mariage.

Du point de vue anthropologique, la doctrine majoritaire soutient que le droit de reprise est limité aux effets personnels de l'époux, notamment, de la femme.

Dans les zones rurales, le conjoint et en particulier la femme ne peut pas prétendre au droit de propriété des immeubles coutumiers entrés dans la communauté du fait du lignage, de la parenté ou du lien de sang et collectivement détenus antérieurement au mariage en vertu de l'article 1402 du Code civil.

A contrario, la femme légalement mariée peut néanmoins en droit moderne accéder à la propriété foncière, à condition de se conformer à la règlementation générale en vigueur, qui prévoit pour tous les individus, sans distinction de sexe et indépendamment de la qualité d'époux, le droit d'accéder à la propriété foncière par la voie de l'immatriculation directe, de la concession et au moyen de la vente d'un terrain titré[248].

La difficulté pour la femme réside dans la connaissance des textes et de ses procédures.

---

[248] Voir recueil des textes sur le droit foncier au Cameroun. A. TIENTCHEU, *Droit foncier…*

- Un cas particulier est l'exercice de la récupération des biens incorporels.

Le Code civil ne parle pas des biens qui n'ont pas de forme physique, mais qui ont subi une modification (fongibilité, confusion[249], etc.) au fil du temps. En effet, ces cas concernent les situations où la communauté a profité des richesses d'un des époux, ou dans le cas inverse.

Or, en pratique, enrichir un patrimoine fait perdre au bien son caractère individuel, ce qui rend plus difficile sa preuve lors de la dissolution. Comment retrouver et restituer à l'époux propriétaire les biens incorporels lors de la dissolution du régime, alors que ceux-ci ont perdu leur individualité physique dans la masse commune ? Cela peut survenir de manière routinière, lors de la consommation ou de l'échange, ou encore en raison d'une méprise[250]. Cela comprend des créances, des biens immatériels, des parts sociales, des marchandises, de la nourriture, les soldes des comptes bancaires, des titres, des effets de commerce et d'autres biens. La difficulté consiste à établir l'existence de ces biens et la preuve de la propriété d'un époux pour légitimer toute action éventuelle en revendication. On peut comparer cette situation à celle qui se produit lors de la dissolution et de la liquidation d'une entreprise (cf. cours prof. Jacqueline KOM).

Dans la pratique notariale[251], la méthode théorique consiste à créer un compte de récompenses entre les époux et la communauté, dans l'objectif ultime de déterminer tous les biens, qu'ils soient matériels ou immatériels, en les répartissant entre les patrimoines et en les réglant, ce qui permet de clarifier la masse des biens à partager. Les mécanismes juridiques, tels que l'indemnisation[252], le partage, les relations, les compensations, l'emploi et le reclassement, sont essentiels pour régler les questions de rémunération. Elles permettent finalement d'établir l'équilibre recherché entre les patrimoines, d'une part, et l'équité dans le partage de la communauté, d'autre part.

B- Établissement des récompenses

Une fois que chacun des époux aura récupéré ses propres effets, on se retrouve avec une masse composée de biens communs. Selon la doctrine, il se peut que la communauté ait profité des biens de l'un des époux ou qu'un des époux ait profité des biens de la communauté. C'est pourquoi on doit créer un compte de récompenses entre chaque époux et la communauté. Ce n'est qu'une fois les récompenses réglées que le partage proprement dit pourra

---

[249] Art. 1300 C. civ.

[250] Art.1300 C. civ.

[251] A. RIEG, F. LOTZ et P. RIEG, (ouvrage collectif), *Technique des régimes matrimoniaux, Pratique notariale*, Op.cit. pp. 428 et s.

[252] Art. 1289 C. civ.

intervenir[253]. En théorie, l'établissement ou l'ouverture des comptes de récompenses est un processus théorique d'enregistrement ou de ventilation des opérations intervenues sur les patrimoines, basé sur des écritures comptables. Mais, dans la réalité, il est important de savoir quand, où, comment et pour combien de temps la récompense sera accordée.

1- Les formes et le calcul des récompenses

Théoriquement, on ne parle de récompense[254] qu'entre la communauté et les patrimoines propres de chacun des époux. Ainsi, selon la doctrine, il y a lieu à récompense chaque fois que la communauté s'est enrichie aux dépens d'un époux, ou lorsque le patrimoine d'un époux s'est enrichi au détriment de la communauté. Ainsi, on distingue deux catégories de récompenses : celles dues par la communauté qui s'est enrichie aux dépens d'un époux, d'une part, et celles dues à la communauté lorsqu'un époux s'est enrichi aux dépens de celle-ci, d'autre part.

- Les récompenses dues par la communauté

Selon la doctrine, la communauté doit récompense au patrimoine propre d'un époux chaque fois qu'elle s'est enrichie aux dépens d'un patrimoine propre.

Ainsi, dans la communauté légale, il y a lieu à récompense due par la communauté dans les cas suivants : lorsqu'elle a encaissé des deniers provenant des propres (c'est-à-dire les revenus des biens propres ou provenant de la vente d'un propre), sans qu'il en ait été fait emploi ou remploi ; lorsqu'un époux effectue un remploi et que les fonds versés proviennent, pour plus de la moitié, du prix et des frais de la communauté, puisque, dans ce cas, le bien ainsi acquis devient commun. D'après l'article 1433 du Code civil en vigueur, « *s'il est vendu un immeuble appartenant à l'un des époux, de même que s'il est rédimé en argent de services fonciers dus à des héritages propres à l'un d'eux, et que le prix en ait été versé dans la communauté, le tout sans remploi, il y a lieu au prélèvement de ce prix sur la communauté, au profit de l'époux qui était propriétaire, soit de l'immeuble vendu, soit des services rachetés* ».

De même, l'article 1436 Code civil dispose que « *la récompense du prix de l'immeuble appartenant au mari ne s'exerce que sur la communauté ; celle du prix de l'immeuble appartenant à la femme s'exerce sur les biens personnels du mari, en cas d'insuffisance des biens de la communauté...* ». Mieux, lorsque les biens communs ont été acquis, améliorés, conservés, recouvrés, réparés avec des deniers des biens personnels. Ou encore lorsqu'un

---

[253] V.C. SAUJOT, *Le fondement des récompenses*, RTD civ., 1970, p.684.

[254] Il n'est pas sans intérêt de souligner que le mécanisme des récompenses a vu le jour bien avant la théorie de l'enrichissement sans cause.

époux a payé au moyen des deniers propres, une dette devant rester définitivement à la charge de la communauté[255].

- **Les récompenses dues à la communauté**

Dans quels cas la communauté a-t-elle droit à récompense : d'après l'article 1437 du Code civil en vigueur, *« toutes les fois qu'il est pris sur la communauté, une somme soit pour acquitter les dettes ou les charges personnelles à l'un des époux, tels que le prix ou partie du prix d'un immeuble à lui propre ou le rachat de services fonciers, soit pour le recouvrement, la conservation, ou l'amélioration de ses biens personnels, et généralement toutes les fois que l'un des deux époux a tiré un profit personnel des biens de la communauté, il en doit la récompense ».* Il s'agit soit d'une amélioration, d'une conservation ou d'un recouvrement des biens personnels par la communauté ; soit du paiement des dettes propres par la communauté ; soit des réparations et des dépens auxquels un époux a été condamné pour délits ou quasi-délits civils ; soit de l'acquisition des propres les deniers communs avec les fonds versés par la communauté ; soit de l'acquisition par un époux de biens à titre d'accessoires d'un bien propre.

L'institution des récompenses n'existe pas en droit traditionnel africain. Ce qui a profité à une communauté et qui a du reste, été consommé ne saurait être rapporté, même en valeur.

En ce qui concerne la femme, le défaut de droit à récompense repose sur le principe de la division du travail, de l'autonomie et des libéralités et l'obligation conséquente de contribution aux charges du ménage. Et par analogie, on ne devrait pas reconnaître le droit à récompense à la communauté.

2- L'établissement du compte des indemnités entre les patrimoines des époux et le règlement

Dans le cadre des régimes matrimoniaux, l'établissement des comptes des indemnités entre les patrimoines des époux intervient lors de la dissolution du mariage, que ce soit par divorce ou par décès. Ce règlement s'effectue généralement par un partage des biens acquis pendant le mariage, prenant en compte les indemnités ou compensations dues à l'un des époux en fonction des circonstances.

---

[255] Il se peut même que la communauté doive récompense pour une dette dont elle ne répond pas, du point de vue de l'obligation : tel est le cas d'un cautionnement ou d'un emprunt contracté par un époux seul, mais dans l'intérêt de la communauté (article 1419). Cependant, les revenus de l'époux débiteur répondant de telles dettes, il n'y a pas lieu à récompense si elles ont été acquittées au moyen de tels revenus et non avec des derniers propres. De même, n'y a-t-il pas lieu à récompense si la dette a été payée par un organisme d'assurance en exécution d'une assurance-invalidité : Civ. 1er, 1er déc. 1987, Bull. civ. I, n° 315, Defrénois 1988, art 34229, p.538, obs, Champenois, JCPG 1988, II, 21338, note Simler.

Lors d'un divorce, l'indemnité due à un époux peut prendre plusieurs formes, en fonction de la législation locale. Dans certains pays africains, comme au Cameroun, un époux peut être amené à indemniser son conjoint pour le préjudice moral ou matériel causé par la rupture du mariage. Ce règlement vise à restaurer un équilibre patrimonial entre les deux parties, particulièrement lorsque l'un des conjoints a sacrifié sa carrière ou ses revenus pour soutenir le foyer familial. De plus, selon le régime matrimonial choisi, la séparation de biens ou la communauté de biens, l'indemnité peut aussi concerner la redistribution des biens accumulés pendant le mariage.

À l'opposé, le décès d'un conjoint entraîne une situation bien différente de celle du divorce. En Afrique, et particulièrement au Cameroun, la loi prévoit que la succession du défunt doit être réglée selon les règles du Code civil, les coutumes où les biens du défunt sont transmis aux héritiers. Cependant, il existe un phénomène particulier où les profanes considèrent que les dettes du défunt comme étant éteintes du fait de son décès, en particulier en ce qui concerne les dettes personnelles liées à des engagements contractés durant la vie du défunt. Cette pratique trouve son origine dans la croyance que le décès d'un individu libère celui-ci de ses obligations. Le conjoint survivant peut hériter des biens, mais les dettes sont généralement limitées à la succession, ce qui signifie qu'elles ne sont pas automatiquement transmises au conjoint survivant, tout comme les créances de ce dernier.

La principale différence entre les indemnités dues en cas de divorce et en cas de décès réside dans la nature et l'origine des obligations : en cas de divorce, l'indemnité est souvent perçue comme une compensation pour le préjudice subi par l'un des époux, visant à rétablir une forme d'équité patrimoniale. Elle peut être directement liée à la gestion des biens communs et à la répartition des ressources. Alors qu'en cas de décès, les indemnités ou compensations se concentrent davantage sur la répartition des biens du défunt entre les héritiers, en prenant en compte les droits successoraux.

De plus, les dettes du défunt sont souvent limitées à la valeur de la succession, et ne sont généralement pas transférées aux membres de la famille, contrairement aux obligations créées lors d'un divorce où les dettes peuvent affecter les biens personnels de chaque conjoint. Ainsi, bien que la question des indemnités soit présente dans les deux cas, elle diffère profondément en raison des principes juridiques qui gouvernent le divorce et la succession.

En dehors des procédures de liquidation des régimes matrimoniaux, la liquidation de ces régimes trouve son aboutissement dans le partage des biens.

Section 2- Le partage des biens

Le partage consiste, après prélèvements et règlements, et détermination de la masse nette des biens partageables, en des opérations de constitution et d'attribution des lots.

Selon la loi, les opérations de partage concernent la masse nette des biens communs, ou son équivalent, établi après que les opérations juridiques et comptables de liquidation ont été effectuées. Le partage porte sur l'actif et le passif communs définitifs, quel que soit le régime[256]. Ainsi, après l'exercice des reprises et l'établissement des récompenses et indemnités, le législateur prévoit qu'il y a lieu ensuite à la liquidation de la masse de la communauté, active et passive.

Il en résulte donc que le partage représente l'ultime étape, dont il convient de rappeler les principes **(I)** et les effets **(II)**.

I- Les principes d'organisation du partage

Le partage des biens entre époux après la dissolution du mariage est une question complexe, influencée à la fois par les coutumes, les déséquilibres socioculturels et les dispositions légales, telles que celles du Code civil. En Afrique, ces principes peuvent varier d'un pays à l'autre, mais il existe des constantes que l'on retrouve dans de nombreuses législations africaines.

En Afrique, les régimes matrimoniaux ne sont pas uniformes et varient largement en fonction des coutumes locales, des traditions tribales, mais aussi des choix des époux. Dans de nombreuses régions, surtout dans les sociétés traditionnelles, le mariage est souvent perçu comme une union entre familles et communautés, et non seulement entre deux individus. Cela influence directement la façon dont les biens sont partagés après la dissolution du mariage.

Les régimes de communauté des biens, où les biens acquis pendant le mariage sont considérés comme appartenant à la communauté, sont fréquents dans certaines cultures africaines. Cependant, dans d'autres sociétés, notamment celles qui sont plus patriarcales, les biens sont souvent détenus par le mari, et la femme peut avoir des droits limités, voire inexistants, sur ces biens. En cas de dissolution, la répartition des biens peut donc être déséquilibrée, avec une tendance à favoriser le mari, qui a souvent plus de pouvoir économique et social.

Certaines coutumes accordent également des droits aux enfants, particulièrement en ce qui concerne les héritages et la redistribution des biens,

---

256 L. BACH, *Les régimes matrimoniaux*, Op.cit. p.89.

ce qui peut influencer la décision du partage après un divorce ou une séparation. Les femmes, en particulier, peuvent se retrouver dans des situations où elles n'ont pas une part équitable des biens accumulés, ce qui peut créer un déséquilibre après la dissolution du mariage.

Les déséquilibres socioculturels jouent un rôle majeur dans la distribution des biens entre les époux après la dissolution du mariage. Les sociétés africaines, particulièrement dans les zones rurales, peuvent être profondément marquées par des traditions patriarcales qui limitent le pouvoir des femmes. Ces structures sociales, qui attribuent souvent à l'homme la gestion des biens et des finances, entraînent des inégalités notables en matière de partage des biens après la dissolution du mariage.

L'influence du patriarcat se manifeste dans des pratiques telles que la dot, qui est payée par le mari ou la famille du mari à la famille de l'épouse lors du mariage. Dans de nombreuses cultures africaines, cette dot est perçue comme un prix payé pour la femme, et non comme un bien qu'elle possède, ce qui complique la situation en cas de divorce. En effet, la femme pourrait se retrouver dans une position de vulnérabilité, sans biens personnels, et avec des difficultés pour revendiquer une part équitable des biens du ménage, même si elle a contribué de manière significative à la gestion du foyer.

Les inégalités d'accès à l'éducation et à l'emploi pour les femmes exacerbent ce problème, car elles limitent leur capacité à acquérir des biens ou à les gérer pendant le mariage. Par conséquent, après la dissolution, elles se retrouvent dans une situation où elles ne peuvent pas revendiquer leur juste part, créant ainsi un déséquilibre manifeste.

Le Code civil et la jurisprudence ont évolué pour tenir compte de ces déséquilibres socioculturels, bien que les lois restent parfois insuffisantes pour garantir une égalité totale entre les sexes dans la répartition des biens après la dissolution du mariage.

Par exemple, dans un pays comme le Cameroun, où les lois civiles coexistent avec des coutumes traditionnelles, les époux peuvent choisir leur régime matrimonial, qui peut être celui de la communauté des biens, de la séparation de biens ou de la participation aux acquêts. Cependant, dans ce pays où la coutume reste prédominante et la femme peut se retrouver à une position désavantageuse, ne recevant qu'une portion minimale des biens bâtis pendant le mariage.

Certains pays, africains, ont adopté des réformes législatives pour protéger les droits des femmes après un divorce, y compris des lois sur le partage des biens. Le Code de la famille marocain prévoit par exemple que la femme ait droit à une part équitable des biens acquis pendant le mariage, en particulier dans les régimes de communauté. Toutefois, même dans ces pays, l'application effective des lois peut être limitée par les résistances sociales et culturelles.

La jurisprudence, dans certains pays africains, a joué un rôle important dans l'évolution du partage des biens après la dissolution du mariage. Des décisions judiciaires ont parfois permis de mieux protéger les droits des femmes, notamment dans les cas où celles-ci avaient contribué de manière significative à la gestion des biens du ménage à travers le travail domestique, l'éducation des enfants ou la gestion financière du foyer. Les tribunaux, dans certains cas, ont octroyé des compensations ou des parts plus égales des biens en tenant compte des efforts et des sacrifices de l'épouse.

En outre, les réformes législatives et la jurisprudence influencées par des engagements internationaux, comme la *Convention sur l'élimination de toutes les formes de discrimination à l'égard des femmes,* ont permis une meilleure reconnaissance des droits des femmes dans le partage des biens après divorce. Cependant, ces réformes rencontrent souvent des obstacles culturels et sociaux dans leur mise en œuvre effective sur le terrain.

Le partage des biens entre époux après la dissolution du mariage au Cameroun est un sujet complexe, fortement influencé par les coutumes locales, les déséquilibres socioculturels, ainsi que les dispositions légales et la jurisprudence. Les inégalités historiques et culturelles entre les sexes, particulièrement en ce qui concerne l'accès des femmes aux biens et à la gestion des ressources, continuent de poser des défis majeurs pour garantir une répartition équitable. Les réformes législatives récentes et les décisions judiciaires ont progressé pour protéger les droits des femmes, mais des obstacles sociaux et culturels persistent. Il est essentiel que les législations africaines évoluent davantage pour assurer un partage équitable des biens et garantir l'égalité entre les époux après la dissolution du mariage.

En bref, les principes qui structurent l'organisation du partage s'articulent autour de la détermination de la masse (**A**) et des modalités des biens (**B**) à partager.

A- La détermination de la masse à partager

La détermination de la masse des biens à partager lors de la dissolution du mariage au Cameroun est un sujet complexe qui repose sur le Code civil ainsi que sur certaines interprétations jurisprudentielles. Pour la comprendre, il est nécessaire de prendre en compte la nature des régimes matrimoniaux en vigueur, ainsi que les règles relatives à la gestion, à la propriété et à la répartition des biens acquis durant le mariage.

En droit camerounais, les régimes matrimoniaux sont régis par les dispositions du Code civil applicable au Cameroun, notamment celles relatives aux régimes de la communauté des biens et de la séparation de biens.

Dans ce sens, le législateur camerounais prévoit que, sauf disposition contraire dans un contrat de mariage, le régime matrimonial applicable par défaut est celui de la communauté des meubles et acquêts. Cela signifie que tous les biens acquis par les époux durant leur mariage, qu'ils soient mobiliers ou immobiliers, sont communs, à moins d'une exception prévue par la loi.

Les biens propres à chaque époux, tels que les biens hérités ou reçus par donation, ne font pas partie de la masse commune. En cas de dissolution du mariage par divorce ou décès, ces biens propres restent donc hors de la masse à partager. En revanche, dans le cadre du régime de la séparation de biens, chaque époux conserve la pleine propriété de ses biens personnels, et la gestion des biens acquis est indépendante. Le législateur précise que, si les époux ont choisi ce régime, la masse des biens à partager au moment de la dissolution du mariage se limite aux biens qu'ils ont acquis ensemble ou séparément, mais de façon conjointe et expressément prévue. Par ailleurs, lors de la dissolution du mariage sous un régime de communauté, la première étape est de déterminer quels biens font partie de la communauté et quels biens sont propres à chaque époux. Les biens acquis pendant le mariage sont présumés être des biens communs, sauf preuve du contraire. Cela implique que les époux devront fournir des justificatifs pour prouver que certains biens sont leurs biens propres.

Un autre principe jurisprudentiel important est que les biens propres de chaque époux, comme ceux hérités ou reçus en don, ne peuvent pas être inclus dans la masse des biens à partager, sauf s'ils ont été mélangés ou affectés à la communauté, par exemple un bien propre utilisé pour la construction d'une maison familiale. La Cour Suprême a confirmé dans plusieurs décisions que la preuve de la nature propre des biens incombe à l'époux qui en revendique la propriété exclusive.

Un aspect important à considérer lors de la liquidation des biens communs est le traitement des dettes. En effet, toutes les dettes contractées pendant le mariage au bénéfice de la famille ou pour l'acquisition des biens communs doivent être partagées également entre les époux, et doivent être déduites de la masse des biens à partager.

Lors de la dissolution du mariage, après avoir déterminé la masse des biens à partager, il convient de passer à la phase de liquidation-partage. Cette procédure peut être amiable si les époux s'entendent sur la répartition des biens. Si ce n'est pas le cas, c'est au tribunal de trancher, souvent avec l'aide d'un notaire ou d'un expert pour évaluer les biens. Le tribunal peut ordonner le partage des biens en nature ou, si cela est impossible, procéder à un partage en valeur.

La détermination de la masse des biens à partager lors de la dissolution du mariage au Cameroun repose sur les principes du Code civil, qui distinguent les biens communs et les biens propres. La jurisprudence apporte des précisions importantes sur la répartition équitable des biens communs et sur la gestion des biens propres. Le principe fondamental est celui de l'égalité dans le partage des biens, bien que des exceptions puissent s'appliquer en cas de contribution inégale des époux.

1- La masse à partager

Lors de la dissolution du mariage, qu'elle soit prononcée par divorce ou par décès de l'un des époux, il est nécessaire de déterminer la masse des biens à partager, c'est-à-dire l'ensemble des biens et des dettes du couple qui seront répartis entre les époux ou leurs héritiers. La composition de cette masse est une question juridique essentielle, car elle influence directement la répartition des biens et la liquidation du régime matrimonial. Cette masse peut être complexe à définir, car elle varie selon le régime matrimonial choisi par les époux.

La masse à partager ne se compose pas uniquement de biens, mais aussi de dettes contractées durant le mariage. Celles-ci sont divisées selon le régime matrimonial. Dans un régime de communauté, les dettes contractées pour les besoins du ménage ou pour l'entretien du logement sont partagées entre les deux époux, même si elles sont au nom d'un seul. Les dettes personnelles, en revanche, restent à la charge de l'époux qui les a contractées, à moins qu'elles ne soient liées à des besoins communs.

Dans le Régime de la communauté légale, par exemple, les biens et les dettes sont partagés en deux parts égales entre les époux. Alors que, dans le régime de la séparation de biens, chaque époux conserve ses biens propres, et les dettes sont également réparties selon leur origine. Les biens acquis ensemble ou en commun sont partagés selon un accord ou la preuve de leur origine.

Inéluctablement, la dissolution du mariage entraîne la fin de l'indivision. Elle nécessite donc de déterminer la valeur des biens et des dettes, procéder à leur évaluation et organiser leur liquidation. Ce processus peut impliquer des expertises pour évaluer les biens immobiliers ou mobiliers et déterminer les montants des dettes. La liquidation de la masse partagée peut se faire : lorsqu'il s'agit du partage en nature des biens. Ces biens sont attribués directement aux époux ou à leurs héritiers. Aussi, à travers le partage par soulte l'un des époux peut verser une compensation financière à l'autre pour obtenir la totalité d'un bien particulier.

La composition de la masse à partager lors de la dissolution du mariage dépend du régime matrimonial choisi, des biens communs et propres, ainsi que des dettes contractées durant le mariage. Il est crucial de bien distinguer les biens communs des biens propres et de connaître les règles de partage des dettes, afin d'assurer une liquidation juste et équilibrée des avoirs matrimoniaux. Dans tous les cas, il est souvent recommandé de se faire accompagner par un professionnel du droit pour éviter toute erreur lors du partage.

2- Les biens à partager

Le partage des biens communs après la dissolution d'un mariage dépend du régime matrimonial sous lequel le couple était marié. En France, par exemple, le régime légal de la communauté de biens est généralement celui applicable par défaut, sauf si un contrat de mariage a été signé pour adopter un autre régime.

Ce régime s'applique automatiquement si les époux n'ont pas signé de contrat de mariage. Les biens acquis pendant le mariage sont partagés de manière égale entre les deux époux, à l'exception des biens personnels c'est-à-dire les biens acquis avant le mariage ou reçus en donation ou héritage pendant le mariage.

Le partage des biens en cas de divorce a lieu, quel que soit le régime matrimonial. À cet égard, la dissolution du mariage par divorce implique le partage des biens, mais il peut y avoir des exceptions, notamment en ce qui concerne la compensation financière à l'instar de la pension alimentaire ou des prestations compensatoires, qui peut affecter la répartition des biens en fonction des besoins et des contributions de chaque époux.

Le partage des biens est généralement réalisé après la liquidation du régime matrimonial, ce qui peut induire une évaluation des biens et des dettes, puis une répartition de ceux-ci en fonction des règles du régime choisi. Si des biens sont difficiles à évaluer ou s'il y a des désaccords, cela peut nécessiter l'intervention d'un notaire ou d'un juge.

B- Les formes du partage

Le partage des biens fait référence à la manière dont les biens sont répartis entre les parties, généralement après une séparation, un divorce, ou lors de la liquidation d'une succession. Les modalités du partage varient selon le contexte et les lois locales.

En cas de divorce lorsque le régime choisi lors du mariage était celui de la communauté de biens ou celui de la séparation de biens, ceux-ci sont partagés de manière différente. Par exemple, en cas de communauté, les biens acquis durant le mariage sont généralement partagés à parts égales.

Dans certaines circonstances exceptionnelles, un bien peut être attribué à un époux sous la condition qu'il le remplace par un bien équivalent, s'il y a lieu. Cela peut se produire lorsqu'un bien particulier a une valeur importante et que son partage n'est pas possible sans compensation.

Il en va ainsi, lorsque les biens sont détenus en indivision. Elle traduit la situation où plusieurs personnes sont copropriétaires d'un bien, sans que le bien soit divisé physiquement. En cas de demande de partage, les co-indivisaires peuvent soit négocier une répartition, soit vendre le bien et partager le produit de la vente. Mieux encore, chaque indivisaire peut demander un partage des biens, que ce soit amiablement ou devant le tribunal.

Globalement, chaque forme de partage des biens est adaptée à une situation particulière. Le choix entre ces formes dépendra de la nature des biens, des relations entre les parties, ainsi que des objectifs et des préférences de chacun.

1- Le partage amiable

Le partage amiable des biens après la dissolution du mariage est une procédure dans laquelle les époux s'accordent sur la répartition de leurs biens sans recourir à une décision judiciaire. La première étape importe que chaque époux fasse un inventaire des biens qu'il possède et de ceux qui sont en commun. Cela inclut les biens immobiliers, les comptes bancaires, les véhicules, les meubles, ainsi que les dettes éventuelles. Ensuite, il est essentiel que chaque bien soit évalué correctement afin de garantir une répartition équitable. Pour certains biens, comme les immeubles ou objets de valeur, un expert peut être sollicité pour évaluer leur valeur marchande.

Lorsqu'un accord est trouvé sur la répartition, les époux doivent s'entendre sur la manière dont les biens seront partagés. Si le régime matrimonial était celui de la communauté, les biens sont partagés en fonction de la valeur accumulée durant le mariage, avec une division en deux parts égales. Toutefois, un partage amiable permet aux époux de négocier un accord qui leur semble juste. Une fois l'accord trouvé, ceux-ci peuvent rédiger un acte de partage. Cela peut être fait de manière formelle devant un notaire ou par acte sous seing privé selon les circonstances et les souhaits des époux.

Le partage amiable présente de nombreux avantages : il est généralement plus rapide et moins conflictuel que le partage judiciaire, il permet d'éviter un procès et ses coûts sont souvent moins élevés. Dans ce cadre, les époux ont plus de latitude pour définir les modalités du partage, y compris des arrangements spécifiques qui leur conviennent mieux.

Le partage amiable des biens après la dissolution du mariage est une alternative au partage judiciaire. Il repose sur la coopération et l'accord des époux, offrant ainsi une solution plus rapide, économique et souvent plus sereine. Cependant, il est essentiel de veiller à ce que l'accord soit équitable et correctement rédigé pour éviter des litiges ultérieurs.

2- Le partage judiciaire

Le partage judiciaire des biens après la dissolution du mariage intervient généralement lorsque les époux ne parviennent pas à s'entendre sur la répartition de leurs biens. Il s'agit d'une procédure qui peut avoir lieu après un divorce ou une séparation de corps.

Avant le partage, il faut d'abord liquider le régime matrimonial. Cela implique de déterminer la nature des biens propres ou communs et de procéder à leur évaluation. Lorsque les époux ne s'accordent pas sur le partage des biens, un juge est saisi pour trancher. Ce juge peut intervenir lors de la procédure de divorce pour déterminer la répartition des biens. En cas de conflit, il peut nommer un expert pour évaluer les biens et procéder à leur partage.

Ainsi, la masse de biens communs acquis pendant le mariage, qui doit être partagée équitablement entre les époux. Pour leur part, les propres des époux acquis avant le mariage ou reçus par héritage ou par donation pendant le mariage ne sont pas partagés, sauf si leur valeur doit être compensée pour assurer l'équité du partage. Une fois le partage effectué, chaque époux obtient ses biens, et la situation financière des deux parties est déterminée. Si l'un des époux doit une somme d'argent pour compenser le partage, cette dette peut être réglée par un paiement immédiat ou échelonné, selon ce que décide le juge.

Dans le cas où l'un des époux estime que le partage est injuste ou incorrect, il peut faire appel de la décision du juge. Le partage judiciaire des biens est souvent une étape complexe, car il peut concerner des biens de valeur, des dettes, et la gestion de biens immobiliers. Il est donc recommandé de se faire accompagner par un avocat pour défendre ses droits.

Quel qu'en soit l'attelage des principes, le partage produit nécessairement des effets.

II- Les effets du partage

Le partage des biens, que ce soit lors d'une séparation, d'un divorce, d'une succession, etc., a divers effets, tant sur le plan juridique, social et économique.

En effet, le partage permet de clarifier la répartition des biens, établissant qui possède quoi, en particulier dans le cadre d'une séparation ou d'un divorce. Il inclut très souvent la gestion des dettes associées aux biens en cas d'hypothèque ou de crédits, ce qui peut affecter la répartition.

Aussi, au rang des effets que produit le partage se trouve la modification de l'état civil ou de la situation patrimoniale. Après un divorce ou une succession, les individus peuvent se retrouver dans une nouvelle situation légale et financière, ce qui peut influencer leurs droits et obligations.

Au plan économique le changement de la situation financière post partage des biens peut entraîner un changement significatif dans la situation financière des ex-époux, notamment en cas de divorces où l'un des conjoints peut recevoir une partie importante des biens familiaux, ce qui peut avoir un impact sur son niveau de vie. Dans la même logique, le partage des biens peut affecter les revenus futurs, par exemple, en ce qui concerne les biens immobiliers ou les investissements.

Par ailleurs au plan social, le partage des biens, dans des cas particuliers, peut entraîner des tensions et affecter les relations familiales, lorsqu'il y a des désaccords concernant la répartition des biens.

En somme, le partage des biens est un processus complexe qui peut affecter plusieurs aspects de la vie d'un individu, que ce soit sur le plan juridique ou financier, en plus d'influencer ses relations sociales et familiales.

A- La date de prise d'effet du partage

La date de prise d'effet du partage des biens dépend du contexte juridique dans lequel il intervient. Dans le cadre d'un divorce précisément, la date de prise d'effet du partage des biens peut être la date à laquelle le jugement de divorce devient définitif, c'est-à-dire lorsque la décision du tribunal est rendue et qu'il n'y a plus d'appel possible, ou à la date convenue dans la convention de divorce. À l'opposé, dans le cadre d'une séparation de biens entre époux, lorsqu'un partage a été convenu, la date d'effet pourrait être la date de l'accord ou de la signature de l'acte.

Le cas le plus commode et le plus complexe est celui dans lequel la dissolution du mariage résulte du décès de l'un des époux et précisément lorsqu'il s'agit du mari. La complexité de cette hypothèse prend sens à travers plusieurs facteurs. La première difficulté demeure sur la personne habilitée à ouvrir la procédure soit de constat de dissolution du mariage, soit de constat de prise d'effet du mariage. Dans de nombreux cas, la conjointe survivante, souvent l'épouse, ne manifeste aucun intérêt à entamer les procédures judiciaires liées à la dissolution du mariage par décès. Au centre de cette manœuvre se cache une volonté de conserver la totalité des biens du de cujus ainsi que la masse de biens communs.

Cette situation est généralement la cause principale de litiges, surtout lorsqu'il y a en cause un patrimoine d'une grande valeur. Le fait est d'autant plus accentué lorsque le défunt n'a pas pris le soin d'établir un testament. On se retrouve donc dans une situation où les biens propres du conjoint survivant se confondent non seulement avec la masse commune, mais aussi avec les biens propres du conjoint décède. Toutefois, cette attitude n'est pas propre à la femme. Elle met cependant l'accent dans le cas d'espèce sur l'incertitude concernant la date de prise d'effet du partage des biens.

Dans tous les cas, la date de prise d'effet varie en fonction de la dissolution par divorce **(1)** ou par décès **(2)**.

1- L'effectivité du partage en cas de dissolution par divorce

L'effectivité du partage des biens en cas de divorce dans le contexte africain, et plus spécifiquement camerounais, est un sujet complexe, qui repose sur des fondements juridiques et des pratiques culturelles souvent en tension. Au Cameroun, le partage des biens en cas de divorce est régi par les dispositions du Code civil, notamment celles relatives à la communauté de biens et à la séparation de biens. En vertu de celles-ci, en cas de divorce, les époux doivent procéder à une liquidation du régime matrimonial, à moins qu'une convention spécifique entre eux n'ait prévu une autre disposition. Bien plus, dans ce cadre juridique, une influence considérable est souvent mise en œuvre soit par les réalités socioculturelles, les conventions de mariage, les coutumes et les pratiques familiales.

En effet, dans certaines régions du Cameroun, les traditions imposent des pratiques qui peuvent nuire à l'effectivité du partage des biens, surtout lorsqu'il s'agit de terres ou d'autres biens familiaux. La femme, dans de nombreux cas, peut se retrouver désavantagée, surtout si elle n'a pas d'acquêts à revendiquer ou si elle n'a pas une autonomie financière. Le droit de la femme à la division des biens acquis pendant le mariage peut se heurter à des obstacles pratiques, tels que la pression familiale ou l'absence d'un cadre formel de déclaration des biens. À cela s'ajoutent la lenteur des procédures judiciaires et la faible sensibilisation sur les droits des femmes, qui ne favorisent pas une véritable égalité dans le processus de partage.

D'un point de vue jurisprudentiel, les décisions de justice varient, mais elles tendent à protéger les droits des femmes dans certains cas, particulièrement lorsque ces dernières ont contribué de manière significative à la gestion du patrimoine familial, bien que cette contribution ne soit pas toujours clairement reconnue par le droit camerounais. L'effectivité du partage est donc une question non seulement juridique, mais aussi sociale, car elle dépend aussi de l'acceptation des règles établies par le Code civil et des coutumes locales.

Le rôle des juges dans l'application du droit et leur capacité à surmonter les influences culturelles pour garantir une répartition juste des biens est crucial. Cependant, la réalité des divorces au Cameroun montre que le partage des biens ne se fait pas toujours de manière équitable, et il est nécessaire de promouvoir des réformes qui garantissent que la loi soit réellement appliquée de manière à protéger les droits des femmes, dans ce processus.

2 - Le retard du partage en cas de dissolution par décès

Le retard dans le partage des biens en cas de dissolution par décès est une problématique complexe, souvent influencée par des pratiques culturelles profondes, des législations contradictoires et des enjeux sociaux. Cette situation est d'autant plus prégnante au Cameroun, où les coutumes, les juridictions coutumières, la mauvaise foi de l'époux survivant et l'implication des familles exacerbent souvent les conflits autour du partage des biens. À travers cette analyse, nous mettrons en lumière ces facteurs qui retardent et compliquent le partage des biens après la disparition d'un conjoint.

Les coutumes africaines et camerounaises, profondément ancrées dans les sociétés traditionnelles, jouent un rôle majeur dans la gestion des successions. Dans de nombreuses communautés, le décès d'un époux n'entraîne pas immédiatement le partage des biens. Bien souvent, avant qu'un héritage ne soit distribué, des rites et des cérémonies doivent être accomplis, ce qui peut retarder considérablement la répartition des biens. Ces cérémonies peuvent inclure des prières, des sacrifices ou des rassemblements familiaux visant à honorer le défunt et à permettre à l'âme de trouver le repos. Dans ce cadre, la succession ne peut être réglée avant que ces rituels ne soient achevés. Cette pratique, bien qu'ancrée dans la tradition, engendre un retard de plusieurs mois, voire de plusieurs années, avant que les biens puissent être partagés.

Dans d'autres cas, la coutume veut que l'époux survivant conserve une certaine autorité sur les biens pendant une période indéterminée. Cette période est perçue comme nécessaire pour évaluer la situation familiale, organiser le recensement des biens, et assurer que les héritiers sont bien identifiés. Cette attente est souvent vue comme une manière de protéger les intérêts de la famille élargie, mais elle peut également être utilisée pour retarder indéfiniment le partage des biens, créant ainsi une incertitude juridique et économique chez les héritiers.

Les juridictions traditionnelles, qui ont une place prépondérante dans les sociétés africaines, notamment au Cameroun, interviennent également de manière significative dans la gestion des successions. En effet, dans certaines régions, avant de procéder au partage des biens, les héritiers doivent obtenir l'accord des autorités coutumières ou des chefs traditionnels. Ces autorités sont responsables de la régulation des affaires foncières et des héritages au sein de la communauté. Cependant, l'implication des juridictions peut être source de retard et de conflits. Dans certains cas, les décisions rendues par ces autorités ne sont pas en harmonie avec le droit civil, créant des tensions entre les règles coutumières et les lois modernes.

Les décisions des juridictions traditionnelles peuvent également être influencées par des pressions familiales ou communautaires, ce qui retarde encore davantage le processus. Les héritiers peuvent se retrouver dans une situation où ils sont contraints d'attendre la résolution des conflits familiaux avant que le partage n'ait lieu.

Un autre facteur clé qui ralentit le partage des biens est la mauvaise foi de l'époux survivant. Ce dernier peut, dans certains cas, chercher à retarder délibérément le partage des biens pour diverses raisons. L'époux survivant peut-être motivé par l'envie de conserver une partie importante de l'héritage pour lui-même ou pour ses propres enfants, au détriment des héritiers légitimes. Cette mauvaise foi peut prendre plusieurs formes : dissimulation de biens, manipulation des héritiers ou contestation des droits de certains héritiers. En cas de mauvaise foi, l'époux survivant peut ainsi prolonger la procédure successorale en prétendant ne pas avoir connaissance de certains biens ou en retardant la réalisation des formalités nécessaires au partage des biens. Cette situation est d'autant plus complexe dans les contextes où la loi civile n'est pas appliquée de manière rigoureuse et où les pratiques coutumières permettent à l'époux survivant de prendre un contrôle discrétionnaire sur l'héritage.

Parallèlement, l'implication des familles élargies joue un rôle crucial dans les retards de partage des biens. En Afrique, et en particulier au Cameroun, la famille élargie à une grande influence sur la gestion des biens de l'époux. Les familles des deux époux, et parfois même des membres de la communauté, peuvent revendiquer une part des biens du défunt, ce qui engendre des conflits internes. Ces familles peuvent contester la répartition des biens, particulièrement si des biens fonciers sont en jeu, car, dans de nombreuses cultures africaines, la terre représente un bien précieux et souvent inaliénable.

Les conflits familiaux peuvent survenir lorsque les héritiers directs c'est-à-dire les enfants ou l'époux survivant sont en désaccord avec les membres de la famille élargie, qui se sentent parfois en droit de revendiquer une part de l'héritage. Ces querelles peuvent durer plusieurs années, retardant ainsi la résolution de la succession.

Le retard dans le partage des biens peut avoir des conséquences dramatiques pour les héritiers, qui se retrouvent dans une situation de précarité financière. Les héritiers légitimes, notamment les enfants, peuvent être privés des ressources nécessaires pour leur éducation, leur entretien ou leur installation dans la vie active. Parfois, ces retards obligent les héritiers à engager des procédures juridiques longues et coûteuses pour revendiquer leurs droits, ce qui ne fait qu'aggraver la situation.

En somme, le retard dans le partage des biens en cas de dissolution par décès au Cameroun et en Afrique en général est une problématique complexe qui résulte de l'interaction entre coutumes traditionnelles, législation civile, mauvaise foi de l'époux survivant et interventions familiales. Si les coutumes et les juridictions traditionnelles ont leur place dans le règlement des successions, il est impératif de trouver un équilibre avec les règles de droit civil afin de garantir une répartition équitable et rapide des biens. Le respect des droits des héritiers et la prise en compte des réalités sociales sont essentiels pour éviter les injustices et les conflits prolongés.

B - La date de fin du partage

La date de prise d'effet du partage des biens varie selon que la cause de la dissolution du mariage est le divorce, la séparation de corps prolongée ou le décès.

En cas de divorce la date de prise d'effet du partage des biens est généralement celle du jugement de divorce, c'est-à-dire le jour où le divorce est prononcé, sauf si un jugement ultérieur spécifie une autre date. Toutefois, le partage des biens peut être reporté si un accord amiable ou un jugement prévoit un calendrier spécifique. En l'absence de demande de partage immédiat, le partage peut être effectué plus tard, mais il est en principe réalisé dans l'année suivant le divorce, sauf accord contraire des parties.

En cas de décès, en revanche, la dissolution du mariage entraîne un partage des biens au moment de la succession, c'est-à-dire après le décès du conjoint. Le mariage prend fin au moment du décès, mais le partage des biens dépend de l'ouverture de la succession et peut être retardé en fonction des formalités liées à celle-ci c'est-à-dire entre autres l'inventaire, l'établissement des droits successoraux, etc. Il n'y a pas de partage immédiat et la date effective peut être plusieurs mois après le décès en fonction des démarches à accomplir à la fois au plan coutumier et au plan légal.

La signature de l'acte de partage et l'ordonnance de partage : l'acte de partage des biens entre époux après la dissolution du mariage et l'ordonnance de partage sont deux éléments fondamentaux dans le cadre du règlement patrimonial postnuptial. En effet, la dissolution du mariage impose de clarifier la répartition des biens accumulés durant l'union. Cette répartition est encadrée par des règles juridiques spécifiques et fait l'objet de formalités.

Lorsqu'un mariage prend fin, que ce soit par divorce ou par le décès de l'un des époux, il devient nécessaire de procéder au partage des biens communs, ou des biens propres de chacun des époux. Ce partage vise à déterminer la quote-part de chacun des époux dans les biens détenus durant le mariage, selon le régime matrimonial choisi par les époux au moment de leur mariage.

L'acte de partage est un acte juridique qui matérialise le transfert des droits de propriété sur les biens des époux. Il est un moyen de clôturer la liquidation du régime matrimonial, en ce sens qu'il permet de déterminer la part qui revient à chaque époux. Ce document peut être rédigé par un notaire ou sous forme privée, selon la procédure de divorce (amiable ou contentieux) employée.

En cas de divorce, lorsque les époux sont en phase sur le partage, le notaire rédige un acte de partage. Cela est particulièrement pertinent dans le cadre des régimes communautaires, où le notaire devra évaluer la valeur des biens communs et en déterminer la répartition. Ce professionnel joue un rôle central dans l'évaluation des biens et dans la sécurisation du partage, pour éviter toute contestation future. Il s'assure également que les règles fiscales, comme les droits de partage, soient respectées.

L'acte de partage a des conséquences importantes, notamment la finalisation de la liquidation du régime matrimonial. Une fois l'acte signé, les biens sont définitivement attribués à chaque époux et les créances réciproques sont réglées. Cela met fin à l'indivision qui pouvait exister entre les époux. Par ailleurs, cet acte peut entraîner des conséquences fiscales, comme l'imposition des plus-values immobilières, ainsi que des répercussions sur les droits successoraux, dans le cas d'un divorce précédant un décès.

L'ordonnance de partage, pour sa part, est une décision judiciaire qui intervient dans le cadre de la procédure de divorce, lorsque les époux n'ont pas pu se mettre d'accord sur la répartition de leurs biens. Cette ordonnance est rendue par le juge aux affaires familiales ou le tribunal compétent, après avoir pris connaissance de la situation patrimoniale des époux et de leurs demandes respectives.

Dans un divorce contentieux, lorsque les époux ne parviennent pas à un accord, le juge intervient pour statuer sur le partage des biens. Il peut se fonder sur les éléments fournis par les époux et les experts, tels que les notaires ou les évaluateurs de biens. Le juge a une compétence souveraine, mais il doit respecter les principes du régime matrimonial applicable, et, si nécessaire, ajuster les parts de manière à respecter l'équité.

L'ordonnance de partage n'est pas nécessairement une décision de partage final. Dans certains cas, elle peut être une décision provisoire visant à indiquer comment le patrimoine des époux doit être réparti temporairement, en attendant la conclusion définitive du divorce.

Cette ordonnance revêt une force obligatoire. Une fois rendue, elle s'impose aux époux, et leur permet de procéder à la liquidation du patrimoine. Si le partage a été ordonné par le juge, l'ordonnance de partage donne lieu à l'établissement de l'acte notarié qui formalise la répartition des biens. En ce sens, elle précède l'acte de partage, dans la mesure où elle constitue la base sur laquelle le notaire interviendra pour finaliser les transferts de biens.

Toutefois, cette ordonnance est susceptible de recours. Les époux peuvent interjeter appel de la décision rendue, notamment si l'un d'eux estime que la répartition des biens est inéquitable ou si des erreurs ont été commises dans l'évaluation des biens. Toutefois, la procédure de recours peut être longue et entraîner des frais supplémentaires. En cas de désaccord persistant, la procédure de partage peut encore se prolonger, avec la nécessité d'une nouvelle expertise ou d'une nouvelle audience.

En définitive, l'acte de partage des biens entre époux après la dissolution du mariage et l'ordonnance de partage sont deux instruments complémentaires, mais distincts dans la procédure de liquidation et de partage des biens matrimoniaux. L'acte de partage, qu'il soit amiable ou notarié, permet de concrétiser le partage des biens entre les époux, tandis que l'ordonnance de partage, rendue par le juge, est l'expression d'une décision judiciaire lorsque les époux ne parviennent pas à s'entendre. Tous deux visent à organiser la distribution des biens et à établir des droits clairs et définitifs pour chaque époux, tout en prenant en compte l'équité et la situation de chaque partie. L'efficacité de l'opération résulte alors de l'enregistrement et la publicité (**1**), et la portée de cette publicité (**2**).

1- L'enregistrement et la publication de l'acte de vente

L'enregistrement et la publication de l'acte de vente jouent un rôle crucial dans la gestion des biens lors du partage des avoirs après la dissolution du mariage. Ces démarches, qui font partie intégrante du processus de partage des biens, revêtent une importance particulière, tant pour assurer la régularité des transactions que pour garantir les droits des parties concernées. Cet argumentaire abordera les différentes étapes et l'importance de l'enregistrement et de la publication dans le cadre du partage des biens après le divorce, en mettant l'accent sur leurs implications juridiques, pratiques et économiques.

La dissolution du mariage entraîne la liquidation du régime matrimonial et, par conséquent, la répartition des biens communs. L'un des moments essentiels de cette procédure est la détermination de la valeur des biens à partager, suivie de la réalisation du partage proprement dit. Lorsque des biens immobiliers font partie de la communauté, leur transfert à l'un ou l'autre des ex-conjoints se fait généralement par un acte de vente. L'enregistrement et la publication de cet acte, qui sont souvent considérés comme des formalités administratives, revêtent pourtant une grande importance, autant du point de vue juridique qu'économique.

L'enregistrement de l'acte de vente est une formalité imposée par la loi. Cette formalité permet de conférer à l'acte de vente une force probante et d'assurer sa légalité en le rendant opposable aux tiers. En d'autres termes, l'enregistrement permet d'assurer que le transfert de propriété des biens est officiellement reconnu et qu'il peut être opposé à toute personne qui pourrait avoir un intérêt à contester la transaction. Ce processus est réalisé auprès du service des impôts ou du notaire, qui enregistre l'acte, en vérifiant notamment que les formalités fiscales liées à la vente ont été respectées. L'enregistrement vise ainsi à garantir la sécurité juridique de l'opération.

Cette sécurité juridique est primordiale dans le cadre d'un divorce, où les risques de litiges sur la répartition des biens sont fréquents. Le fait de rendre l'acte de vente opposable aux tiers permet d'éviter toute contestation ultérieure sur la propriété des biens partagés, en particulier lorsque ces biens sont susceptibles de faire l'objet d'une vente ou d'une hypothèque dans le futur. En outre, l'enregistrement permet d'assurer que les ex-conjoints ne pourront plus réclamer de droits sur les biens après l'enregistrement de l'acte et la conclusion de la transaction.

Parallèlement, la publication de l'acte de vente au bureau des hypothèques, autre formalité obligatoire, assure la publicité de l'acte dans le registre foncier. Cette publication a pour but de rendre l'acte de vente accessible à toute personne intéressée par le statut juridique du bien immobilier en question. Elle permet de notifier à toutes les parties prenantes, notamment les créanciers ou futurs acquéreurs, que le bien a été transféré à l'un des ex-conjoints. La publication assure donc une transparence totale sur l'état juridique des biens immobiliers partagés, ce qui est d'autant plus important lorsque ces biens font l'objet de saisies, de mises en vente ou d'opérations financières.

2- La portée de la publicité du partage

La publication protège également les droits des créanciers. En cas de divorce, les créanciers peuvent être amenés à vérifier que le bien immobilier, en tant que garantie d'une dette, est bien libéré de tout droit ou qu'il n'a pas été transféré de manière frauduleuse. La publication garantit ainsi que l'acte est effectif et que le transfert de propriété a été réalisé dans les règles. Elle constitue un gage de sécurité pour les parties prenantes, qu'il s'agisse des créanciers, des acheteurs potentiels ou des ex-conjoints eux-mêmes.

L'enregistrement et la publication ne se limitent pas à une simple formalité administrative ; ils ont une portée économique importante. Ils permettent d'assurer une valorisation précise des biens immobiliers en cas de vente ultérieure. En effet, l'enregistrement de l'acte de vente permet de fixer officiellement la valeur du bien, ce qui est utile, notamment, lors de la déclaration fiscale ou dans le cadre d'une nouvelle estimation du patrimoine. Cette démarche est donc essentielle pour la bonne gestion du patrimoine après la dissolution du mariage.

Sur le plan fiscal, l'enregistrement de l'acte de vente implique le paiement de droits d'enregistrement, calculés sur la valeur de la transaction. Dans le cadre d'un divorce, ces droits sont pris en charge par l'un ou l'autre des ex-conjoints en fonction des termes de l'accord de partage ou des décisions du juge. Cette charge fiscale peut constituer un élément déterminant dans le choix des modalités du partage des biens, car elle influe sur les coûts globaux du divorce.

En outre, la publication permet de sécuriser la valorisation future des biens. En cas de contestation de la transaction ou de requalification de la propriété après le divorce, la publication servira de preuve irréfutable que le transfert de propriété a bel et bien eu lieu. Cette sécurité est particulièrement importante lorsque les ex-conjoints sont en désaccord sur l'évaluation ou la répartition des biens partagés. La publication, en rendant l'acte accessible à tous, limite également les possibilités de manipulation ou de fraude sur la valeur du bien partagé.

En bref, l'enregistrement et la publication de l'acte de vente lors du partage des biens après la dissolution du mariage sont des étapes essentielles pour assurer la validité juridique du transfert de propriété, garantir la sécurité des transactions et assurer une publicité suffisante du bien. Ces formalités jouent un rôle clé dans la résolution des différends potentiels, en particulier en matière de propriété immobilière, et dans la protection des droits des ex-conjoints, des créanciers et des futurs acheteurs. Le respect de ces démarches contribue non seulement à la légalité du partage, mais aussi à une gestion saine et transparente du patrimoine familial après le divorce.

La liquidation des régimes matrimoniaux constitue une étape déterminante dans le processus de dissolution du mariage, qu'elle intervienne suite à un divorce ou au décès de l'un des époux. Elle permet de mettre en ordre les biens et droits patrimoniaux des conjoints en vue de leur partage. Le processus débute par l'inventaire des biens, une opération fondamentale pour déterminer la composition du patrimoine des époux. Cet inventaire doit être réalisé de manière exhaustive, en distinguant les biens propres des époux et ceux communs, en tenant compte des règles spécifiques de chaque régime matrimonial. Ce travail d'inventaire est suivi de la reconstitution des masses, qui consiste à établir une liste précise et correcte des avoirs et des dettes de chaque époux, en fonction de la situation patrimoniale au moment de la liquidation.

Une fois ces opérations de recensement achevées, la liquidation proprement dite peut commencer. Les opérations de partage des biens se caractérisent par une série de calculs et de décisions visant à attribuer à chaque époux une part équitable du patrimoine commun. Ce partage doit respecter les principes de l'égalité entre les époux, tout en tenant compte des spécificités de chaque situation. En particulier, le régime matrimonial adopté par les époux influence grandement cette répartition. En cas de divorce, le partage doit aussi intégrer les éléments liés à la résidence familiale, à la garde des enfants et à la prise en charge des dettes, qui peuvent complexifier l'opération.

Les principes d'organisation du partage sont guidés par l'idée d'équité. En effet, bien que le partage soit souvent fondé sur des règles précises, il doit aussi permettre une prise en compte des situations particulières. Ainsi, l'accord entre les époux, la présence d'enfants, l'existence d'une pension alimentaire ou la contribution à la gestion des biens sont des critères qui peuvent influencer la décision. Le partage peut être réalisé à l'amiable ou, si un désaccord persiste, devant le juge, ce qui peut entraîner un allongement de la procédure.

Les effets du partage sont multiples et varient selon les circonstances. D'une part, il entraîne la division définitive du patrimoine et permet à chaque époux de récupérer ses biens dans le respect des parts qui lui reviennent.

D'autre part, il met fin aux liens patrimoniaux entre les époux, sauf pour les obligations alimentaires ou autres engagements découlant de la dissolution du mariage. En outre, le partage des biens peut avoir des conséquences fiscales, notamment en ce qui concerne les droits de mutation ou de succession. Enfin, il peut engendrer des répercussions sur la situation sociale et économique des ex-conjoints, notamment si l'un des époux se trouve dans une position plus fragile financièrement.

Conclusion du chapitre 2

En somme, la liquidation des régimes matrimoniaux constitue une opération complexe, mais essentielle qui nécessite une bonne organisation, une gestion rigoureuse des biens et une application stricte des principes légaux.

Elle vise à assurer une séparation équitable des patrimoines et à régler de manière définitive les conséquences patrimoniales de la dissolution du mariage. L'ensemble de ces démarches doit ainsi s'accompagner d'une attention particulière aux droits et à la protection des parties prenantes, dans un souci d'équilibre et de justice.

Conclusion du titre 2

Les régimes matrimoniaux naissent, vivent et meurent. Ayant un caractère économique et social fondamental, la fin des régimes matrimoniaux en droit camerounais est à travers les conditions de la dissolution et les mécanismes de partage. Ces mécanismes visent à protéger surtout les intérêts économiques des époux, quel que soit le régime matrimonial d'une part, et les intérêts des tiers créanciers du ménage.

Conclusion de la deuxième partie

En tout état cause, les règles spéciales des régimes matrimoniaux sont simples dans leur cadre formel, mais elles sont complexes dans leur mise en œuvre.

Le cadre formel définit les masses des biens des époux dans chaque régime matrimonial et les pouvoirs de ces derniers sur les différentes masses des biens.

Ce cadre formel simpliste concerne également la dissolution et la liquidation, qui constituent le cadre d'extension des régimes matrimoniaux.

La mise en œuvre est complexe eu égard à la diversité de la nature des biens et des intérêts à protéger dans lesquels l'ordre public doit être respecté. Le recours au juge permet de garantir la protection de ces intérêts parfois divergents.

Conclusion de la deuxième partie

CONCLUSION GÉNÉRALE

L'étude sur le droit des régimes matrimoniaux camerounais est d'un grand intérêt sous plusieurs angles.

Sous l'angle juridique, il exprime la difficulté d'articuler la coordination d'un ordre juridique pluriel qui s'articule autour des règles coutumières issues du terroir, du droit civil et de la *common law* hérités de la colonisation.

Par ailleurs, le cadre général des régimes matrimoniaux impose aux époux le respect de règles impératives dont ils ne peuvent y déroger par des conventions, quel que soit le régime matrimonial choisi.

Ce cadre général tend à faire respecter les principes d'égalité de genre d'une part et les droits et les libertés fondamentaux d'autre part. Ce respect se matérialise dans un premier temps par l'aménagement coopératif de direction du ménage, et, dans un second temps, par l'autonomie de chaque époux dans la conduite de ses affaires économiques sous réserve du respect de l'intérêt de la famille, base naturelle de toute société constitutionnellement protégée.

Sous l'angle économique, encadrer le patrimoine familial permet, dans le cadre du régime des meubles et acquêts, d'une part, et, en cas de séparation des biens, d'autre part, d'assurer le développement économique non seulement de chacun, mais aussi de la famille. En effet, peu importe le régime choisi, il existe toujours une masse commune de biens, sans laquelle le caractère matrimonial ne pourrait pas exister.

Du point de vue social, toute institution peut naître et mourir. C'est pourquoi la dissolution et la liquidation des régimes matrimoniaux sont fortement encadrées afin de garantir la sauvegarde des intérêts non seulement des époux, mais également de ceux des tiers et des enfants. Les causes de la dissolution sont essentiellement liées au sort du mariage, qui constitue la condition de son existence.

Autrement dit, le sort du régime matrimonial dépend de la naissance, de la mort et de la survie du mariage. L'évolution des diverses formes d'union et des coutumes au Cameroun met à l'épreuve le droit des régimes matrimoniaux au Cameroun. On peut donc comprendre les hésitations du législateur camerounais face à la mondialisation de certaines formes d'union qui ne sont pas adaptées aux réalités socio-anthropologiques de la société camerounaise.

CONCLUSION GÉNÉRALE

BIBLIOGRAPHIE INDICATIVE

I-Documents et textes de loi :

Code civil in Codes et Lois du Cameroun, Tome II, (Recueil à Jour au 1er mai 1956)

Ordonnance du 29 juin 1981 modifiée et complétée par la loi de 2011 ;

AUDSGIE OHADA : Acte uniforme portant droit des sociétés commerciales et du groupement d'intérêt économique du 30 janvier 2014.

AUDCG : Acte uniforme du 15 décembre 2010 portant sur le droit commercial général, publié au JO OHADA n° 23 du 15 février 2011, p. 1 et suivantes, entré en vigueur le 15 mai 2011.

- Code pénal 2016 ;
- Code du travail ;
- Dictionnaires de langues françaises « Larousse » ;

Gérard Cornu, Lexique ou Vocabulaires des Termes juridiques (Gérard Cornu).

II-Ouvrages généraux

Jean CARBONNIER, *La Famille*, Tome 2, 15e éd. PUF, 1992 ;

Jacqueline RUBELLIN-DEVICHI, *Droit de la Famille*, ouvrage collectif, Dalloz, Paris, 1996,

François TERRE et Dominique FENOUILLET, *Droit civil, les Personnes, la Famille, les Incapacités*, 6e éd. Précis Dalloz, Paris, 1996.

T. OLAWALE Elias, *La Nature du Droit coutumier africain*, Présence africaine, Paris, 1998.

J. MAZEAUD, M. de JUGLART, *L'opposabilité (essai d'une théorie générale)*, Thèse Rennes, éd. 1984, n° 281, p. 313 ; Comp. Ponsard.

C. RENAULT-BRAHINSKY, *Droit des régimes matrimoniaux*, 1 0e éd., coll. Mémentos, Gualino, 2019 ;

F. ANOUKAHA (dir.), *Les Grandes décisions de la jurisprudence civile camerounaise*, coll. Les grandes décisions, LERDA, 2008 ;

F. ANOUKAHA et al. (dir.), *Tendances jurisprudentielles du droit des personnes et de la famille de l'ex-Cameroun oriental*, UY., 1 989 ;

G. H. NGO MAKANDA, *Le droit patrimonial de la famille polygamique au Cameroun*, Mémoire de maitrise, Université de Yaoundé, 1 989-1 990 ;

J. RENAUD, *Droit patrimonial de la famille, Introduction*, tome 1, Régimes matrimoniaux, Larcier, Bruxelles, 1 971 ;

L. AYNÈS, Ph. MALAURIE, *Droit des régimes matrimoniaux*, 7e éd., LGDJ, 2009 ;

M. TIMTCHUENG, *Le droit camerounais de la famille entre son passé et son avenir*, Thèse de doctorat UYII-Soa, 2000 ;

Q. GUIGUET-SCHIELE et N. PETERKA, *Régimes matrimoniaux*, 6e éd., Dalloz, 2020 ;

A.-F. TJOUEN, « *La condition de la femme en droit camerounais de la famille* », RIDC vol. 64, no 1, 201 2, pp. 1 37-1 67 ;

Th. ATANGANA MALONGUE, « *Le principe d'égalité en droit camerounais de la famille* », RIDC vol. 58, no 3, 2006, pp. 833-858 ;

III-Ouvrages spécialisés

Pierre VOIRIN et Gilles GOUBEAUX, *Droit civil, Tome 2, Régimes matrimoniaux, Successions et libéralités*, 25e éd. LGDJ, Lextenso, Paris, 2008 ;

Gérard CORNU, *Les régimes matrimoniaux*, Armand Colin, Paris, 1995 ;

Jacques FLOUR et Gérard CHAMPENOIS, *Les régimes matrimoniaux*, Armand Colin, Paris, 1995.

Ph. MALAURIE et L. AYNÈS, *Les régimes matrimoniaux*, 6e éd. CUJAS, Paris, à jour au 1er juillet 2017 ;

A. RIEG, F. LOTZ et P. RIEG, *Techniques des Régimes matrimoniaux*, 3e éd. Litec, 1993.

Gérard MEMETEAU, *Manuel Droit des Biens,* 4e éd., Paradigme 2009 ;

Anne-Sophie BRUN-WAUTHIER, *Régimes matrimoniaux et régimes patrimoniaux des couples non mariés,* 9e éd. Coll. Paradigme, 2020.

IV-Ouvrages historiques :

Anne LEFÈBVRE-TEILLARD, *Introduction historique au droit des personnes et de la famille*, 1re éd. PUF, Paris ;

Pierre PETOT, *Histoire du droit privé français, La Famille*, Texte établi et annoté par Claude Bontems, Préface de Jean Gaudemet, éd, Loysel, Paris 1992 ;

Les grandes décisions de la Jurisprudence civile camerounaise sous la direction de François ANOUKAHA, Collection Les Grandes Décisions, 2008.

V-Ouvrages de droit comparé :

François BOULANGER, *Droit civil de la famille : Tome 1, Aspects internes et internationaux, et Tome 2, Aspects comparatifs et internationaux*, 2e éd. Sous la direction de Christian Larroumet, Economica, Paris, 1992 et 1994 ;

Thierry RABAUD, *Introduction au Droit comparé, Les grandes traditions juridiques dans le monde*, PUF, 2e édition, Paris, 2017 ;

Wilfrid Eric GONÇALVES, *Les régimes matrimoniaux au Bénin*, Éditions Pothier, 2013 ;

VI-Revues Juridiques :

- Revues camerounaises de Droit ;
- Juridis info ;
- Revue des Sciences juridiques de la FSJP/UY2 ;
- Revue Dalloz ;
- Revue trimestrielle de droit civil ;
- Répertoire Defrénois ;
- Petites Affiches ;
- Revue de droit de la famille ;
- Revue internationale de Droit comparé.
- Revue générale de Droit, Ottawa.

TABLE DES MATIÈRES

Structures éditoriales du groupe L'Harmattan

L'Harmattan Italie
Via degli Artisti, 15
10124 Torino
harmattan.italia@gmail.com

L'Harmattan Hongrie
Kossuth l. u. 14-16.
1053 Budapest
harmattan@harmattan.hu

L'Harmattan Sénégal
10 VDN SICAP AMITIE 3
BP 45034 Dakar-Fann
direction@senharmattan.com

L'Harmattan Cameroun
Tsinga/Derrière polyclinique FECAFOOT
BP 11486 Yaoundé
Jacques.koukam@harmattan.fr

L'Harmattan Burkina Faso
Villa 281, secteur 23 623, rue 14.32
Ouagadougou
zagbie@outlook.fr

L'Harmattan Guinée
Almamya, rue KA 028 OKB Agency
BP 3470 Conakry
harmattanguinee@yahoo.fr

L'Harmattan RDC
185, avenue Nyangwe
Commune de Lingwala – Kinshasa
matangilamusadila@yahoo.fr

L'Harmattan Congo
219, avenue Nelson Mandela
BP 2874 Brazzaville
deunovmikhael@gmail.com

L'Harmattan Mali
Immeuble Mgr Jean Marie Cissé
Aci Hamadallaye
BP 145 Bamako
syllaka@yahoo.fr

L'Harmattan Togo
Djidjole – Maison Amela
face EPP BATOME
02 BP 20680 Lomé
didieramela11@gmail.com

L'Harmattan Côte d'Ivoire
Résidence Karl – Cité des Arts
Abidjan-Cocody
03 BP 1588 Abidjan
harmattan.ivoire@gmail.com

L'Harmattan Bénin
Rue 604, (Immeuble à l'entrée
de la rue UCAO- Cite de Saint-Jean)
Cotonou
stepcorpus@gmail.com

Nos librairies en France

Librairie internationale
16, rue des Écoles
75005 Paris
librairie.internationale@harmattan.fr
01 40 46 79 11
www.librairieharmattan.com

Librairie des savoirs
21, rue des Écoles
75005 Paris
librairie.sh@harmattan.fr
01 46 34 13 71
www.librairieharmattansh.com

www.ingramcontent.com/pod-product-compliance
Lightning Source LLC
LaVergne TN
LVHW011447061026
849535LV00004BA/986
* 9 7 8 2 3 3 6 5 5 7 1 5 1 *